冨田宏治　著

山眞男――「近代主義」の射程

関西学院大学出版会

丸山眞男——「近代主義」の射程

冨田宏治　著

関西学院大学出版会

はじめに

一九九六年八月一五日、大日本帝国の「実在」よりも戦後民主主義の「虚妄」の方に賭けつづけた一人の知識人が、この世を去った。その五一年前の八月一五日、大日本帝国の崩壊の日を、彼は被爆地・広島の宇品で、一兵卒として迎えた。東京大学法学部への復職と同時に開始された彼の旺盛な思想的・学問的営為は、彼の没後も、全一七巻の著作集、（一）全七巻の講義録、（二）全九巻の座談集（三）として、いま私たちの手元に残されている。

彼――丸山眞男の思想は、彼を批判する人々から「近代主義」と呼ばれ蔑まれてきた。とりわけ、戦後日本の高度経済成長による「近代化」の達成や、「バブル経済」による「経済大国」化と「豊かな社会」の到来によって、彼の思想は時代遅れのものとして葬り去られようとさえしてきた。しかし、彼の思想の射程――「近代主義」の射程は、本当につきはててしまったのであろうか。彼の提起した問題はすでに解決され、私たちの直面しているさまざまな問題を解決するためには、彼の思想はもはや顧みるにあたいしないものなのだろうか。本書の問いは、この一点につきているといってもよい。

およそ民主主義を完全に体現したような制度というものは嘗ても将来もないのであつて、ひとはたかだかヨリ多い、あるいはヨリ少ない民主主義を語りうるにすぎない。その意味で「永久革命」とはまさに民主主義にこそふさわしい名辞である。（四）

民主主義は、したがつて思想としても諸制度としても近代資本主義よりも古く、またいかなる社会主義よりも新らしい。それを特定の体制をこえた「永遠」な運動としてとらえてはじめて、それはまた現在の日々の政治的創造の課題となる。(五)

本書の中で、何度も立ち返ることになる「永久革命」としての民主主義という丸山の提起が、いまもなお、私たちの「現在の日々の政治的創造の課題」でありつづけていることを、さまざまな側面から再確認していくこと、それが本書の課題となるだろう。

もちろん、本書に対して、時代錯誤の「丸山賛美」の上塗りだという非難が寄せられるであろうということは、充分に覚悟している。しかし、筆者は、とりたてて丸山を崇拝し、本書を通じてひたすら彼への賛美を捧げようとしているつもりはない。本書の全体に一貫して、丸山の思想への肯定的評価が貫かれているのは事実だとしても、それは、筆者である私が、現在の日々の政治的創造の課題にかかわる私自身の問題意識にそって、丸山の書き記した思想に向けて問いを発し、そこから可能な限り多くのものを聴き取り、学び取ろうとした結果であるにすぎない。

本書の執筆に充てられたのは、一九九〇年代半ばから世紀末にかけての数年間であった。この間、私自身が直面していると感じつづけてきた現在の日々の政治的創造の課題とは、「第四の開国」の可能性とそれへの備えという問題であったように思う。一九四五年の敗戦によってもたらされた「第三の開国」に直面した丸山が、幕末・維新の「第二の開国」の経過と重ね合わせ、福沢諭吉をはじめとする思想家たちとの対話をくり返しながら、「永久革命」としての民主主義の課題と思想的・実践的に格闘しようとしたように、私たちもまた、丸山の思想との真摯な対話を通して、「第四の開国」に思想的・実践的に向きあうための充分な備えをしていかなければならないのではないか。それが、本書を貫く私の問題意識である。

二一世紀を迎えた今日、私たちを「第四の開国」へと導こうとしているのは、一九九〇年代以降、急速に加速化してきたグローバリゼーションの展開であろう。それは、一方では、ソ連・東欧の「国家社会主義」体制の崩壊と情報通信革命（ＩＴ革命）とによってもたらされた「自由でグローバルな金融市場」の出現によるものであり、一九九七年のアジア経済危機に示されたような巨大な破壊力をともないつつ、世界資本主義の「自由主義的再編」を急速に進行させている。

しかし、同時に、「第四の開国」への道は、「南北問題」――世界資本主義の「自由主義的再編」によって、ますます深刻化することが懸念されるのだが――に深く根ざした「人口爆発」や「地球温暖化」といったグローバルな危機の進行によってもまた、切り拓かれようとしているのであり、こうした危機に直面する世界が問題解決のために共同し、狭隘な国益（＝national interest）を乗り越えていくことが求められていることも、今日のグローバリゼーションのもう一つの側面であることを忘れてはなるまい。

こうしたなかで、ＥＵによるヨーロッパの統合に象徴されるように国民国家（nation states）というこれまでの枠組みが急速に相対化されはじめている。それは、一方で、地球環境問題や飢餓・貧困の問題をめぐり国境を越えて活躍するＮＧＯの役割が、その重要性を増しつつあることによっても示されているが、同時に、エスニシティーや宗教に根ざした対立と紛争――「民族浄化」という最悪の形態さえをもともなって――が、とりわけ飢餓や貧困に喘ぐ「南」の各地で噴出するという深刻な事態をもたらしていることにもつながっている。

こうした二重の意味で展開しようとしているグローバリゼーションの流れのなかで、私たち日本人と日本社会は、どこへ向かおうとしているのだろうか。「第二の開国」においても、また「第三の開国」においても、果たされるべくして果たされることのなかった「開かれている精神」と「開かれた社会」の形成という課題を実現する機会として、この流れを活かしていくことは、はたして可能なのであろうか。

一九八〇年代から九〇年代初頭までの日本社会は、「企業社会」という「閉じた社会」の良好なパフォーマンスによって、「過労死」という象徴的な社会現象をともないながらも、「バブル経済」に酔いしれ、「経済大国」の名をほしいままにしてきた。この時期には、終身雇用制、年功序列制、企業別労働組合という「三種の神器」に支えられた「日本的経営」や、許認可権、補助金、行政指導を駆使して経済をコントロールする優秀な経済官僚制、そして、自民党の「一党優位体制」などからなるとされた「日本型システム」が、「万邦無比」のものとして喧伝され、「もはや欧米に学ぶべきものはない」という達成感と優越感、そして「大国意識」が、日本社会を支配していたのだった。

しかし、「バブル」の崩壊で事態は一変した。昨日まで、「万邦無比」の「日本型システム」の優位性を喧伝していたものたちが、手のひらを返したように、「自由な市場」「自由な競争」を求めてやまない「グローバルスタンダード（＝アメリカンスタンダード）」の熱狂的な信奉者へと変身した。「リストラ」の名のもとに、企業における終身雇用制と年功序列制の崩壊がはじまり、「規制緩和」の大合唱のもと、経済官僚制の無能さと非効率性が槍玉に挙げられ、さらには、アメリカの「二大政党制」を理想形とする政界再編と「政治改革」が追求されることとなった。こうして、日本社会は、「自由でグローバルな金融市場」が要求する資本主義の「自由主義的再編」の過程に大きく乗り出し、グローバリゼーションの渦中に身を投じることとなったのである。

その一方で、日本社会には、深刻化する地球環境問題や南北問題、「人口爆発」問題などに対する危機感が深まり、広がっているとは、必ずしも言えない現状がある。狭隘なナショナル・インタレストを乗り越えて、世界が直面する危機の解決に向かわなければならないというグローバリゼーションのもう一つの側面に対する認識は、さかんに「グローバルスタンダード」を喧伝する人々にはもちろん、大多数の国民の中にも、必ずしも定着してきているとは言えない。

それどころか、「バブル」崩壊後の長引く経済低迷によって、かつての「経済大国」としてのプライドを打ち砕かれ、自信喪失状況が広がるなかで、日本人の「誇り」の回復を叫ぶ「狭隘なナショナリズム」の言説が、たとえば「自由主義史観」といった美名のもとに、頭をもたげてこようとしている。アジア・太平洋で日本国家がひきおこした一五年にわたる侵略戦争の加害責任の反省を、「自虐的」であるとして攻撃するこのような言説は、過去の日本国家の侵略戦争の被害者であり、今は貧困に苦しむ「南」の一員でもあるアジア・太平洋の人々と共同して、グローバルな危機を克服していこうとする方向に、真っ向から対立するものであろう。

加えて、「豊かな北」と「貧困に喘ぐ南」の潜在的な対立（「南北冷戦」）と、各地で頻発しつつある「民族紛争」や「宗教対立」に備えるために、日本国家が軍事的な「国際貢献」を行なえるように、戦争放棄と戦力放棄をうたった「憲法第九条」を改定すべきであるという改憲論も、九〇年代にはいって、さかんに展開されるようになっている。しかし、その一方で、国際社会での発言力を強めつつある国際的なＮＧＯの勢力は、この「憲法第九条」をきわめて高く評価している。このことは、たとえば、九九年五月、オランダ・ハーグの「世界平和市民会議」で確認された「公正な世界秩序のための一〇の基本原則」が、その第一原則を、「各国議会は、日本国憲法第九条のような、政府が戦争をすることを禁止する決議を採択すべきである」としていることからもうかがわれる。

日本社会の現状において、忘れてはならないもうひとつの問題は、グローバリゼーションのなかで進行しつつある、その「多国籍化」「多民族化」の問題であろう。日本国家の厳しい出入国管理政策にもかかわらず、「バブル」期以降、「豊かな」日本社会には、膨大な数の不法滞在者をふくむ「外国人労働者」が流入し、その厳しい出入国管理政策ゆえに、無権利かつ貧困な状態に置かれた「外国人」たちの社会が、大都会の片隅や、労働力不足に悩む農山漁村に形成されている。ファナティックな「外国人」差別の意識が払拭されていない日本社会では、こうした「外国人労働者」の地位と生活の向上には、今後とも、大きな困難がともなうだろう。しかし、他方で、急激な少子・高齢化が進行しつつある日本社会では、今後、「外国人労働力」に依存することなしには、社会そのものの存続さえ困難になるという可能性も高まっている。現に国際社会からは、日本国家が計画的に「移民」を受け入れるべきことを勧告されてさえいるのである。不法滞在者の集団的カミング・アウトに対して、法務省が一定の寛大な措置をとることを余儀なくされたように、グローバリゼーションと少子・高齢化のなかで、日本社会は、この点でも変化を求められているのである。

もちろん本書が、ここで述べたような私たち日本人と日本社会が直面している現実的諸問題に、何らかの具体的処方箋を提示しようとするものではないことはいうまでもない。丸山眞男という思想家の残した思想との対話を通じて、こうした現実的諸問題に備える視座と、思想的な「かまえ」とを求めようとしたにすぎないからである。しかし、私は、今日、私たち自身が直面していると考えるこうした諸問題を片方の眼で睨みながら、この数年間、丸山が書き記した思想との対話を続けてきたつもりである。

不幸にして、生前の丸山と直接会う機会を得られなかった私だが、丸山によって著された書物と文章を通じて、そこから、さまざまなことを学び、考える機会を与えられた。

それらは、自由主義原理と民主主義原理の相克の自覚により内面的に緊張した「近代的意識」の形成の必要性（第一章）、非政治的自発的結社と純政治的自発的結社との緊張関係と批判的共同の社会的規模での形成の必要性（第二章）、「文化接触と文化変容の思想史」という方法の有効性（第三章）、「古層＝執拗低音」の自覚と克服という戦略の可能性（第四章）、「自己内対話」する「開かれている主体」の形成の必要性（第五章）等々といった問題である。また、西欧におけるポスト・モダニズムと丸山の思想との思想的な共鳴関係（第四章）や、西欧のポスト・モダニズムの思想をも踏まえて展開されつつある「自由主義的社会主義」の思想潮流と丸山の思想との親近性（第五章）などもまた、本書において、私のとりくむこととなった課題である。

とりわけ、「欲望」「権力」「自由」のトリアーデをめぐる問題に、私なりの政治思想史を展開していくための視座を据えることができたように思われる点は、筆者自身にとって、丸山の思想との対話を通じて得られた最大の成果であった。この点については、拙稿「『欲望』『権力』『自由』の近代思想史」[六]で、その概略的な見取り図を提示したが、同時に、本書の第三章と第四章における考察にも反映されている。一方で、「グローバルスタンダード」の求める「自由な市場」「自由な競争」という掛け声が、世界的な規模で、人々の「欲望」の拡大と解放の奔流を創り出そうとしている今日、そして、他方で、さまざまな形で噴出しつつある地球環境破壊の問題や「人口爆発」の問題が、人間の「欲望」の拡大に対する地球環境の有限性という問題を如実に露わにしつつある今日、「欲望」「権力」「自由」の三項をめぐる問題への原理的考察をさらに深化させていくことは、ますますその重要性を増しているのではあるまいか。

とはいえ、結果的に、本書は、私自身の非力さを露呈するものにすぎなかったこともまた確かである。しかし、私は私なりに、かつて丸山が福沢諭吉らにしたように、丸山眞男という思想家に向きあおうと努めたつもりではある。不十分な本書は、こうした筆者なりの思想的対話のささやかな中間報告以上の何ものでもない。

【註】

（一）『丸山眞男集』全一六巻・別巻一、岩波書店、一九九五年―一九九七年。
（二）『丸山眞男講義録』全七冊、東京大学出版会、一九九八年―二〇〇〇年。
（三）『丸山眞男座談』全九巻、岩波書店、一九九八年。
（四）丸山『増補版 現代政治の思想と行動』、未来社、一九六四年（以下、『現代政治の思想と行動』と略記）、五七四頁。『丸山眞男集』第九巻（以下、『集』⑨と略記）、一七三頁。
（五）同前、五七四―五七五頁。『集』⑨、一七四頁。
（六）冨田宏治・神谷章生編『〈自由―社会〉主義の政治学―オルタナティブのための社会科学入門―』、晃洋書房、一九九七年、所収。

目次

はじめに……i

第一章　「近代主義」の射程……1

第一節　「近代」の内容　3

第二節　「近代」の射程　7

第三節　「近代」への道程　13

第四節　新たな「開国」へ　21

第二章　「近代的意識」と自発的結社……27

第一節　「戦後啓蒙」と丸山眞男　29

第二節　丸山眞男の政治戦略と自発的結社　46

第三節　「後衛」の位置へ　72

第三章　文化接触と文化変容の思想史……………………83
第一節　「古層＝執拗低音」論の形成過程　85
第二節　近代日本における「自由」の観念　95
第三節　グローバリゼーションのなかで　117
第四章　ポスト・モダニズムと丸山眞男……………………127
第一節　「日本のポスト・モダニスト」による丸山批判　129
第二節　丸山眞男とポスト・モダニズム　143
第五章　「自己内対話」と「近代的主体」……………………165
第一節　「近代的意識」と「自己内対話」　168
第二節　「自己内対話」と「対話的理性」　174
第三節　「自己内対話」と「根源的かつ多元的な民主主義」　180
第四節　他者感覚の欠如　186
第五節　「第四の開国」のゆくえ　192
終　章　グローバリゼーションの渦中で……………………201
第一節　グローバルスタンダードという陥穽　204

第二節　「開けた精神」による啓蒙のプロジェクト　212
第三節　「現在の敗者の個別主義」と狭隘なナショナリズム　218
第四節　社会ダーウィニズムと「古層＝執拗低音」　228
第五節　「開かれている精神」にむかって　233
あとがき……………………………………………………243

第一章　「近代主義」の射程

丸山眞男が「超国家主義の論理と心理」によって、日本軍国主義への先鋭な批判を展開し、戦後論壇への鮮烈な登場をはたしたのは、敗戦からわずか数カ月後の一九四六年五月のことであった。その後つづけて発表され、その著書『現代政治の思想と行動』におさめられた一連の日本ファシズム批判の諸論稿や一九六〇年代にいたるまでのあいだ、講和問題や日米安保条約改定問題など平和と民主主義をめぐる現実の諸問題にたいしてなされた積極的な発言や実践的関与によって、丸山は、政治学者、政治思想史家としてだけではなく、戦後日本の思想界・言論界を先導する有力な知識人として、大きな影響力を発揮することとなった。

しかし、はやくも一九四八年に、「悔恨共同体」たる戦後思想界に特別の影響力をもったマルクス主義の陣営から「近代主義」批判（一）が開始され、これが「大衆社会」論争（二）などとあいまって一九六〇年代以降に本格化し、丸山にもその批判の矛先が集中されるようになったことと、他方では、くしくも高度経済成長によって、日本の「近代化」が達成されたかに喧伝されるようになった六〇年代末から、丸山の現実的諸問題にたいする発言や関与が急速に姿を消していったことから、こんにちにいたるまで、マルクス主義からの批判を肯定するか否かにかかわらず、丸山の思想には、「西欧近代」という具体的な歴史的近代を絶対化し美化するものという「近代主義」の否定的イメージがつきまとうこととなった。

こんにち、「近代主義」という丸山の思想にたいするステロタイプ化された批判は、多くのマルクス主義者にひきつづき継承されているだけでなく、一方においては、政治学界における「科学としての政治学」を主張する人々からの「日本政治を特殊日本的枠組みで解釈しようとする……一種の鎖国主義的、孤立主義的傾向」「しばしば日本政治の全体を『丸ごと』あるいは一挙に、しかも無限定に解釈し、特徴づけようとする傾向」をもつとされる「従来の特殊日本的分析」への批判に[三]、また他方においては、ポスト・モダンの思想史を主張する人々からの「近代化こそが、悲劇どころか、まさに救済者であり、『日本』や『歴史』が諸問題を集積してくるものの、『政治』が道を切り開きさえすれば救済可能とみなされていた」という「日本政治思想史」への批判[四]へとひきつがれ、アカデミズムの世界における丸山への過小評価をうんでいる。また、六〇年代末以降の丸山の現実的諸問題への沈黙は、五九年の論文「開国」[五]から七二年の論文「歴史意識の『古層』」[六]にかけてなされたといわれる丸山の方法論の転換とそれによる論調の変化ともあいまって、「近代主義」者・丸山の転向なり絶望の表明[七]なりとみなされている。こうして、こんにちでは、丸山の思想と学問は、学界においても、また論壇においても、かつての絶大な影響力を喪失し、戦後の歴史の展開のなかに埋没してしまったかにもみえる。

　とりわけ、こんにちの日本が直面している問題が、丸山が問題としたとされる「近代」の欠如ではなく、むしろ「近代」の過剰ともいうべきものであり、ポスト・モダンのあり方こそが問われているとされるのだとすれば、「近代主義」者・丸山の思想や学問に現代的意義を見いだすことはまったく不可能だということになるのであろう。

　しかし、「近代主義」という丸山への批判は、どこまで正当にその思想の本質をついていたのであろうか。丸山のもとめたものが「近代」にほかならなかったのは確かだとしても、はたしてそれはいかなるものだったのであろうか。そして、その「近代」はすでに日本において達成され、それどころかその過剰が問題とさえなっているといえるのであろうか。もしも、「近代主義」という批判が不当なものであるとすれば、このステロタイプ化したレッテルにとらわれることなく、丸山の思想的・学問的営為を再審し、再評価してみることが必要なのではあるまいか。そして、その再審のなかから、丸山の思想と学問に、現代的な意義をふたたび見いだすことはできないのであろうか。もちろん、こうした疑問はこれまでにも多くの人々によって提出され、議論されつづけてきた問題である。本章では、こうした一見、言いふるされてきたようにも見える問題意識に基づいて、丸山の思想と学問の射程を再確認することを課題とし、このさき筆者なりの丸山論を展開していくための予備的作業を行っていきたいと思う。

なお、本章では、丸山を、政治学者・政治思想史家としてではなく、むしろ戦後日本を代表する思想家として問題にしていきたいと思う。丸山が戦後日本の学界をリードした政治学者であり、政治思想史家であったことは疑いもない。しかし、彼の学問的営為は、本章で問題とするその思想的営為と不可分のものであり、政治学や政治思想史の学問的成果は、彼の思想的営為の媒介されたかたちでの表現としてこそ問題とされるべきだと思われるからである。

第一節　「近代」の内容

「近代的意識」

マルクス主義からの「近代主義」批判にたいして、丸山門下の一人である藤田省三は、「彼らが『近代』を目標にする場合その近代というのは一種のポステュレートだと思う。ある要求としての仮定につけた名前なんだから、彼らがそれに与えている中味が問題とされるべきで、それをしないでおいて、十八世紀とか十九世紀とかの具体的な歴史的近代を美化する『近代主義』だといって批判するのは、歴史的近代を否定する立場をドグマ化して、その平面からポステュレートの平面を切ろうとする仕方ですから、批判の当否よりも先に批判の論理が間違っている」[八]と反論している。藤田は、その「近代」の中味を自由なる知性と、自由なる行動人を生む社会構造ととらえようとしているが、杉山光信の指摘をまつまでもなく、丸山のもとめる「近代」の中味が、ある社会構造そのものであるよりは、むしろそうした社会構造を生みだし、支え、かつその社会構造を通じて再生産されるような「近代的意識」なり「近代的思惟」であったということは明らかであろう[九]。そして、藤田にならっていえば、問題とされるべきは、この「近代的意識」なるものの中味なのである。

この「近代的意識」の内容についても、これまでさまざまに論じられてきた。たとえば、マルクス主義からの「近代主義」批判を基本的に継承しようとする吉田傑俊は、丸山の論文「福沢諭吉の哲学」[一〇]に依拠しながら、丸山のもとめる近代的思惟方法の内容を、価値判断の相対性とそのコロラリーとしての人間精神の主体的能動性とにもとめ、その本質をプラグマティズムだととらえようとしている[一一]し、また、杉山光信は、この「近代意識」をヘーゲルの「自由」概念その他の理論装置とむすびついた「内面性」概念を中心にしてとらえることを提起し、丸山の追究した課題を、明治以来の日本における「近代的な自由意識が、個人の内面性に媒介されない国家主義と、感覚的本能的生活の解放へ向かう個人主義とに分裂して終ったことの帰結」との思想的対決という文脈で理解しようとするのである[一二]。

いずれにせよ、丸山の思想の射程を問題とするうえで不可欠な、丸山にとっての「近代」ないしは「近代的意識」の内容は、いまだに必ずしも明らかになっていないように思われる。しかし、この問題にかんして、別の角度からきわめて示唆的な提起を行っていると思われるのは、かならずしも丸山にとっての「近代」の意味内容を問うことを意図したものではないものの、丸山の諸作品を、自立的な政治主体の形成に向かって個人と社会ないし国家の両項がどのように関連づけられているかという問題を中心に考察し、丸山の思想と思考方法を分析した笹倉秀夫の『丸山真男論ノート』である。

アンチノミーの自覚

笹倉は、丸山の著作にたいする緻密な検討をつうじて、「一つの事柄をその内部で相互に対立し合う諸モメントの関係に還元し、あるいは或る対象をそれに対立する別の対象に対置し、かくしてこれら複数のモメント・極（に対する認識）を相互反発と相互補足（相互の斥力と引力）から成る不断の緊張関係に置くこと（『アンチノミーの自覚』）によって、活性化させ、そのことによってそれらモメント・極（に対する認識）をそれぞれ内容的にヨリ高次のものへ高め、問題となる事柄や対象に対する精神的な独立と主体性を確保する」[一三]という思考方法を析出し、これを「主体的緊張の弁証法」[一四]と名づけた。笹倉によれば、丸山のこうした思考方法は、個人と社会、自発性と組織性、自己と他者、情熱―責任―理性、理論と実践など、さまざまな問題群に対する彼の思考を通じて検出されうるし、また、福沢諭吉、ハロルド・ラスキ、山崎闇斎学派などをめぐる思想家論や、歴史や社会の構造分析論にもつらぬかれているとするのである。とすれば、丸山における「近代」ないしは「近代的意識」の内容もまた、こうした丸山の思考方法に規定され原理的対立・内的緊張をはらんだ複合的なものとして想定されていると考えられるべきであろう。

ところで、笹倉は、こうした丸山の思考方法の実例を、なによりも個人と社会という二項関係をめぐる丸山の思考のなかに見いだし、それを主体的個人と民主国家との（民主主義的）自己同一性の追求（民主主義原理）と個人の個体的存在としての自立性・尊厳性の承認（自由主義原理）という二つの異方向の政治原理の追求とその矛盾・相克の自覚として描きだした。(一五) 笹倉は、この丸山における民主主義と自由主義という二つの政治原理のアンチノミーの自覚を、丸山の「近代」ないしは「近代的意識」と関連づけて提示しているわけではない。しかし、筆者には、ここにこそ丸山にとっての「近代」の中味ないしは内容が示されているように思われるのである。

いうまでもなく、民主主義と自由主義という政治原理は、具体的・歴史的な「西欧近代」を形成し、それを支え、かつそこから再生産されつづけてきた二大原理である。しかし、具体的・歴史的な「西欧近代」においては、この二つの原理は決して無矛盾的に両立しうるものではなかったし、むしろ不断に対立・緊張の関係におかれてきたといえ、にもかかわらずその対立・緊張は、かならずしも十分に自覚されることがなかったのではないかと思われる。丸山にとっての「近代」とは、このあい対立する二つの原理の追求と相克という相においてこそとらえられているのであり、さらに「近代的意識」とは、これらの原理を内面化して同時に追求するとともに、その相克を自覚することによって不断の内面的緊張の状態におかれ、それゆえにこそ自立性と主体性が確保されるような意識を意味していたのではないかと思われるのである。

こうした視点からみれば、さきにあげた吉田や杉山による「近代的意識」の理解は、それぞれが、丸山にとっての「近代的意識」において緊張関係におかれているモメントの一方のみを摘出していたにすぎないということになるだろう。

笹倉の提示した問題を手がかりに、さしあたり丸山のもとめる「近代」ないしは「近代的意識」の内容を、主体的個人と民主国家との民主主義的自己同一性（杉山的にいえば、個人と国家との内面的媒介）と、個人の個体的存在としての自立性・尊厳性（吉田的にいえば、人間精神の主体的能動性）という両極の追求と、その相互対立と緊張関係についての自覚（アンチノミーの自覚）としてとらえなおすとすれば、こうした意味での「近代」と具体的な歴史的近代との関係、すなわち、丸山の「近代主義」の射程は、はたしてどのようなものであったと考えられるのだろうか。次節ではそのことを検討してみよう。

第二節　「近代」の射程

弁証法的な全体主義と市民社会

一九三六年、弱冠二二歳の丸山は、東大緑会の懸賞論文「政治学に於ける国家の概念」をつぎのように結んだ。

今や全体主義国家の観念は世界を風靡してゐる。しかし、その核心を極めればそれはそれが表面上排撃しつつある個人主義的国家観の究極の発展形態にほかならない。我々の求めるものは個人か国家かのEntweder-Oderの上に立つ個人主義的国家観でもなければ、個人が等族のなかに埋没してしまふ中世的団体主義でもなく、況や両者の奇怪な折衷たるファシズム国家観ではありえない。個人は国家を媒介としてのみ具体的定立をえつつ、しかも絶えず国家に対して否定的独立を保持するごとき関係に立たねばならぬ。しかもさうした関係は市民社会の制約をうけてゐる国家構造からは到底生じえないのである。そこに弁証法的な全体主義を今日の全体主義から区別する必要が生じてくる。(一六)

笹倉は、この「個人は国家を媒介としてのみ具体的定立をえつつ、しかも絶えず国家に対して否定的独立を保持するごとき関係に立たねばならぬ」という言明のなかに、戦後における丸山の思索を規定する重要な問題枠組みとしての民主主義原理と自由主義原理とのアンチノミーの自覚の原型を見いだしたのであるが、先に述べたように、この二つの原理のアンチノミーの自覚にこそ、丸山にとっての「近代的意識」の内容を見ようとする筆者の観点からすれば、問題はそれだけにはとどまらないことになる。

それは、若き丸山が弁証法的な全体主義と呼んだ「個人は国家を媒介としてのみ具体的定立をえつつ、しかも絶えず国家に対して否定的独立を保持するごとき関係」なるものが、一方においては、「個人か国家かのEntweder-Oderの上に立つ個人主義的国家観」に対置されるべきものとして提示され、また他方においては、「市民社会の制約をうけてゐる国家構造からは生じえない」ものとされていることである。ここで丸山のいう市民社会がヘーゲル的な意味によるものなのか、よりマルクス的なものに引きつけられた意味によるものなのかは問題となろうが、さしあたり重要なことは、まさに、若き丸山が、自らのもとめる弁証法的な全体主義を、具体的な歴史的近代と結びついた個人主義的国家観や市民社会に制約された国家構造に対置し、それを乗り超えるものとして提示しようとしていたと思われる点であろう。すくなくとも、丸山が、その思想的・学問的営為の起点において、このようなスタンスに立っていたということを確認しておくべきだと思われるのである。

「永久革命」としての民主主義

丸山らの「近代主義」が具体的な歴史的近代を超えようとするものだったのではないかという提起は、これまでにも数多くなされてきており、たとえば日高六郎は、「いわゆる近代主義者も正統派マルクス主義者も、前近代→近代（封建的→民主的）の軸では一致していた。そして多くのいわゆる近代主義者たちは超近代としての社会主義への展望を拒否するどころか、むしろ積極的に支持していた」とし、マルクス主義と近代主義との相違については、「近代をただ『通過駅』と考えるか、あるいは通過しなければならない多くの『歴史的』不愉快があると同時に、しかし通過してはならない象徴的価値をふくむひとつの『下車駅』と考えるかのちがいが、そこにあった」と論じている。(一七) しかし、丸山にとって、「近代」を超えることがすなわち社会主義を意味していたとは思われないし、また、日高のいう通過駅と下車駅の比喩も、かならずしも的を射たものとは思われない。

この問題を考えるうえで重要だと思われるのは、丸山の「永久革命」としての民主主義という議論であろう。丸山は、その著書『現代政治の思想と行動』の「追記」において、つぎのような「民主主義」観を提示した。

いうまでもなく民主主義は議会制民主主義につきるものではない。議会制民主主義は一定の歴史的状況における民主主義の制度的表現である。しかしおよそ民主主義を完全に体現したような制度というものは嘗ても将来もないのであつて、ひとはたかだかヨリ多い、あるいはヨリ少ない民主主義を語りうるにすぎない。その意味で「永久革命」とはまさに民主主義にこそふさわしい名辞である。なぜなら、民主主義はそもそも「人民の支配」という逆説を本質的に内包した思想だからである。「多数が支配し少数が支配されるのは不自然である」（ルソー）からこそ、民主主義は現実には民主化のプロセスとしてのみ存在し、いかなる制度にも完全に吸収されず、逆にこれを制御する運動としてギリシャの古から発展して来たのである。……こういう基本的骨格をもつた民主主義は、したがつて思想としても諸制度としても近代資本主義よりも古く、またいかなる社会主義よりも新らしい。それを特定の体制をこえた「永遠」な運動としてとらえてはじめて、それはまた現在の日々の政治的創造の課題となる。(一八)

丸山はこうした民主主義像を、直接にはソ連をはじめとする既存社会主義やそれを肯定する正統派マルクス主義に対置するかたちで提示しており、「民主主義をもつぱら権力と人民という縦の関係からとらえ、多にたいする個体という水平的次元を無視もしくは軽視」する「全体主義的民主主義」の危険性を指摘するとともに、「政治をなくすための政治」とか「権力の死滅をめざす権力集中」といった「一見弁証法的な考え方」も、「目標的思考、もしくは巨大な歴史段階論（階級社会の止揚→無階級社会というような）だけが前面に出て、日常的過程を刻々切断する論理が示されないかぎり、ヨリ悪しき害悪を具体的な状況の下に識別する規準としては機能しがたい」[一九]と論じている。こうしたことから、マルクス主義の側からの「このような民主主義こそ、個人主義や自由主義などを原理とする市民的民主主義を〝自然法〟的なものとして実体化する理念と運動であろう」[二〇]といった批判をよぶこととなるのだが、もちろん、こうした批判はまったくの的はずれだといわなければならないだろう。

民主化のプロセスとしての「近代」

丸山のこの「永久革命」としての民主主義像は、まぎれもなく民主主義原理と自由主義原理とのアンチノミーの自覚という意味での「近代的意識」に支えられた「近代」の像そのものなのではないかと、筆者には思われる。丸山は、民主主義が現実には民主化のプロセスとしてのみ存在せざるをえない理由を、民主主義に本質的に内包される人民の支配という逆説にもとめている。丸山はこの逆説について、「『人民』は水平面においてもつねに個と多の緊張をはらんだ集合体であって、即自的な一体性をもつものではない。即自的な一体として表象された『人民』は歴史がしばしば示すように、容易に国家あるいは指導者と同一化されるであろう」[二一]とのべているが、ここからも明らかなように、この逆説とは、民主主義と自由主義という二つの原理の対立と緊張関係の表現にほかならないのである。

さきに論じてきたように、この二つの原理の相克――すなわち民主主義の本質的モメントとしての人民の支配という逆説――の自覚が、丸山のもとめる「近代的意識」の内容をなすとするならば、民主主義を「永遠」の運動たらしめるものこそ、実はこの「近代的意識」にほかならないということになろう。そして、この「近代的意識」が、民主主義を「永遠」の運動たらしめるものにほかならないとするならば、丸山のいう「近代」は、永続する民主化のプロセスとしてしかありえないということになるのではなかろうか。

こうした意味での「近代」は、なんらかの意味で達成されうるようなある種の段階ではもちろんありえないし、日高のいうような駅（通過駅であろうと下車駅であろうと）でさえもないであろう。同時にそれは、具体的な歴史的近代としての「西欧近代」や、歴史的段階としての近代資本主義を絶対化したり、美化したりするものでもありえまい。この民主化のプロセスとしての「近代」は、まさに「近代資本主義よりも古く、またいかなる社会主義よりも新しい」といわれるように、その過程のなかに、歴史的段階としての近代資本主義の形成と発展の過程を包摂するだけではなく、（若き丸山の問題設定にしたがっていえば）市民社会の制約をも乗り超えてすすみ、近代資本主義以後の（それを社会主義とよびたければ社会主義の）歴史的段階にいたってもひきつづく、まさに「永久革命」の名にふさわしいプロセスとして提示されていると考えるべきだと思われるのである。

具体的な歴史的近代と「近代」

さて、こうした緊張関係を内包した「近代的意識」と永続するプロセスとしての「近代」は、ある種の理念型として、具体的な歴史的近代をもふくむ歴史的現実とのあいだで緊張関係におかれ、この緊張関係のなかから、丸山にとっての思想的・実践的課題がひきだされるのである。ここにも、笹倉が見いだした「主体的緊張の弁証法」がつらぬかれているのだといえよう。

もちろん、こうした丸山の思考方法は、理念としての「近代」の高みから現実を裁断するものでは決してなかったし、ましてや、具体的な歴史的近代（西欧近代）の高みから前近代や非西欧を裁断するものではありえなかった。そのことは、さきにみたようなマルクス主義の「一見弁証法的な考え方」にたいする、巨大な歴史段階論だけが前面に出て、日常的過程を刻々切断する論理が示されないことによって、「ヨリ悪しき害悪を具体的な状況の下に識別する規準としては機能しがたい」という批判にも、はっきりとうかがうことができよう。こうした批判は理念的近代なり歴史的近代を絶対化するいわゆる「近代主義」にもそのままあてはまるはずのものだからである。

丸山がもとめるのは、現在の日々の政治的創造の課題に応え、日常的過程を刻々切断する論理なのであり、ヨリ悪しき害悪を具体的な状況の下に識別する規準なのである。

丸山の思考が理念的近代による歴史的現実の単純な裁断におちいることを回避させているのは、対立・緊張の関係にたつ二つのモメントによって構成され「永遠」の運動として設定された理念型としての「近代」の性格によっている。規準としての「近代」そのものが、複合的な性格をもっているがゆえに、複雑で錯綜した歴史的現実のなかから「近代」にむかって発展する可能性をはらんだ契機や、逆に「近代」の展開を阻害している契機を多様な視点によって摘出することが可能となるのである。彼の著書『日本政治思想史研究』に収められた諸論文が、その実例であることはいうまでもないであろう。さらに、笹倉が『丸山真男論ノート』でみごとに分析して見せたように、対象とする歴史的現実に応じて「近代」を構成するモメントの一方にヨリ大きな比重をかけ、そのことによって批判の視座を確保するという丸山の思考方法も、こうして可能となるのである。丸山の思考方法を特徴づけるものとして指摘されることの多い高度のプラグマティズムの本質もここにあるといえよう。また、超近代的現象とみなされた大衆社会状況にたいして「近代主義」者の丸山がいち早く警句を発しえたという逆説も、丸山のこうした思考方法からすれば、むしろ当然のこととして理解しうるのではなかろうか。
次節では、以上のような点に留意しながら、丸山が戦後日本という歴史的現実にたいして、いかなる政治的創造の課題を提起しようとしたのかを、今後のより詳細な検討のための予備的作業として、筆者なりに概略的に整理してみることにしよう。

第三節　「近代」への道程

民主主義革命の完遂

一九四七年、丸山は『帝国大学新聞』につぎのような一文を寄せている。

吾々は現在明治維新が果すべくして果しえなかつた民主主義革命の完遂という課題の前にいま一度立たせられている。吾々はいま一度人間自由の問題への対決を迫られている。もとより日本の直面している事態は、近代的自由の正統的な系譜を踏みなおす事で解決される様な単純なものではない。「自由」の担い手はもはやロック以後の自由主義者が考えたごとき「市民」ではなく、当然に労働者農民を中核とする広汎な勤労大衆でなければならぬ。しかしその際においても問題は決して単なる大衆の感覚的解放ではなくして、どこまでも新らしき規範意識をいかに大衆が獲得するかということにかかつている。(一二)

ここで筆者が注目したいのは、丸山が「自由」の担い手を「市民」ではなく勤労大衆にもとめる点で、マルクス主義の「新しい民主主義革命」論に接近しているなどということではない。彼が民主主義革命の完遂における課題として、「大衆の感覚的解放ではなくして、新しき規範意識を大衆がいかに獲得するか」という問題を強調していることこそが、注目すべき点だと思われるのである。なぜならば、丸山にとって、この感覚的解放ではない「新しき規範意識」の獲得こそが、明治維新の果すべくして果しえなかった課題だったと考えられるからにほかならない。そして、この明治維新が果しえず、それゆえに戦後日本にその解決がゆだねられた課題を明らかにしたものこそが、一方においては、戦中につづけられ、『日本政治思想史研究』に結晶した丸山の徳川期儒教史(朱子学的思惟様式の崩壊過程と、そこにおける徂徠学と宣長学の意義の分析)の研究であるとともに、他方では、「超国家主義の論理と心理」(二三)をはじめとする戦後直後の日本軍国主義(もしくは日本ファシズム)批判の一連の論文であり、さらには、それら両者を媒介する、福沢諭吉論をはじめとした一連の明治思想の研究だった(二四)のである。

分裂せる意識

『日本政治思想史研究』を通じて丸山が描きだしたのは、「理」と「道」――すなわち自然法則と道徳法則の無媒介な連続性を特徴とする朱子学の思想体系が、徳川期の儒教史の展開のなかで、自然と道徳の連続性の切断というかたちで崩壊していく過程であった。そして丸山は、とりわけ、その崩壊を決定的にしたものとして荻生徂徠の思想に注目するとともに、本居宣長による徂徠学の転倒的継承の過程を描きだし、そこに徳川期日本における「近代的意識」の発展を見いだそうとしたのである。

そこでは「いかなる盤石のような体制もそれ自身に崩壊の内在的な必然性をもつことを徳川時代について・・・

：実証することは、当時の環境（丸山は、まさに一五年戦争のさなかにいた―引用者）においてはそれ自体、大げさにいえば魂の救いであった」（二五）という超学問的動機によって、徂徠学と宣長学の「近代性」の強調が前面に押し出されているものの、先にあげた論点とのかかわりで注目すべきは、むしろつぎのような問題であろう。すなわち、それは、一方において、徂徠学における「道」が、人間界の秩序・法則性からの類推として否定された自然の理＝天道から切断され、「聖人たる先王の治国平天下の道」として聖人の作為にその根拠がもとめられるものとなって、政道として公的＝政治的なものへと昇華されることによって個人道徳に立ちいることのないものとして外在化されていくという問題であり、同時に他方で、宣長学が、こうした「道」の外在化によって私的内面的生活をリゴリズムから解放し、人間の自然的性情を容認した徂徠学を――「道」の内容を全く異にしながら「道」の根拠づけにおいて同じ思惟方法をとりつつ、思惟の体系化の中心を私的領域たる内面的心情におくというかたちで――転倒的に継承し、一切の規範なきところに「道」を見いだす反リゴリズムとして成立したという問題である。

丸山が朱子学的思惟様式の崩壊過程から発展しつつあった「前期的な近代的意識」の発展の裏側に見いだしているのは、それが、徂徠学と宣長学とに――すなわち内面性に媒介されぬ外在的な公的＝政治的規範と、人間の自然的心情の解放としての規範なき内面性とに――分裂するかたちで形成され、「新しき規範意識」としての内面的規範の獲得につながらぬ感覚的解放に終わったということにほかならない。そして、これは主体的個人と民主国家との民主主義的自己同一性（ないしは、個人と国家との内面的媒介）と個人の個体的存在としての自立性・尊厳性（ないしは、人間精神の主体的能動性）という理念型としての「近代的意識」を構成するモメントの緊張関係が、とりわけ前者の欠如によって成立しなかったことを意味するのである。

内面的規範の欠如

そして、こうした分裂と緊張関係の欠如、とりわけ内面的規範の未獲得の問題が、こんどは、徹底的な批判の対象として真正面から取り上げられることになったのが、ほかならぬ論文「超国家主義の論理と心理」だったのである。

丸山がこの論文において描きだしたものは、内容的価値の実体たることにどこまでも自己の支配根拠を置き、倫理的実体として価値内容の独占的決定者たろうとする国家と、私事の倫理性が内部に存せずして、国家的なるものの合一化に存する自由なる主体的意識の欠如した超国家主義の論理であり、また、そこから生みだされる倫理と権力の相互移入、権力の矮小化、独善意識とセクショナリズム、無責任の体系、抑圧の委譲による精神的均衡の保持といったグロテスクな病理現象であった。そして、それは、日本の超国家主義の対外膨張ないし対内抑圧の精神的起動力の特質を明らかにする作業であったと同時に、徂徠学と宣長学とに分裂することに終わった日本における「前期的な近代的意識」形成の跛行性が、明治維新によっても克服されず、「新しき規範意識」＝内面的規範の獲得が成し遂げられなかったことの破局的な帰結を確認する作業でもあったのである。

もちろん明治期において、「新しき規範意識」の獲得へと事態が展開する可能性が皆無だったわけではない。丸山はそのような可能性を、たとえば陸羯南の日本主義に見いだし、「どのような凶悪な犯罪人も一度は無邪気で健康な少年時代を経てきたように、日本主義の思想と運動も、大正から明治に遡つていくと、最近の日本型ファシズムの実践と結びついた段階とはいちじるしくちがつた、むしろ社会的役割において対蹠的といいうるほどの進歩性と健康性をもったものにゆき当たる」[二六]とのべている。そして、丸山にとって、そうした可能性を誰よりも体現していた思想家こそ、福沢諭吉なのであった。それは、なによりも一身独立して一国独立するとする健全なナショナリズムと、両眼主義など丸山自身にも通ずる福沢の思考方法によるものであった。丸山の福沢への高い評価は、戦中から八〇年代に著された『『文明論之概略』を読む』（二七）に至るまで一貫したものであるといえる。

しかし、福沢や陸にしめされた「近代的意識」の展開の可能性も、結局は、徂徠と宣長の場合と同様、内的緊張の関係を欠いた二つの意識への分裂へと帰着する。すなわち、「政治的な底辺への拡がりによって下から支えられたところのナショナリズムが、上からの官僚的な国家主義によって吸収されてしまうということになると、国民を国民として内面から把握する思想というものは最早ない訳であります。したがって国民思想は一方には個人的内面性に媒介されないところの国家主義と、他方には全く非政治的な、つまり星や菫花を詠い、感覚的本能的生活の解放に向かうところの個人主義という二者に分裂して相互が無媒介に併存する様になる」（二八）のである。

国家へと媒介される個人的内面性（すなわち、「新しき規範意識」）との内面的な緊張関係にたたされることによってこそ、自由は感覚的本能的な生活の解放にむかうことなく、永続する民主化のプロセスを推しすすめる「近代的意識」のモメントたりうる。しかし、明治期の国民思想は、こうした発展方向をたどることなく分裂に帰着し、その上にかのグロテスクな超国家主義という帰結をもたらしたのである。かくして、明治維新が果すべくして果しえなかった課題は、ふたたび戦後日本の現在の日々の政治的創造の課題として、丸山のまえに提起されることとなったのだった。

「第三の開国」の帰結

しかし、戦後日本に残された民主主義革命完遂の課題もまた、再び（徂徠から数えれば三度）「新らしき規範意識」の獲得を欠いた感覚的解放へと帰結しようとしていた。高度経済成長、とりわけ安保闘争後の経済成長による私生活主義的な国民意識の展開の過程（二九）の開始は、この帰結を決定的なものとしたのである。

こうした帰結への予感をこめつつ、丸山は五九年に論文「開国」（三〇）を著し、七二年の論文「歴史意識の『古層』」（三一）をはじめとする「古層＝執拗低音」論へとつながる方法論の転換を開始した。アンリ・ベルグソンとカール・ポッパーに発する「閉じた社会」と「開いた社会」という範疇をもちいながら、歴史的現実としての「開国」＝幕末開国期の精神史的位相を描きだそうとする丸山は、同時に、（室町末期から戦国にかけての第一、幕末維新の第二にたいして、戦後を意味する）「第三の開国」の真只中にいる読者にたいして、「歴史的な開国をただ一定の歴史的現実に定着させずに、そこから現在的な問題と意義とを自由に汲みとること」を期待する。（三二）丸山は、「第二の開国」の過程と帰結を、『日本政治思想史研究』と一連の明治思想研究および超国家主義論の成果を再確認するかたちで、「上からの法律革命の下降現象」と「自由の名による官能性のアナーキー」とのギャップという問題をつうじて描きだし、両者を媒介すべき（明六社をはじめとする）非政治的な自主的結社による「非政治的領域から発する政治的発言という近代市民の日常的モラル」の生育が果たされることなくおわったことを指摘したのであった。「無数の閉じた社会の障壁をとりはらったところに生まれたダイナミックな諸要素をまさに天皇制国家という一つの閉じた社会の集合的なエネルギーに切りかえて行ったところに『万邦無比』の日本帝国が形成される歴史的秘密があった。……しかし、その体験から何をひき出すかはどこまでも『第三の開国』に直面している私達の自由な選択と行動の問題である」（三三）と結ばれたこの論文が、「企業社会」（三四）と呼ばれる「無数の閉じた社会」の形成という「第三の開国」の帰結を予感させるものだったのではないかなどと読もうとするのは、いかにも筆者の読みこみすぎかもしれない。しかし、いずれにせよ、「開国」論文の丸山が、「第二の開国」を語ることをつうじて「第三の開国」の帰結を予感していたのであろうことは否めないように思われるのである。

「開国」とともに丸山の方法論の転換を鮮明にしたのは『日本の思想』（三五）であった。そこでは、一方で、戦後の民主主義革命完遂の一翼をになうかにみえたマルクス主義への批判を込めた理論信仰と実感信仰への分裂（それは、内面化されない規範意識と感覚的解放との分裂の一つのあらわれにほかならないのだが）という日本思想の問題性が指摘されるとともに、他方では、何よりも、日本の思想における無構造の伝統が解明されることとなった。そして、「第三の開国」が「新しき規範意識」の獲得をもたらさなかったということが確実となった七〇年代に、『日本の思想』で指摘された日本思想の無構造性の問題をつきつめながら、こうした帰結に至らなかった理由をつきとめようとする丸山の営為こそが、「歴史意識の『古層』」をはじめとした日本人の意識の奥深くに流れる「古層＝執拗低音」を聴きわけようとする作業にほかならなかったのである。

「古層＝執拗低音」の抽出

七〇年代にはいると丸山は、支配的な主旋律として前面に出てくる儒・仏・老荘など大陸渡来の諸観念や維新以降の西欧世界からの輸入思想など、「『つぎつぎ』と摂取された諸観念に微妙な修飾をあたえ、ときには、ほとんどわれわれの意識をこえて、旋律全体のひびきを『日本的』に変容させてしまう」（三六）とされる「古層＝執拗低音（バッソ・オスティナート）」の存在と役割に注目し、それらを聴きわけていく作業を開始する。記紀神話を中心とする古代日本の文献にさかのぼった分析をつうじて丸山が抽出した「古層＝執拗低音」は、歴史意識における「つぎつぎになりゆくいきほひ」、倫理的価値意識における「キヨキココロ、アカキココロ」（三七）であった（なお、丸山は他の論考——'The structure of Matsurigoto : the basso ostinato of Japanese political life, 1988——で、政治生活の「古層＝執拗低音」として、「つかへまつる」という言葉から発した「まつりごと」の構造をも問題としている）。こうした作業をつうじて、たとえば「歴史意識の『古層』」においては、「つぎつぎになりゆくいきほひ」という

「古層＝執拗低音」によって醸しだされた歴史的相対主義の繁茂に有利な土壌が「なりゆき」の流動性と「つぎつぎ」の推移との底知れない泥沼に化し、すべての歴史主義化された世界認識がかえって非歴史的な、現在の、そのつどの絶対化をよびおこさずにはいないであろうといった、現代の日本人の歴史意識への深刻な警句が発せられることとなる。しかし、問題はそれだけにはとどまらないであろう。

なぜなら、「生成のアニミズム的信仰」[三八]ともいうべきこの「古層＝執拗低音」による諸観念の変容こそが、実は、丸山の一貫して問題としてきた内面的規範の獲得につながらぬ欲望自然主義的な感覚的解放を、「開国」のたびに帰結させてきたのではないかと思われるからである。丸山によって直接には語られることのない「古層＝執拗低音」抽出の意味は、「第三の開国」の挫折のなかで、その挫折の根源をつきとめることにこそあったのではなかろうか。だとしたら、それはいかなる目的でなされたことなのだろうか。

丸山の「古層＝執拗低音」論は、その宿命論的響きから、丸山における変革の展望の喪失の表明なり、絶望の表明[三九]と受けとめられてきた。しかし、丸山はつぎのようにのべている。すなわち、「持続低音を続かせてきた条件は……日本の民族的等質性で……まったく高度工業国のなかの例外現象ですね。やっぱり、日本の地理的な位置が大きかったと思うんです。地理的条件はテクノロジーの急激な発達で大きくかわるから、今後はわかりませんね。むしろいままでの何千年かがよほど特殊な条件にあった、とみるべきじゃないか」と。ここで、丸山は「宿命論的になって悲観するのも、逆に、これまでの条件のなかから未来の可能性をひきだすほかない、ときめてかかるのもぼくはおかしいと思いますね」と語るのである。[四〇]丸山は、決して絶望の表明として、「古層＝執拗低音」を聴きわけようとしたのではないのである。

それは、むしろ「第三の開国」の挫折をうけながら、きたるべき「第四の開国」を、つぎこそは「新しき規範意識」の獲得の機会としてむかえんとする丸山の思想的・学問的準備なのではなかったのか。筆者には、そのように思われるのである。

第四節　新たな「開国」へ

一九四六年一月、「第三の開国」のきざはしにたった丸山は、「青年文化会議」の機関紙『文化会議』につぎのような一文を寄せている。そして、これが丸山の復員後最初に発表された文章であった。

> 私はこれまでも私の学問的関心の最も切実な対象であつたところの、日本に於ける近代的思惟の成熟過程の究明に愈〻腰をすゑて取り組んで行きたいと考へる。従つて客観的情勢の激変にも拘はらず私の問題意識にはなんら変化がないと言つていい。ただ近代的精神なるものがすこぶるノトーリアスで、恰もそれが現代諸悪の究極的根源であるかの様な言辞、或はそれ程でなくとも「近代」に単なる過去の歴史的役割を容認し、もはや――この国に於いてすら、いなこの国であるだけに――その「超克」のみが問題であるかの様な言辞が、我が尊敬すべき学者、文学者、評論家の間でも支配的であつた此数年の時代的雰囲気をば、ダグラス・マッカーサー元帥から近代文明ＡＢＣの手ほどきを受けてゐる現代日本とをひき比べて見ると、自ら悲惨さと滑稽さのうち交つた感慨がこみ上げて来るのを如何ともなし難い。(四二)

今日の日本と、一九四五年の日本とを機械的に同一視しようとする意図は、筆者にはさらさらない。しかし、「第四の開国」をむかえた時に、ふたたび丸山に悲惨さと滑稽さのうち交つた感慨を抱かせないという保証が、はたしていまの日本にあるといえるのであろうか。

「第四の開国」が、「第三の開国」のごとく破局の後の「開国」として現出するのか、それとも他のかたちでこの日本に訪れるのかは、かならずしも定かではない。しかし、現に、一方では、「企業社会」という「無数の閉じた社会」が展開してきた現代日本において、そのさまざまな矛盾が噴出しつづけてきたことを、そして、他方では、環境・人口・食糧・資源といったグローバルで深刻な問題群が、感覚的解放と欲望自然主義に裏打ちされた経済大国・日本の「豊かさ」の背後にひたひたとせまってきたことを、まったく感じないものはいはしまい。「第四の開国」がどのようなものであれ、それを「新しき規範意識」の獲得へとむかわせることができるのか否かは、すでに丸山をつうじて日本人の意識の奥深くに流れる「古層=執拗低音」の存在と役割、そしてその存続の条件とを自覚したわれわれの自由な選択と行動の問題となろう。そして、こうした問題が残されている限り「近代主義」の射程が尽きることはないのではあるまいか。

【註】

（一）蔵原惟人「近代主義とその克服」、『前衛』一九四八年八月号ほか。
（二）たとえば、柴田高好「丸山真男批判―市民主義と市民政治学」、『現代思潮』第六号、一九六一年など。
（三）『レヴァイアサン』第一号、一九八七年、五頁。
（四）溝部英章「近代化の〈終焉〉―『日本政治思想史』を越えて」、『近代日本の意味を問う』、木鐸社、一九九二年、一五七頁。
（五）丸山『忠誠と反逆』、筑摩書房、一九九二年、所収。『集』⑧所収。
（六）同、所収。『集』⑩所収。
（七）石井伸男・清真人・後藤道夫・古茂田宏『モダニズムとポストモダニズム』、青木書店、九八八年、一四五頁。
（八）久野収・鶴見俊輔・藤田省三『戦後日本の思想』、勁草書房、一九六六年、一五四頁。
（九）たとえば、丸山「近代的思惟」、『戦中と戦後の間』、みすず書房、一九七六年、所収。『集』③所収。
（一〇）『集』③所収。
（一一）吉田『戦後思想論』、青木書店、一九八四年、二二五頁。
（一二）杉山『戦後啓蒙と社会科学の思想』、新曜社、一九八三年、三三一頁。
（一三）笹倉『丸山真男論ノート』、みすず書房、一九八八年、一七三頁。
（一四）同前、一九五頁。
（一五）同前、一四頁。
（一六）丸山『戦中と戦後の間』、三二頁。『集』①、三二頁。
（一七）日高「戦後の『近代主義』」、同編『近代主義』、筑摩書房、一九六四年、二八頁。

（一八）丸山『現代政治の思想と行動』、五七四―五七五頁。『集』⑨、一七三―一七四頁。
（一九）同前。
（二〇）吉田前掲書、三九頁。
（二一）丸山『現代政治の思想と行動』、五七四頁。『集』⑨、一七三頁。
（二二）同「日本における自由意識の形成と特質」、『戦中と戦後の間』、三〇五頁。『集』③、一六一頁。
（二三）同『現代政治の思想と行動』所収。『集』③所収。
（二四）その多くは『戦中と戦後の間』に所収。
（二五）同『日本政治思想史研究』、東京大学出版会、一九五二年、「あとがき」、三七二頁。『集』⑤、二九〇頁。
（二六）同「陸羯南―人と思想」、『戦中と戦後の間』、二八一頁。『集』③、九三頁。
（二七）岩波新書、一九八六年。
（二八）丸山「明治国家の思想」、『戦中と戦後の間』、二三四―二三五頁。『集』③、八一頁。
（二九）加藤哲郎『戦後意識の変貌』、岩波ブックレット、一九八九年などを参照。
（三〇）丸山『忠誠と反逆』、筑摩書房、一九九二年、所収。『集』⑧所収。
（三一）同前所収。『集』⑩所収。
（三二）同前、一六〇頁。『集』⑧、四七頁。
（三三）同前、一九六頁。『集』⑧、八五―八六頁。
（三四）たとえば、渡辺治『企業支配と国家』、青木書店、一九九一年等を参照。
（三五）岩波新書、一九六一年。
（三六）丸山「歴史意識の『古層』」、『忠誠と反逆』、三三四頁。『集』⑩、四五頁。
（三七）同前、三四四頁。『集』⑩巻、五六頁。

（三八）石田雄『日本の政治と言葉　上』、東京大学出版会、一九八九年、六二頁。
（三九）石井・清・後藤・古茂田前掲書、一四五頁。
（四〇）丸山・加藤周一「対談歴史意識と文化のパターン」、『歴史思想集』付録、筑摩書房、一九七二年。『丸山眞男座談7』、岩波書店、一九九八年、二六二頁。
（四一）丸山「近代的思惟」、『戦中と戦後の間』、一八八頁。『集』③、三頁。

第二章　「近代的意識」と自発的結社

筆者はすでに第一章において、戦後日本を代表する政治思想家・丸山眞男の思想的・学問的営為を再審し、再評価していくための予備的作業を試みた。それは、丸山に向けられてきた「近代主義」というステロタイプ的な批判の不当性を検証するために、丸山の求めた「近代」ないしは「近代的意識」なるものの意味内容とその射程を筆者なりに確定し、そのうえで、そうした「近代」を追求する丸山の課題意識が、彼の学問的営為のなかにどのようにつらぬかれてきたのかを探るという作業であった。

笹倉秀夫の詳細な丸山研究（一）の成果に導かれて得られた筆者の理解によれば、丸山の追求した「近代的意識」とは、主体的個人と民主国家との民主主義的自己同一性（＝民主主義原理）と個人の個体的存在としての自立性・尊厳性（＝自由主義原理）という両極の追求と、その相互対立と緊張関係についての自覚（＝アンチノミーの自覚）を内容とする意識であり、また、丸山の求める「近代」とは、こうした「近代的意識」によって支えられた永続する民主化のプロセス（＝「永久革命」としての民主主義）にほかならなかった。

そして、丸山の学問的営為は、具体的・歴史的な意味での近代日本において、こうした「近代的意識」が、内面性に媒介されぬ外在的な公的＝政治的規範と、人間の自然的心情の解放としての規範なき内面性との分裂——それは、たとえば徂徠学と宣長学と（二）の、または上からの官僚的な国家主義と感覚的本能的生活の解放に向かうところの個人主義と（三）の、もしくは上からの法律革命の下降現象と自由の名による官能性のアナーキー（四）との、さらには理論信仰と実感信仰と（五）の分裂なり分立として分析されることとなるのだが——によって形成されることなく今日にいたり、それゆえ永続する民主化のプロセスとしての（すなわち理念的意味での）「近代」の展開が阻害されてきたことを明らかにすることにむけられてきたものであったといえよう。

一方、丸山は、日本における「近代的意識」形成の環としての内面的規範＝「新しき規範意識」の獲得を、戦後日本における民主主義革命の完遂のための実践的な課題として設定した。しかし、丸山は、高度経済成長の開始とそこにおける「新しき規範意識」を欠いた感覚的解放の蔓延のなかで、この課題の挫折を予見するとともに、文化接触と文化変容への注目という方法論の転換を経ることによって、戦後日本の「第三の開国」の挫折を導いた「古層＝執拗低音（バッソ・オスティナート）」の抽出へとその学問的営為を展開していくことになるのである。その一見したところ宿命論的なトーンから、丸山の「古層＝執拗低音」論は、彼の転向の証しなり絶望の表明なりと見なされることが多いものの、筆者の理解する限りでは、むしろそれは来るべき「第四の開国」にむけての思想的・学問的準備にほかならなかったのではないかと思われる。

丸山によれば、「第二の開国」としての幕末・維新の「開国」は、「無数の閉じた社会の障壁をとりはらったところに生まれたダイナミックな諸要素をまさに天皇制国家という一つの閉じた社会の集合的なエネルギーに切りかえて行ったところに『万邦無比』の日本帝国が形成される[六]」という帰結へと導かれたとされる。一方、「天皇制国家という一つの閉じた社会」＝超国家主義の崩壊によってもたらされた「第三の開国」は、高度経済成長による高度な私的消費生活をめぐる欲望自然主義の解放（＝私生活主義[七]）を経て、「企業社会[八]」という「無数の閉じた社会」の集合体の形成へと帰結したのではないかと、筆者には思われる。そうであるとするならば、丸山の思想は、今日もなお、その思想的意義を喪失していないばかりか、むしろその思想的・実践的課題を継承・発展させていくことこそが、われわれに求められているのではないかとさえ思われる。

丸山の思想的・学問的営為は、われわれが、日本人の意識の奥深くに流れ、「第三の開国」をも挫折へと導いた

「古層＝執拗低音」の存在とその役割を自覚しつつ、来るべき「第四の開国」を――それがいかなる形で到来するのかは必ずしも定かではないにしても――迎えることを可能にしようとするものだったのかも知れない。しかし、「第四の開国」を「新しき規範意識」の獲得と「近代的意識」の形成、そして、永続する民主化のプロセスへと導いていくことができるかどうかは、ひきつづき、それに直面するであろう「私達の自由な選択と行動の問題」（九）にゆだねられつづけているということになるであろう。

本章は、前章で行った以上のような作業をふまえつつ、前章では十分に検討することのできなかった、「近代的意識」形成にむけての丸山のヨリ実践的な問題提起を取り上げていきたいと思う。いわば、丸山の政治思想における政治戦略を析出し、検討することが、本章の課題である。

第一節　「戦後啓蒙」と丸山眞男

丸山への「啓蒙主義」批判

丸山の思想的・学問的営為に対してなされる評言のひとつに、「戦後啓蒙」というものがある。そして、この「啓蒙」という性格づけには、さまざまな否定的意味あいが込められてきたように思われる。すなわち、丸山の思想と学問は、本質的には、「西欧近代」の啓蒙主義思想と同様に、合理的な理性の光によって非合理なる「前近代」＝伝統を裁断し、批判するとともに、そのことによって無知で非合理な大衆の蒙を啓こうとするものであり、また合理性と理性の力をこそ確信し、大衆もまた、ひとたび理性に目覚めれば、「近代」への途を突き進むであろうという空虚な展望を有するものである、というようにである。

ここには、知識人としての高みからする高踏的な現実批判、大衆蔑視ないしは大衆いじめ、現実からの遊離と変革の展望の非現実性、あるいはその思想と学問の非実践性等々といった否定的イメージが込められているといえよう。しかも、こうした否定的イメージは、丸山に対する「近代主義」というステロタイプ的批判と同様に、さまざまな立場の人々から、それぞれの力点の違いを伴いつつ、共有されてきたのである。

たとえば、価値意識と科学的客観性との峻別の可能性をプリミティブに確信する「科学としての政治学」の立場からは、マルクス、ヴェーバー、マンハイムらとの格闘を通じて得られたと思われる丸山の価値と論理と現実の三次元がそれぞれ独自の領域をもち、(一〇)かつそれぞれが相互に緊張関係に立たされるという思考方法も、(一一)特定の価値的立場からの非科学的で現実から遊離した、日本社会の丸ごとの無限定な解釈の一例として否定される。(一二)一方、こうした「科学としての政治学」からの批判に対して、丸山の「思想としての政治学」の科学性を認識主体にとっての科学化として肯定するとともに、「科学としての政治学」は、「すでに時代遅れのものとして批判した第一期(すなわち丸山の——引用者)・第二期の政治学から、逆に批判したその時点から反撃されているのではないか」(一三)とする薮野祐三からさえも、丸山の政治認識の方法の中に、「変革の意思」は確認できたとしても、「その意思を実現する運動への糸口は皆無なのだ」(一四)と評されることとなるのである。

他方、マルクス主義の陣営からは、丸山の思想における個人主義や自由主義などを原理とする市民的民主主義を"自然法"的なものとして実体化する一種の非歴史主義的な「理性」主義が批判の対象とされるとともに、そこにおいて追求される人間変革の目標としての主体的人間が、「あくまでも集団的なもの(マス、階級、制度等々)ではなく、階級にも包摂されない市民的個人として設定されたこと」(一五)、ひいては、そうであるがゆえに歴史的な変革主体としての労働者階級とその階級的前衛の役割を承認していないとされることとよって、否定的に評価されることとなる。しかし、その一方では、吉本隆明やその丸山批判の継承者としての鷲田小彌太らからは、つぎのように、そのある種の「前衛」主義が批判の的とされることにもなるのである。

丸山は、言うまでもなく、いかなる党にも入らない。それがリベラリズムの姿勢である。しかし、自然成長的な（あけすけに言えば、無知な）大衆の意識を覚醒させ、自らの提起した理念、理論を注入し、大衆をその実現にむかって指導的に動かすという「啓蒙」主義では、「前衛」論と同形なのである。つまりは、エリート主義という方法においては、である。「前衛」主義を突破するためには、エリートによる代行・指導という「啓蒙」主義を是非にも克服しなければならないのである。（一六）

このように、丸山の思想的・学問的営為に対してなされる「啓蒙主義」という否定的評価は、さまざまな立場から共通に提起されつづけてきた。しかし、こうした評価は、どこまで正当に丸山の思想と学問をとらえているといえるのであろうか。この点についての検討は、丸山の政治思想における政治戦略を問題としようとする本章にとって、決して素通りすることのできない問題であるように思われる。

ここで問題とされるべき論点は、大きく分けて二つになろう。すなわち、ひとつは、丸山の学問的営為における価値と理論および理論と実践の関係、すなわち価値―理論―実践の三極の関係をめぐる問題であり、換言すれば、丸山の政治学的問題関心における戦略関連性（一七）のあり方に関わる問題である。それは、丸山の学問的営為において、彼の価値意識と科学的客観性への要請とが、実践への要請に媒介されつつ、いかなる緊張関係のもとに置かれながら統一されているのかという問題であり、一方では、今日のいわゆる「科学としての政治学」の潮流からの批判の妥当性が、他方では、丸山の政治認識の方法の中には、変革の意思は確認できたとしても、その意思を実現する運動への糸口は皆無だとする藪野に代表されるような批判の妥当性が、同時に問われるものであるといえる。

第二には、丸山の政治戦略が想定する現実化の担い手の問題、とりわけ（丸山自身を含む）知識人および（前衛党を含むなんらかの意味での）エリートと大衆のそれぞれの変革主体としての役割とそれらの相互関係をめぐる問題であり、また変革主体形成の問題であるといえる。これは、一方において、丸山の想定する政治戦略の担い手が、マルクス主義からの批判にあるような抽象的な市民的個人であるといえるのかどうかという問題であるとともに、他方では、丸山の政治戦略の中に吉本や鷲田のいうような大衆蔑視と前衛主義が認められるのかどうかという問題であろう。

先にあげた丸山に対する「啓蒙主義」という批判は、この二つの問題をめぐり、彼の思想的・学問的営為に対する理解と評価が大きく混乱していることに由来するのではないかと、筆者には思われる。

丸山の政治思想における政治戦略を、その思想的・学問的営為の中から析出し検討しようとする本章の課題は、いいかえれば、丸山の政治学ないしは政治思想史学の戦略関連性を明らかにし、その政治学的問題関心がいかなる政治戦略と結びついたものであるかを追究し、「啓蒙主義」という丸山へのステロタイプ化した批判の不当性を明らかにすることにほかならない。

丸山政治学の戦略関連性

「政治学・戦略・ユートピア」において穴見明が論じているように、「政治学を『政治理論』（Political Theory）、つまり、いま風の表現を用いれば規範ないし価値理論と経験理論の統一として、あるいは道徳＝政治哲学と説明理論の統一として考える」（一八）という、近代政治理論が古典古代の伝統から引き継いだ立場に立つ限り、政治学的問題関心は、共同社会全体の秩序形成に関わる活動またはプロセスとして政治を考えるような問題関心のあり方＝公的関心と、政治学を流動しつつあるもの、生成しつつあるものについての知識、創造的な行為についての知識ととらえ、事件を創造することに関心をむけるその問題関心の創造性とによって特徴づけられる。(一九)

穴見によれば、こうした公的関心と創造性とが、共同社会全体の秩序の再生産または変形への関心というかたちで重なりあったものが、政治学的問題関心における戦略関連性なのであり、それは、政治学的問題関心とはなんらかの政治戦略に結びつくものであることを意味するのである。

そして、ここでいう政治戦略とは、（1）なんらかの「良き政治」を実現するという目標の達成のための構想であり、（2）その現実化の担い手をその構想の中に含んでおり、（3）異なった「良き政治」イメージの現実化を志向する対抗戦略を相手にするものであり、（4）現在から未来にむけて投射され、目標達成にむけて段階的な構成をもち、時間の経過とその戦略の実践の結果として変化していく諸条件によって、時に応じて立て直される必要性をもつという意味で、一定の時間的枠組みの中での構想であるとされる。(二〇)

こうした穴見の問題設定と議論は、いうまでもなく（そして、穴見自身が認めているように）、カール・マンハイムが『イデオロギーとユートピア』で提示した問題と大きく重なりあっている。そして、本章の対象とする丸山が、こうしたマンハイムの思想と学問に共感と親近感を抱いてきたことは、丸山自身によって、しばしば語られている。

そして、丸山の政治学ないしは政治思想史学における学問的営為をつらぬくその政治学的問題関心に、まさに穴見が論じたような（そしてマンハイムが提示したような）戦略関連性がそなわっているということについては、すでに議論の余地はないであろう。とりわけ、政治学的問題関心における創造性の意義に対して、丸山ほど自覚的であった政治学者は他になかったのではないかとさえ、筆者には思われるのである。

前章でも論じたように、「永久革命」としての民主主義＝永続する民主化のプロセスこそを、自らの追求する「近代」（「良き政治」の構想ないしはユートピア）のあり方として設定した丸山は、それを現在の日々の政治的創造の課題とすることを求め、またそのためにも日常的過程を刻々切断する論理を自らに要求した。[二一]そしてなによりも、丸山がこの問題との真正面からの格闘を試みたものこそ、戦後日本政治学の出発点を形成したともされる論文「科学としての政治学」にほかならないと、筆者は考える。

丸山が、この論文において、戦後の他の社会科学の華々しい復活に対して、わが国の政治学は、復活すべきほどの伝統をもっていないとし、政治学と現実の政治とが相交渉しつつ発展したというようなためしがないという戦前日本政治学の不妊性を指摘すると同時に、政治学の課題について、「要はわれわれの政治学の理論が日本と世界の政治的現実について正しい分析を示しその動向についての科学的な見透しを与えるだけの具体性を身につけることであって、このことをなしとげてはじめて、未曽有の政治的激動のさ中に彷徨しつつある国民大衆に対して政治の科学としての存在理由を実証したといえるのである」とし、「政治学は今日なによりもまず『現実科学』たることを要求されている」と喝破したことは、あまりにも有名である。[二二]

しかし、重要なのは、丸山の要求する政治学の「現実科学」としての確立が、価値―理論―実践をめぐるアポリアに否応なく直面せざるをえないとされていることであろう。

丸山は、現代における政治闘争が思想闘争の性格をつよく帯びるがゆえに、「学者の政治理論が相闘ういずれかの党派の武器として動員せられ利用せられることは免れ難い傾向である」とするばかりか「ある意味では、そういった利用価値を全く持たないような理論は、実質的に空虚な、理論としても価値の低いものとさえいえる」とし、理論と実践との結びつきをむしろ肯定する立場に立つ。政治学の「現実科学」としての確立は、政治的実践におけるその利用価値を高めることにほかならないというのが、丸山の基本的立場のひとつであるといえるであろう。

そして、そうであるが故に、逆に、「たとえ彼が相争う党派の一方に属し、その党派が担う政治理念のために日夜闘つているというような場合にあつても、一たび政治的現実の科学的分析の立場に立つときには、彼の一切の政治的意欲、希望、好悪をば、ひたすら認識の要求に従属させねばなら」ず、「彼を内面的に導くものはつねに真理価値でなければならぬ」として、禁欲的態度の必要が説かれることになるのであり[二三]、そこには、「そもそも禁欲は欲望の存在を前提としてはじめて意味をもつ。欲望との内面的格闘が深刻であるほど、『禁欲』は倫理的価値を増すのである[二四]」という、まさに丸山の「主体的緊張の弁証法[二五]」という思考方法の特質をよくうかがわせ、かつ、ヴェーバーの学問的禁欲の精神をまさしく正当に継承する態度が貫かれることとなるのである。

しかし、丸山は「政治事象の認識に際してつねに一切の主観的価値判断の介入を排除することは口でいうより実際ははるかに困難である[二六]」ということを誰よりもよく自覚している。そして、それは「すでに固定している形象ではなくて、何か絶えず新たに形成されて行くもの、その意味で、未知を含んだ動的な可変的なものを対象としている[二七]」ことから生じる政治的思惟の特質、すなわち、先の穴見の議論に従えば、政治学的問題関心の戦略関連性、とりわけその創造性に由来する、とされるのである。

丸山によれば、政治学は政治的現実を「その可能的な可変性の見地の下に」認識すべく宿命づけられているのであり、「ここでは主体の認識作用の前に対象が予め凝固した形象として存在しているのではなく、認識作用自体を通じて客観的現実が一定の方向づけを与え」られ、研究者は政治的現実に「実存的に、全思考と全感情をもつて所属している」こととなるのである。そして、それは「未来を形成せんとして行動し闘争する人間乃至人間集団を直接の対象とする政治的思惟において、認識主体と認識客体との相互移入が最高度に白熱化する」からにほかならない[二八]。

そして、政治学の世界においては、「一つの問題の設定の仕方乃至一つの範疇の提出自体」がすでに客観的現実のなかに動いている諸々の力に対する評価づけを含んでいるのであり、それ自体が「政治的社会的変革の一定の方向の必然性」を承認することになるのである。その意味では、政治学者が政治的現実についてなんらかの理論を構成すること自体が「一つの政治的実践」にほかならないのである。（二九）

かくして丸山は、自らを含む政治学者に対して、否、なによりも彼自身に対して、「自己の学問におけるこのような認識と対象との相互規定関係の存在」、すなわち「自己を含めて一切の政治的思惟の存在拘束性」を率直に承認することから出発し、その内心において「理念としての客観性と事実としての存在制約性との二元のたたかいを不断に克服」し、その「学問が政治的現実の只中に根を下せば下すほどますます激しく」なっていく緊張に堪えることを要求したのであった。（三〇）

筆者は、丸山のこうした議論に、彼の全思考方法をつらぬいていたとされる「主体的緊張の弁証法」、とりわけ、アンチノミーの自覚という思惟様式の典型的なあらわれをみたいと思う。政治学的問題関心の戦略関連性とその自覚が丸山にもたらす、この内面的緊張こそが、彼の学問的営為の真髄を形成しているのである。

この緊張の自覚をそもそも欠いたところから出発する今日の「科学としての政治学」からの丸山批判が、「一切の世界観的政治的闘争に対して単なる傍観者を以て任ずる者は、それだけで既に政治の科学者としての無資格を表明して」いるのであり、価値決定を嫌って客観的立場を標榜する傲岸な実証主義者こそが、価値に対する無欲をてらいながら実はその実証的認識のなかに、小出しに価値判断を潜入させる結果に陥り易いのだとする丸山の批判（三一）によって、「逆に批判したその時点から反撃されているのではないか」という藪野の指摘（三二）は、まさに的を射ているといえるであろう。しかし、同時に、この内面的緊張を構成する禁欲のモメントに眼を奪われた藪野が、丸山の政治認識の方法の中に、変革の意思を確認しつつも、「その意思を実現する運動への糸口は皆無なのだ」（三三）

と断じるとき、彼もまた、逆に批判したその時点から反撃されているのではないかとも、筆者には思われる。しかし、この点については、丸山の政治学的問題関心がいかなる政治戦略と結びついているのかを、すなわち、丸山の政治思想における政治戦略の問題を明らかにしようとする本章の以下の行論のなかで論じていくことになろう。

丸山眞男の政治戦略

さて、政治戦略という場合、そこにはいくつかの不可欠の要素が存在していなければならないであろう。ここでは、先に見た穴見の議論も参考にしつつ、さしあたり政治戦略にとって不可欠のモメントとして、（a）達成すべき（もしくは擁護すべき）目標としての「良き政治」についての構想、（b）否定ないしは変革されるべき政治的現実に対するトータルかつ構造的で、さらに他の対抗戦略との関係をも含む動態的な認識、（c）目標としての構想と現状認識とに基づいて規定される戦略的環または段階的目標の設定、（d）構想の現実化の担い手＝変革主体の設定と変革主体形成の方途についての構想、（e）運動論または狭義の戦略ないしは戦術についての構想、といったものをあげることができるように思われる。もちろん、こうした諸要素が相互に有機的に結合することによって、トータルな政治戦略が構成されることになるということは、いうまでもない。

丸山の政治戦略の要素を、さしあたり右のように分解してみるとすれば、丸山の求める「近代的意識」（＝自由主義原理と民主主義原理とのアンチノミーの自覚により内面的に緊張した精神）と理念的意味での「近代」（＝永続する民主化のプロセス）といった「近代」像が、その要素（a）に、また、丸山によってなされた内面的規範＝「新しき規範意識」の獲得という課題の設定や、日本人の意識に流れる「古層＝執拗低音」への自覚と克服といった課題の設定は、先の要素（c）に対応することになるであろう。そして、前項でみたような理念としての客観性と事実としての存在制約性の不断の内面的緊張を通じて形成される政治学ないしは政治的思惟が、先の要素（b）を構成するものであることもまた、明らかだといえるだろう。

したがって、本章における検討の独自の課題は、先に見た藪野や吉本・鷲田らの丸山批判、とりわけ吉本・鷲田のそれの不当性を明らかにするためにも、のこされた要素（d）、（e）の問題、特に（d）の変革主体と変革主体形成の問題に取り組むことにむけられるべきであろう。そして、この作業は、丸山の学問的営為の中から、その厳しい禁欲的態度によって制約された表明を析出し、それを拡大して再構成するという方法によってしかなしえないこととなる。

しかし、この課題は、次節以降で展開することとして、本節の以下の部分では、そのための予備的作業として、すぐれた先行研究としての笹倉秀夫『丸山真男論ノート』に眼をうつし、笹倉による丸山の政治戦略への分析を見ておくことにしよう。

笹倉は、その著書『丸山真男論ノート』の第四章「主体形成の道」を、丸山の作品の中から政治的自立人を社会的に形成するための、換言すれば「大衆的規模における自主的人間の確立」のための、方途を析出するためにあてている。(三四)

笹倉は、この課題を、第一に、（1）旧い精神構造について、それを批判・克服する立場およびそれを再評価する立場から考察を行うこと、ヨリ具体的には、（i）無意識は、それを意識にもたらし自覚することによって理性のコントロールに服せしめ得るという道の提示と（ii）新しい原理・思惟や制度を支える基盤が土着的・伝統的な精神構造の中にもあるのではないかと探っていく道の提示、第二に、（2）新しい精神構造を形成していくことをめざして、それを遂行するための作業基盤としてどのような社会的諸制度が適当かを考察しその観点から伝統的な制度をも再評価すること、ヨリ具体的には、（ⅰ）一定の感覚、思考態度・思考方法や行動様式を生活の中での習慣化を通じて身につけ、そのことによって自己の精神に特定の「型」を与えていくこと、および（ⅱ）そうした「型」の形成を可能にするための制度的基盤、とくに小集団の役割を考えること、という二つの（ヨリ具体的には四つの）論点をめぐる丸山の思惟を分析することによって果たそうとする。(三五)

この二つの論点のうち前者は、先にあげた政治戦略の要素（b）に、また、後者は要素（d）に相当すると考えることもできるであろうが、笹倉が前者にヨリ直接的な実践的含意をもたせていることに留意する必要があろう。

笹倉による分析を、四つの論点に即してもう少し詳しく紹介してみると次のようになる。

（1－ⅰ）無意識的なものの自覚化

笹倉によれば、丸山は、思想――とりわけ新しい思想――は、人間の知性に訴えるだけに留っている限り現実的意味を持ちえないのであって、全人格を捉えること、すなわち単に知識のレヴェルにとどまらず、人間の体質的諸要素（自分の意識下の、平素自覚しない広大な世界を支配する生活感情、心底を暗々裡に規定する価値基準、無意識の論理）をも捉えて作り変える必要があるという立場に立っており、本質的に埋性的なものに基盤を置いた民主主義の思想なり原理なりが、どのようにして現実の政治的人間――理性よりも非合理性にヨリ強く規定された――を捉え、それに根ざしていけるかという問題を重視していたという。(三六)

そして、丸山は、人間が自分を規定している無意識的な要素を自覚することによってそれを統御しうるようになるという論理――ヘーゲルの「アン・ジッヒからアン・ウント・フュール・ジッヒへの自己認識の深化」あるいは「必然性の認識による自由」に繋がる論理、あるいは「資本制社会構造のトータルな解剖に成功すればそれを突破する道も明らかになる」としたマルクスの論理――に基づいて、日本の精神構造分析に向かうことになるというのである。(三七)

しかし、こうした立場は、理性への信頼を前提にしているにもかかわらず、無意識的・非合理的なものを摘出・除去しあるいは抑圧してしまうことを意味しているのではなく、日本人を規定しつづけて来た「精神構造と〔その〕歴史的機能」を対象化し自覚化することによって、無意識的なものの「補償的な」噴出ではなく、その調節された放出が可能となり、日本人としての人格的調和への第一歩になりうるという意味で、また、こうした精神構造に由来するプラス面が、そのコントロールによって生かせることにもなるという意味で、むしろ無意識的・非合理的なものに内在する「二つの矛盾する契機の相互連関」を問題にするものだというのである。(三八)

そして、笹倉は、丸山のこうした立場を表現したものこそ、『日本の思想』の「あとがき」におけるつぎのような言明であったのだと考える。すなわち、

> 私自身としてはこうして現在からして日本の思想的過去の構造化を試みたことで、はじめて従来より「身軽」になり、これまでいわば背中にズルズルとひきずっていた「伝統」を前に引き据えて、将来に向っての可能性をそのなかから「自由」に探って行ける地点に立ったように思われた。可能性においてとらえるということは、たとえば、完結した思想として、あるいは思想の実践的結果としては「反動」的なもののなかにも「革命的」契機を、服従の教説のなかにも反逆の契機を、諦観のなかにも能動的契機を、あるいはそれぞれの逆を見出していくような思想史的方法である。(三九)

（1－ii）伝統の再評価

丸山による伝統の再評価は、丸山が、先にあげた「伝統」を前に引き据えて、将来に向っての可能性をそのなかから「自由」に探って行ける地点に立ったことによって可能になったものだと、笹倉は見る。

そして、それはたとえば、論文「忠誠と反逆」における日本の封建的忠誠のエートスのとらえ方にあらわれているとされる。丸山は、この日本の封建的忠誠のエートスを徳川時代の主従関係に固有なものととらえ、その特質は、「非合理的な主従のちぎりに基づく団結」＝武士道＝戦闘者＝騎士的要素と儒教的世界観に裏打ちされた「義を以て合する」君臣関係＝士道＝家産官僚的要素との、各主体（サムライ）の内部での相克に見いだされる。

そして、こうした相克によって、近代日本人の精神における欠落が問題とされつづけてきた内面的自立に基づく社会的主体性が、まさにこの日本の封建的忠誠のエートスの中には存在していたというのである（ただ、この自立的社会的主体のエートスがいかなる構造をもって成立するかについては、ここで要約し詳細に紹介する余裕はない）[四〇]。

このエートスは、歴史の流れの中で衰退していくのだが、その失われていく旧きエートスを喚び起こし、その自己衿持、「抵抗の精神」を近代的な自立的主体のバック・ボーンたらしめることによって、下からの「対内的自由と対外的独立」を推進させようとした思想家の一人が福沢諭吉であったとされる。丸山によれば、福沢は「封建的忠誠」の分解をラジカルに押しすすめたのだが、その作業は、単純に「封建的」に代って「近代的」なものをすげかえたのではなくて、現実に進行していた解体を利用して、その構成契機の役割を転換させることにあったのであり、「葉隠」の非合理的な忠誠が逆説的に強烈な自我の能動性をはらんでいたのとちょうど裏腹の関係で、むしろ非合理的な「士魂」のエネルギーに合理的価値の実現を託していたとされるのである[四一]。

笹倉によれば、ここで丸山が注目しているのは、伝統的なエートスが近代的精神を支えることができるのだという関係とともに、「非合理的」なエネルギーが「合理的価値」を実現する力になることができるのだという、ともにパラドクシカルな関係なのである。（四二）そして、丸山は、こうした関係を、単に福沢にだけではなく、明治の民権運動を支えた「中間層」のなかにも見いだすとともに、この「中間層」の衰退による「溌剌たる運動」の消滅を問題としているのであった。（四三）

さらに、笹倉によれば、丸山がここで提示したのは、第一には、近世の内に、規範性・組織性と自立性との緊張関係、およびそれに支えられて生じた社会的な自立の意識を析出する視座であり、第二には、そうした近世的な自立のエートスが日本の近代化の担い手を根底においていかに支えたか、逆に、近代化の進行によるこうしたエートスの衰退によって、近代的精神にいかなる自己疎外が生じたかを問う形で、近代と前近代のパラドクシカルな関係を考察する視座であった。そして、第一の視座は第二の視座によって現代の問題に結びつけられ、「伝統」に依拠して「近代」を批判し、また「伝統」のなかから「将来に向っての可能性」を取り出す作業が具体化されていくことになるというのである。（四四）

（2－i）精神の「型」

笹倉によれば、丸山は、新しい原理や思想を感受性や、思考様式ないしは行動態様にまで血肉化して人格全体に定着させることの必要性を自覚しており、その行住坐臥ないし実践活動の中で不断に一定の様式に基づいて感受し思惟し行動するべく各人を習慣づけ、その当人に定着した感受・思惟・行為のパターンであるところの精神の「型」がもつ現代的意義を強調しているという。（四五）

すなわち、丸山によれば、明治以来の日本の近代化の中で、「生活のなかから近代社会の新しい型を自主的につくってゆくこと」はついにできず、明治の後期以降に進行しはじめた「大衆社会」化によって、「型」＝「形式」

がひたすら崩れてゆき、戦後はただその傾向が加速されただけであるとされる。丸山にとって、大衆社会というのは「一口にいえば、型なし社会」なのであり、それゆえ新しい社会主体の形成のためには、「型へのシッケっていう意味、これが人生にとってどんな意味があるかを考え直す必要があるんじゃないか。芸術でも、学問でも(四六)」とさえ語られる。

笹倉によれば、ここでは「型」のもつ、新しい思想・原理を全人格的に定着させるという近代化上の意義とともに、大衆社会状況下で失われていく人間の自立性・主体性を回復するという現代的な意義が注目されているという。そして、こうした「型」のもつ意義への注目が、一方においては、江戸時代を「型」をみがき洗練することによって全体の文化体系を完成した社会と見なすという丸山の視座の変化をもたらし(四七)、それが論文「忠誠と反逆」や「闇斎学と闇斎学派」へと内容的につながり、他方で、座談会「フルトヴェングラーをめぐって(四八)」におけるような「型」の視座からの現代批判へとつながっていくとされるのである。

後者において展開されているのは、つぎのような論理である。すなわち、現代文明において「技術的合理主義」が支配的になり、それが人間から自立した形で人間を外から規定しはじめたとき、その反動として人間は「生の非合理性」を、直接性において――つまり内的な理性を媒介させずに――おもてに出そうとする。それゆえ必要なのは、調和としての「形式」を内なるものとして取り戻すこと、つまり、現代における「生の非合理性」にとって外在的なものではない合理性をつくり出すことである。しかし、たとえ「規範的なもの・形式」が内部にあっても、それが高みにあって行為を命ずる抑圧的理性であってはならず、「規範的なもの・形式」が、しっかり自分の内部に根ざすこと、つまり「型」となり性格をかたちづくることが必要なのだというのである(四九)。

ただ、筆者には、こうした精神の「型」をめぐる議論は、笹倉がいうような丸山によって提示された主体形成の道の方途・道筋というよりも、むしろ、丸山がその獲得を戦略的環として設定したところの内面的規範（＝

「新しき規範意識」）の内容とそのあり方にかかわるものなのではなかったかと思われる。しかし、この点については、先の伝統の再評価の問題とともに、後に検討したい。

（2-ⅱ）「小集団」

笹倉は、外面生活を通じて内面的なものに形を与えていこうとする方向は、個人の日常生活における習慣づけ、実践倫理に媒介されるものであるが、同時にそれは、社会制度を通じて人間に働きかけることにも繋がっているとし、新しい思想と制度的原理とを人間に定着させるために、どのような社会制度が有効かという問題が立てられなければならないとする。(五〇) そして、丸山においても、同様の問題枠組みが見られるとし、しかも、そのような社会制度の一つとして、丸山が注目したのは、ヘーゲル、イェーリング、ヴェーバーなどと同様に「自発的な小集団」だというのである。(五一)

そして、丸山において、この「自発的な小集団」には、一方で、①国家や旧き共同体からの個人の「否定的独立」をもたらす自由主義的役割、他方で、②そうした自立的個人を社会的に陶治することによって「個人と社会」の相互内在的結合を促進する民主主義的役割が期待されているとするのである。(五二)

「自発的な小集団」の自由主義的役割には、第一に、日本の伝統的支配構造を打破し個人を内面的（および社会的）に自立させることが期待される。「伝統的な共同体」が所与的で閉鎖的・超個人的・生涯的なもの（要するに「自然」的なもの）であるため、個人を全人格的・専属的に捉えることによってその自立への芽を塞ぐのに対し、「自発的小集団」は、開放的・目的的であり、「作為」の原理に根ざしており、それが発達すれば、諸個人は、旧い共同体の殻を破って縦横に交錯して結合され、そのことによって自己のアイデンティティーを、もはや旧い共同体にではなく新しい自発的結社の内に見出しうるのであり、その結果社会意識の基盤もそこに移っていくこ

とになるとされる。(五三)

第二に、このような関係は、国家と新しい結社との間でも問題になる。国家が本質的に権力装置でありその共同性がフィクションであるということが意識され難く、個人は内面的にも国家に吸収されて自立を得ることができないという日本の超国家主義の論理に対して、諸個人が自分たちの共通価値に基づいて自主的な結合を進めると、価値をめぐる社会関係（非国家的世界）の多様性が意識され、国家が価値の独占体であるという事態に対する精神的抵抗が可能になる。またそれは同時に、社会・国家は諸個人が作るものであり、しかも価値の究極の担い手が各個人であるという意識（フィクションとしての制度の自覚）を発達させるという。(五四)

しかも、自発的結社の運動がないところでは旧い共同体と国家が精神構造的に見て相互にもたれあっているという事実からすれば、自発的結社が国家からの個人の精神的独立を涵養しうるためには、たんにその結合形式が自発的であるだけでなく、その結合目的が内容的に見て国家や現実の政治体制をも超えた普遍的価値を志向したものであるかどうかが大切なのだとされるのである。(五五)

他方で、「自発的な小集団」は、社会に対する形成的参加の意欲（＝主体性）を涵養する役割、すなわち民主主義的役割をも期待されており、それは、「民衆の日常生活のなかで、政治的社会的な問題が討議されるような場」となることによって、「民意のルートが多様に形成されること」を可能とし、そのことを通じて「民主主義を現実的に機能させる」役割だとされる。(五六)そして、この役割は、とりわけ大衆社会状況と、その土壌に根を張るファシズムとに対抗するという現代的意義を持つともいうのである。(五七)

笹倉によれば、日本においては、旧い共同体を打破しそれにとって代わるべき自発的な結社の伝統が脆弱であるため、まさにこの近代化の遅れによって、現代的な「大衆社会」化が異常に促進されつつあるのであり、それゆえにこそ、自発的結社のもつ現代的意義の特殊日本的な重要性が強調されたのだというのである。(五八)

なお、この自発的結社の民主主義的役割についての笹倉の位置づけと展開は、あまりにも弱いように思われる。それは、笹倉がここで扱っている問題が、彼自身も認めるように、丸山の二つの課題のうち、「民主化」ではなく「自立化」に主としてかかわっているからにほかならない。丸山の提言を正しく理解するためには、「自立化」のカウンター・バランスとしての「民主化」の課題を、別個に考えに入れねばならないのであり、本章の以下の行論では、そこに力点がおかれることとなるであろう。

さて、筆者が多大な紙面をさいて、こうした笹倉の議論を整理し紹介したのは、筆者が本章で展開しようとする問題についての論点が、こうした笹倉の研究によってすでに基本的には提示されつくしているようにも思われるからである。しかし、筆者には、多くの点、特に諸論点の連関や、丸山の政治戦略における構造的位置づけという点で、笹倉の整理にはある種の不満を禁じ得ない。本章の表題が物語るように、筆者は、丸山の政治戦略における自発的結社の意義を、笹倉以上に重視するものであるが、次節では、以上のような笹倉の議論の批判的検討からはじめて、筆者なりの議論を展開していきたいと思う。

第二節　丸山眞男の政治戦略と自発的結社

自発的結社の戦略的位置

筆者は、前節の末尾で、笹倉による丸山における主体形成の道についての議論には、いくつかの点で不満を禁じ得ないとのべた。

それは、第一に、丸山の求める「近代的意識」の内容を民主主義原理と自由主義原理との内面的緊張ととらえる筆者の立場からすると、笹倉の議論は——笹倉自身も認めているように——丸山の二つの課題のうち、「民主化」ではなく「自立化」に主としてかかわっているため、(五九)その力点が自由主義原理の側にひきつけられすぎているばかりではなく、それと民主主義原理との内面的な緊張関係の形成という重大な論点が軽視されているように思われる点である。

　それゆえ、笹倉の議論においては、自発的結社——これには①国家や旧き共同体からの個人の「否定的独立」をもたらす自由主義的役割と②そうした自立的個人を社会的に陶冶することによって「個人と社会」の相互内在的結合を促進する民主主義的役割とが期待されているのだが(六〇)——に丸山が与えている政治戦略上の位置が不当に低く評価され、せいぜい彼の挙げる他の論点と並列的なものとしてとらえられているのではあるまいか。しかもそればかりではなく、笹倉の議論では、自発的結社に期待される自由主義的役割と民主主義的役割との間の相克と緊張という、そこから引き出されるべきもう一つの重要な論点が看過されているようにも思われるのである。

　そして、第二に不満なのは、笹倉の議論が「民主化」ではなく「自立化」に主としてかかわっていることにより、丸山による伝統の再評価の意義が、あまりにも直接的に彼の政治戦略に結びつけられて理解され、丸山の政治思想史学における学問的営為のもつ戦略関連性と彼の政治戦略そのものとが、無媒介に結合されて理解されているように思われる点である。

　丸山が、いかに日本の封建的忠誠のなかに内面的自立に基づく社会的主体性ないしは自立的社会的主体のエートスを見いだしていたとしても、丸山が、今日の日本において、この封建的忠誠のエートスの復活を求めているなどと考えるとしたら、それはまったく馬鹿げたことであり、もちろん笹倉もそのようなことを主張しているわけではあるまい。

丸山が、日本における封建的忠誠のエートスをはじめとする日本の伝統のなかからなんらかの将来に向っての可能性を引きだすとしても、それは、その内面的自立に基づく社会的主体性を支えた各主体（サムライ）の内部での相克――すなわち、内面的緊張をはらんだ主体の精神のあり方ないしは思惟構造――なのであり、その内面的緊張を構成する諸要素――武士道＝戦闘者＝騎士的要素と士道＝家産官僚的要素――そのものでは決してありえまい。すなわち、丸山が相克と緊張をはらんだ精神のあり方という将来に向っての可能性をその伝統から引きだしたとしても、彼が今日の主体に求める内面的緊張を構成する諸要素は、武士道でも士道でもなく、まさに自由主義原理と民主主義原理であるはずである。

もちろん、同時に、丸山が、伝統だけでなく非合理なるものにもまた、将来に向っての可能性を見いだそうとしていることにも注目する必要があろう。しかしそれとても、自由主義原理と民主主義原理のうちにおける非合理的要素の意義の重視としてとらえるべきなのであり、それは、たとえば、後に検討するような知識人における精神的貴族主義（六一）の意義の重視などに見られることになろう。これは、丸山の求める「近代」なり「近代的意識」が、単純な合理性のみによって彩られたものではないということ、すなわち、丸山が、単純な〝モダニスト〟などではないということを明らかにすることにほかならないのだが（六二）、あくまでも問題は、丸山の追求する自由主義原理と民主主義原理との内実とその緊張のあり方にあるのである。

また、第三に、笹倉の挙げた精神の「型」の問題は、すでに触れたように、筆者には、丸山によって提示された主体形成の道の方途・道筋というよりも、むしろ、丸山がその獲得を戦略的環として設定したところの内面的規範（＝「新しき規範意識」）の内容とそのあり方についての議論を展開しようとしたものにほかならないのではないかと思われる。それ故、問題は、自発的結社がこうした精神の「型」としての内面的規範の形成にどのような役割をはたすのか、また自発的結社によって、どのような精神の「型」が形成されるとするのか、という点にあることとなろう。丸山が「型」をみがき洗練することによって、全体の文化体系を完成させた社会を江戸時代に見いだしているのはたしかだとしても、（六三）丸山が求めているのは、精神の「型」そのものであって、その江戸時代的内容を伴った復活ではありえないと思われるからである。

筆者は、こうした点から、丸山の政治戦略論は、その自発的結社論を中軸として再構成されるべきであると考える。そして、そこにおいては、自発的結社に期待された自由主義的役割ばかりではなく、その民主主義的役割と、さらに、その両者の相克と緊張に留意しつつ、自発的結社が自由主義原理と民主主義原理の内面的緊張を主体内部にいかにして形成していくと期待されているのか、また他方で、これらの形成に、精神的貴族主義をはじめとする非合理的要素や、丸山が精神の「型」と呼んだ「生の非合理性」にとって外在的なものではない合理性（＝抑圧的でない理性、すなわち丸山の求める内面的規範（六四））がどのように関わっていくのかを問題にしていきたいと思う。

さて、丸山の政治戦略における自発的結社の中軸的位置は、先に整理した笹倉の議論によっても明らかであろう。丸山の論文「開国」（六五）が、丸山による自発的結社の位置づけをもっともよくあらわしたものの一つであることもまた確かである。しかし、先に述べたような本章での筆者の立場から、丸山における自発的結社の戦略的位置を再確認するために、さしあたり注目すべきだと思われるのは、論文「個人析出のさまざまなパターン」（六六）における丸山の議論である。

一九六〇年夏の「『日本における近代化』に関する箱根会議」において提出された問題の一つに応える形で、近代化の問題を「エートス」や「イデオロギー」の問題に関連する領域に導いて行こうという意図により、「社会の近代化がその社会の成員におよぼす影響を、近代化に対する個人の反応の仕方という観点から、政治社会制度や純然たる思想のレヴェルではなく個人の態度のレヴェルで考察（六七）しようとするこの論文は、丸山のいわゆる

「近代化論」への接近を示すものと理解されがちではあるが、筆者には、むしろいわゆる「近代化論」者の議論への批判を込めつつ、丸山の自発的結社への位置づけがきわめて鮮明に示されたものであるように思われる。しかも、ここで丸山が論じようとする政治社会制度や純然たる思想のレヴェルではない個人の態度のレヴェルは、笹倉が先に挙げた議論において重視した精神の「型」、ないしは、「型」による性格づけといった問題とも大いにかかわる領域の問題でもあるようにも思われるのである。

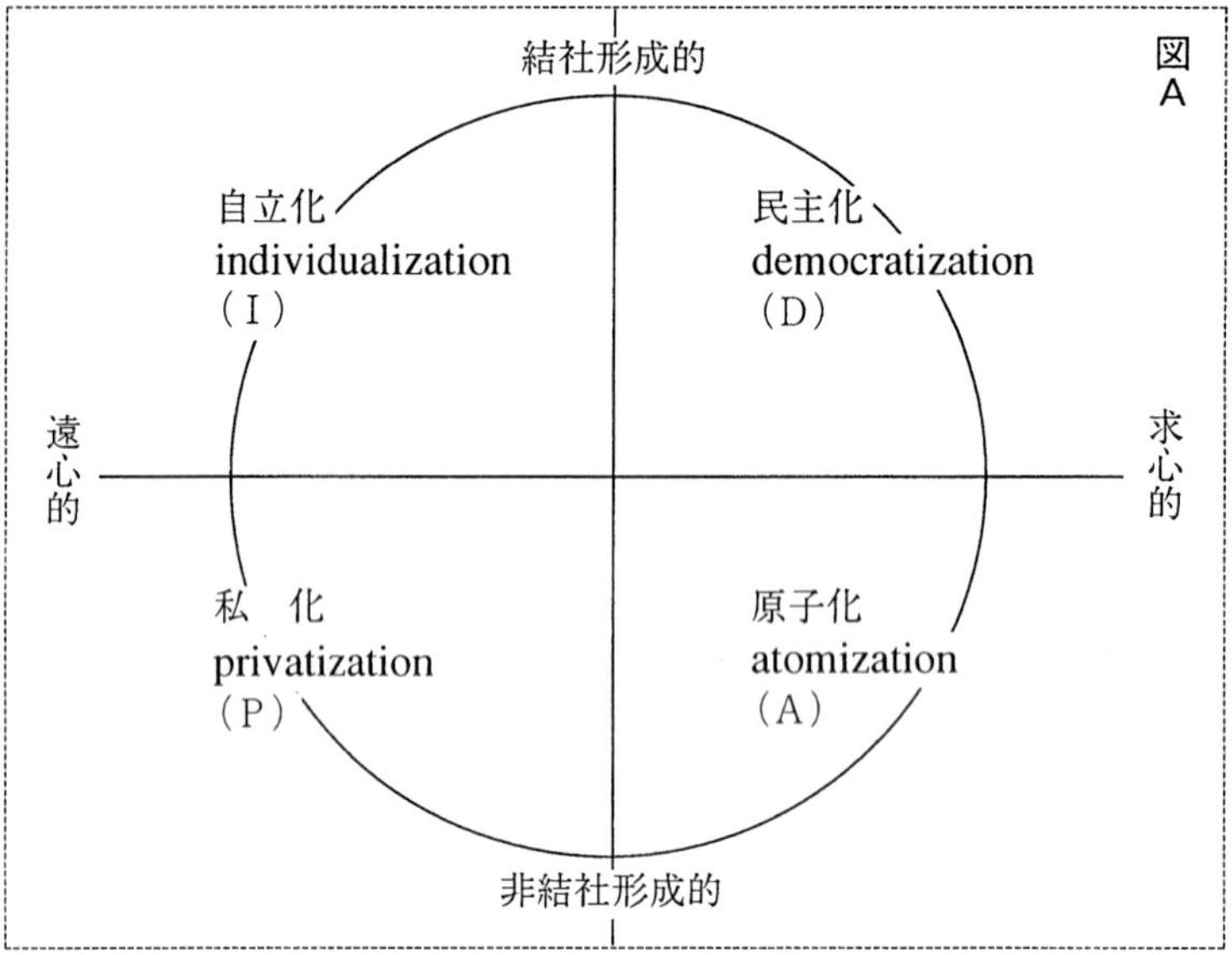

図A

さて、丸山はこの論文で、「近代化」の過程は何処においても、「伝統的」社会に生活している個人にとって、なんらかの意味において解体的であり、「このような個人は、好むと好まざるとにかかわらず、それまで彼をしばり一定の伝統的な行動を規定してきた共同体の紐帯から『解放』されるのであり、この場合『解放』の実体や度合いは、具体的な場合の異なるにつれ多様である」とし、その普遍的な現象を個人析出と呼ぶ。そして、こうした個人析出のプロセスを、近代化のさまざまな局面におかれた個人の態度の面から、図Aのような四つのパターンに分けた（六八）。

このパターン分類について、丸山は、「ホール教授が……要約した、近代化とともに進行する合理化・機械化・官僚制化といった諸側面に対する個人の反応の理念型」(六九)として挙げられたものだとしているが、本章における筆者の立場からは、この分類の軸として、個人が政治的中心に対していだく、距離の意識の度合い、政策決定中枢と一体化する傾向の度合い（水平軸）とともに、個々人がお互いの間に自発的にすすめる結社形成の度合い、すなわち、政治的目的にかぎらず多様な目的を達成するために隣人と結びつく素質の度合いが垂直軸として採用されている(七〇)ことに注目したい。

　これは、必ずしも明言されていないにしても、丸山が個人析出のプロセスにおける個人の態度の問題として、自発的結社を形成する素質（＝結社形成能力）をきわめて重要な要素として位置づけていることを示しているように思われる。

　しかも、重要なことは、ここにおける自立化と民主化というパターンが、自立化した個人は、「遠心的・結社形成的であり、自主独立で自立心に富む。英国のヨーマンリーから生長した上昇期ブルジョアジーや、合衆国を建国した植民地時代のピューリタンのパースナリティーは、このタイプを代表している。このタイプはリースマン教授のいわゆる内面志向型パースナリティーにほぼ相当する(七一)」、そして、民主化した個人は、「自立化した個人のように結社形成的であり、自発的な集団や組織を形成する傾向に富む……しかし、自立化タイプがより遠心的で地方自治に熱心なのに対して、民主化した個人はより求心的で中央政府を通じる改革を志向する。……後者はさらに、特権を廃絶し、公共の問題に関心をもつ民衆をできるだけ多くひきいれるように政治参加の基礎を拡大する方向へと進む傾向をもつ(七二)」というように、おおよそ、それぞれが、丸山の求める「近代的意識」を構成すべき自由主義原理と民主主義原理の一方を、パースナリティーのレヴェルで内面化し、性格づけられている個人のタイプとして提示されていることである。

　すなわち、丸山にとって、自由主義原理と民主主義原理との内面化――とりわけ、パースナリティーのレヴェルでのそれ——という問題が、自発的結社の形成という契機を重要なモメントとして構成されているということが、ここからうかがわれるのである。

他方で、原子化した個人が、求心的・非結社形成的で他者志向的であり、「このタイプの人間は社会的な根無し草状態の現実もしくはその幻想に悩まされ、行動の規範の喪失（アノミー）に苦しんでおり、生活環境の急激な変化が引き起こした孤独・不安・恐怖・挫折の感情がその心理を特徴づける。原子化した個人は、ふつう公共の問題に対して無関心であるが、往々ほかならぬこの無関心が突如としてファナティックな政治参加に転化することがある。……このタイプは権威主義的リーダーシップに全面的に帰依し、また国民共同体・人種文化の永遠不滅性といった観念に表現される神秘的『全体』のうちに没入する傾向をもつ」とされ（七三）、一方では、エーリッヒ・フロムの『自由からの逃走』に通じるような大衆社会状況を構成する個人の態度として提示されつつ、同時に、丸山自身の超国家主義の心理分析（七四）において提示された日本人の意識の問題と重なりあうものとして示されていること、さらに、私化した個人が「公共の目的よりは個人の私的欲求の充足を志向」し、「自らすすんで隣人と結ぶのを嫌う。……私化の場合には、関心の視野が個人個人の『私的』なことがらに限局され、原子化のそれのように浮動的ではない。両者とも政治的無関心を特徴とするが、私化した個人の無関心の態度は、社会的実践からの隠遁といえよう。この隠遁は彼の関心を私的な消費と享受の世界に『封じ込める』傾向をもつ」とされ（七五）、丸山がさまざまな場で、「人間の自然的心情の解放としての規範なき内面性」、「感覚的本能的生活の解放に向かうところの個人主義」、もしくは「自由の名による官能性のアナーキー」などとして分析してきた日本人の意識をめぐる問題と、これもまたほぼ重なりあうものとして提示されていることにも注目すべきであろう。

そして、それを裏づけるように、この論文の後半において、丸山が「近代日本のケース」として、近代日本における個人析出のさまざまな形態とその推移を個人析出のいろいろな型が顕著に現れた二つの時代を代表的典型

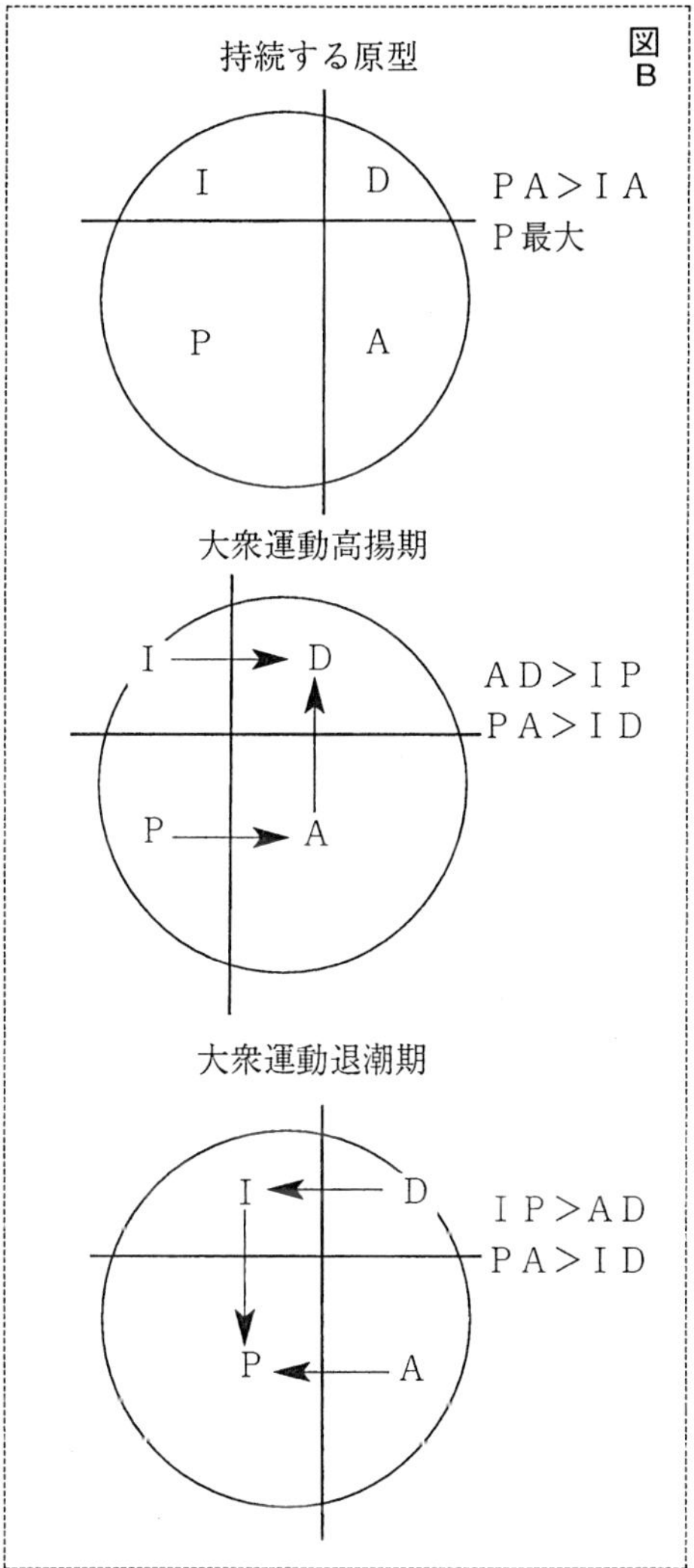

として選んで分析した結果[76]が、図Bとともに、次のように提示される。

すなわち、「個人の態度のレヴェルでいえば、日本の政治過程の安定要因は私化、ダイナミックな要因は原子化であったということができよう。……〔急進的大衆〕運動の高揚期には態度のレヴェルにおいて私化から原子化への方向移動が大規模におこり、さらにこれほど大規模ではないが、自立化または原子化から民主化への方向移動が進む。この時期には社会全体としてはDA型に近づく。運動が沈滞し社会の雰囲気がしずまってゆく時期には、原子化した人々は多かれ少なかれ私化の方向に、民主化した人は自立化あるいはそこからさらに私化に向かう……。こうして社会的レヴェルでのダイナミクスはDA型とPA型（原型）との間の往復運動としてとらえることができよう[77]」と。こうした結論にいたるまでの丸山の分析と、さらにそこから現代日本の問題にも通じると思われるさらなる議論の展開は、きわめて興味深いものなのだが、ここで詳細に紹介する余裕はない。本章の行論との関係でさしあたり注目すべきは、丸山によって「持続する原型」として提示されたものが、ＰＡ型にほかならなかったということである。そして、他方において、丸山が、これと明確に対比されると思われるＩＤ型（結社形成型）の社会について、その学問的禁欲の態度に基づく抑制された表現ではあるものの、「このタイプが理想的であるか否かはともかく、たしかに西欧政治の歴史がある局面でこのタイプに最も近かったということはあるにしても、だからといって自由民主主義を体制のイデオロギーとする特定の社会をこのタイプと同一視するわけにはゆかない（七八）」とコメントするとき、また、「ＤＡ型とＰＡ型（原型）との間の往復運動」を特徴する日本社会と「ＩＰ型とＩＤ型の間を往復する社会とのちがいは大きな意味をもち、注意を要する（七九）」と述べるとき、そこからうかがわれるその政治戦略的含意は明らかだと思われる。

丸山にとって、自立化と民主化が、それぞれ自由主義原理と民主主義原理の内面化を意味するのだとすれば、この両原理の内面的緊張を内容とする「近代的意識」を日本において社会的規模で形成していくためには、なによりも、日本社会がその「持続する原型」としてのＰＡ型と、ＤＡ型とＰＡ型（原型）との間の往復運動から脱して、ＩＤ型へと移行していくこと、すなわち、私化から自立化へと、あるいは私化から原子化を通ってさらに民主化へと方向移動させていくことが必要だということになるであろう。そして、それは、日本人個々人の結社形成能力を高めること、ヨリ実践的には――あるいは裏返して言えば――、日本人を自発的結社に社会的規模で組織していくこと、日本において自発的結社を社会的規模で発展させていくことにほかならないであろう。もちろん、それは、先の両原理の内面的緊張の関係を形成していくための出発点にすぎないのだとしてもである。

限定した視角から、しかも、きわめて図式的に執筆された論文「個人析出のさまざまなパターン」からこれ以上の政治戦略的含意を無理に読みとろうとすることは危険だと思われる。筆者としては、この論文における丸山の図式化の試みの中から、図式化にともなう一定の単純化のゆえに、より鮮明にされた自発的結社の戦略的位置づけを確認することができれば充分だと考える。ただ、この論文では、もう一点、本章での議論の次なる展開のための糸口となる論点が提示されている。次項における議論は、そこから開始されなければならない。

自立化の結社と民主化の結社

丸山は、「個人析出のさまざまなパターン」において結社形成型あるいはⅠD型の社会の特徴を、次のように論じた。すなわち、

この結社形成タイプでは、近代化の進行とともに自立化や民主化の行動様式が優勢になる。各種の自発的結社が数多くあらわれるが、そのいずれをとっても成員の全人格をのみこむようなものはない。自立化した個人が営むフィードバックの機能によって社会の極端な政治化と過度の集中化はおさえられ、しかも政治的無関心に向かう傾向は、もっぱら民主化タイプの行動によってくいとめられる。このような均衡状態は、ふつう西欧圏の自由主義者によって、近代化をおし進める全ての社会に通じる理想状態ないし究極目標とされるが、非西欧圏でも知識人の場合、西欧的基準ではかれば「急進主義者」になるようなものまでが同じような見方をすることが多い。(八〇)

先に触れたように、丸山自身は、「このタイプが理想的であるか否かはともかく」と述べ、ここでの明確な価値判断の表明を避けているが、丸山もまた、このタイプの社会を、ある種の理想状態と見なすものの一人であることは明らかであるように思われる。それは、たとえば、論文「開国」の次のような言明にもうかがわれよう。すなわち、

明六社のような非政治的な目的をもった自主的結社が、まさにその立地から政治を含めた時代の重要な課題に対して、不断に批判して行く伝統が根付くところに、はじめて政治主義か文化主義かといった二者択一の思考習慣が打破され、非政治的領域から発する政治的発言という近代市民の日常的モラルが育って行くことが期待される。その意味では、この明六社が誕生わずか一年余りで……政府の言論弾圧によって解散しなければならなかったということは、近代日本における開いた社会の思考の発展にとって象徴的な出来事であった。これ以後もっとも活発に社会的に活動する自主的結社は、ほとんど政党のような純政治団体に極限されていかざるを得なかったのである。けれども、政治団体が自主的集団を代表するところでは、国家と独立した社会の十全な発達は期待できない。むしろ本来的に闘争集団であり権威性と凝集性を欠くことのできない政治団体にたいして、開いた社会への垂範的な役割を託するということ自体に内在的な無理があるというべきであろう。政治と異なった次元……に立って組織化される自主的結社の伝統が定着しないところでは、一切の社会的結社は構造の上でも機能の上でも、政治団体をモデルとしてそれに無限に近づこうとする傾向があるし、政党はまた政党で、もともと最大最強の政治団体としての政府の小型版にすぎない。それだけにここでは一切の社会集団がレヴァイアサンとしての国家に併呑され吸収されやすいような磁場が形成されることになる。(八二)

ここで丸山が論じていることを、非政治的な自発的結社か純政治的な自発的結社かという二者択一の問題として理解し、丸山が政党をはじめとする政治団体の役割を否定的に評価し、もっぱら政治と異なった次元に立って組織される自主的結社を重視しているなどと考えるのは大きな間違いであろう。ここで丸山が問題としているのは、非政治的な自発的結社と純政治的な自発的結社とのチェック・アンド・バランスの関係、すなわち、それらの社会的規模での「緊張関係」の形成の必要性なのである。

そして、ここにおける非政治的な自発的結社と純政治的な自発的結社とが、それぞれ『個人析出のさまざまなパターン」における自立化した人々による自発的結社と民主化した人々の白発的結社とに対応することもまた、明らかであろう。

すなわち、丸山が重視しているのは、自発的結社の社会的規模での形成一般ではなく、自立化した人々の（同時に人々を自立化させる）非政治的な自発的結社と、民主化した人々の（同時に人々を民主化させる）純政治的な自発的結社との両者の社会的規模での形成と、さらに、それらの両者による社会的規模での均衡状態と緊張関係の形成にほかならないのである。

笹倉もまた重視した、自発的結社の自由主義的役割と民主主義的役割とは、むしろ、社会的な規模では、こうした非政治的な自発的結社と純政治的な自発的結社とによって、それぞれ一方にヨリ大きな比重をかけながら担われ、こうした両者の均衡と緊張によって、社会全体の永続する民主化のプロセスとしての「近代」が展開する。丸山における自発的結社の戦略的位置は、こうしたものだったのではあるまいか。そして、こうした緊張関係の重視にこそ、丸山の真の思想的・戦略的独自性を認めるべきなのではないかと、筆者には思われる。

そして、その緊張関係とは、笹倉が、『丸山真男論ノート』の注で、控え目ながらも正当に注目したつぎのような関係にほかならない。すなわち、

（イ）「自立化」の位相にある人々〔＝一定の「財産と教養」、職業や社会的地位から来る名誉感・自由な創造性・責任感などによって一般社会内で強い自己意識を持った（相対的にエリート的な）人人〕が有力で

あることによって、「自発的結社」がその成員たちの全人格を呑み込むのが防止される。（ロ）この「自立化」はさらに、「民主化」の位相にある人々（＝相互に同質で身分上・権利上劣位にあるため、平等化をめざして層としての集団行動を通じた参加をめざす（相対的に非エリート的な）人々）が大衆行動に訴えることが結果としてもたらしかねない、「社会の極端な政治化と過度の集中化」をチェックしうるものでもある。（ハ）逆に、この「自立化」が内在させている、「私化」への転落の傾向（や寡頭支配への動き）は、「民主化」の人々の運動が与える政治的・社会的インパクトによってチェックされる。（ニ）「自発的結社」は、「自立化」から「私化」へ、「民主化」から「原子化」へと、人々が政治的関心と社会的アイデンティティーを喪って下落していくことを防止する……等々という、「自発的結社」、「自立化」、「民主化」から成る三極間のフィード・バックの関係。（八二）

もっとも、本章の立場からすれば、それは、むしろ「自発的結社」、「自立化」、「民主化」から成る三極間のフィード・バックの関係というよりは、ヨリ簡潔に原子化した人々を不断に組織していくことによって民主化への方向に移行させ、同時に自立化した人々が私化へと転落していくことを不断にチェックする役割を果たす民主化の自発的結社（＝純政治的な自発的結社）と、こうした民主化の自発的結社の大衆運動がもたらしかねない社会の極端な政治化と過度の集中化や一切の社会集団がレヴァイアサンとしての国家に併呑され吸収されやすいような磁場の形成を不断にチェックし、非政治的領域から政治的発言をする自立化の自発的結社（＝非政治的な自発的結社）との二極間の緊張関係として整理しうるようにも思われるのだが。

いずれにせよ、こうした点に、丸山の政治戦略の独自性を見いだすとすれば、本章の第一節であげた丸山へのステロタイプ化された「啓蒙主義」批判の不当性は明らかであろうと思われる。

すなわち、丸山によって追求される人間変革の目標としての主体的人間は、「あくまでも集団的なもの（マス、階級、制度等々）ではなく、階級にも包摂されない市民的個人として設定され」[八三]ており、そうであるがゆえに、歴史的な変革主体としての労働者階級とその階級的前衛の役割が承認されないのだという吉田傑俊をはじめとする正統派マルクス主義陣営からの批判は、丸山による（大衆運動団体や階級政党、さらには前衛を自認する政党をも含むであろう）自発的結社への戦略的な位置づけをまったく見ようとしていないばかりではなく、ある意味では民主化された人々の自発的結社の典型ともいえる階級政党や階級的前衛党が、自立化した人々の自発的結社との間で立たされるべき緊張関係の欠如によってもたらしかねない、社会の極端な政治化と過度の集中化[八四]や一切の社会集団がレヴァイアサンとしての国家に併呑され吸収されやすいような磁場の形成[八五]という問題性の指摘のもつ意味を正当に理解しようとしないという点で、不当だといわねばならない。

他方、自然成長的な大衆の意識を覚醒させ、自らの提起した理念、理論を注入し、大衆をその実現にむかって指導的に動かすという「啓蒙」主義では、「前衛」論と同形であるとして[八六]、丸山の思想にある種の「前衛」主義を見いだし批判する吉本隆明や鷲田小彌太らの議論もまた、丸山における、民主化した人々（＝自発的結社に組織化された大衆）と自立化した人々（＝自発的結社を構成する相対的にエリート的な人々）との緊張関係の重視と追求というその戦略的特質を見ることができず、それをエリートによる代行・指導という単純な論理だと取り違えているという点で、不当だとされなければならないのである。

しかし、たしかに丸山の議論のなかには、一見、そこにエリート主義を感じさせうるような主張が見いだされることもまた事実である。たとえば、論文「『である』ことと『する』こと」における「現代日本の知的世界に切実に不足し、もっとも要求されるのは、ラディカル（根底的）な精神的貴族主義がラディカルな民主主義と内面的にむすびつくことではないか」[八七]という言明に見られるような、その精神的貴族主義の主張である。

次項では、この精神的貴族主義の問題を検討し、これまでの本章での議論との関係を明らかにしていきたい。

知識人の結社と精神的貴族主義

丸山の思想に、エリート主義なり、なんらかの「前衛」主義なりを見いだそうとする人々にとって、彼の精神的貴族主義についての議論は、その有力な論拠を提供しているようにも思われる。

笹倉秀夫によれば、丸山の精神的貴族論は、彼の伝統思想の再評価、すなわち、「伝統」を前に引き据えて、将来に向っての可能性をそのなかから「自由」に探っていくという戦略の一環として位置づけられ(八八)、とりわけ、現代の大衆社会状況下における主体の精神の自立化をはかるための方途として、「前近代的自由（とくに貴族的自由）」を近代的自由の内的補強のために位置づけ直そうとするものだとされる(八九)。

そして、そうした精神的貴族論は、先にあげた「『である』ことと『する』こと」における言明だけでなく、たとえば、同時期の「北海道新聞」一九五九年二月七日付インタビュー「憂える〝流される時代〟」における「〔マス化が進行し世論に〕流される時代に最も必要なのは、確固とした文化の基準なんです。そしてそれは、精神的貴族だけが提供できるんです。貴族とは特権じゃない。大衆への奉仕なんですよ(九〇)」といった言明や、一九六〇年の座談会「丸山真男氏との一時間」における、「現代文化の一番大きな問題の一つは、質の保持と向上をどうするか、ということ」であり、「社会の最優秀分子が精神的貴族になりうるような、そういうはしごがどこにでもついていて、能力のある者がだれでもそのはしごを登りうるという平等をいかにして確立して行くかということが問題」だとする発言(九一)によくあらわれているとする。

また、笹倉によれば、こうした精神的貴族論は、論文「忠誠と反逆」における「同じく身分意識といってもそこには『分限』を恪守し、上への恭順と下への尊大とを凸凹レンズのように組み合わせた家父長的な意識もあれば、他方では、『恒産』の持続性と固有性の感覚の上にはぐくまれる名誉と自立の『恒心』意識もある。地位を物神化し、それにもたれかかる受動的な意識もあれば、『貴族は義務づける』という職能観と結びついたダイナミックな業績主義もある」(九二)という言明とも結びついたものであり、さらには、同じく「忠誠と反逆」における、福沢はむしろ非合理的な「士魂」のエネルギーに合理的価値の実現を託したという言明(九三)や、『現代日本の革新思想』における、土着的なエートスのなかに残存していた「われここに立つ、自分はこれ以外にはできない」という精神、すなわち、「個人的独立と名誉観念をもったサムライ精神」が社会運動の主体の精神の自立性を保持させていたのだが、このようなエートスが明治において残っていたのは「自由民権からせいぜい幸徳秋水や田岡嶺雲のような明治末期のラディカリズムまで」だといった発言(九四)ともつながるものだとされるのである。

　もちろん、笹倉が正当にも指摘するように、この精神的貴族論は、先の「個人析出のさまざまなパターン」の枠組みからいえば、もっぱら自立化の問題にかかわるものであり、さらに民主化をその対極として持っていなければならない。そしてそれは、ヨリ具体的には、第一に、社会全体としては、精神的貴族として自立化を中軸とした人々と、民主化の方向で運動する人々とが共存しあい相互に交渉しあっており、その動的なパワー・バランスの中で社会的諸制度が働いていくことが必要だということであり、第二に、一人一人の内面においては、精神的貴族的な自立性と、大衆性・大衆運動志向の民主性とが、資質としてともに獲得されており、それらの緊張ある相互作用の中で思惟と行動が行われるということが求められるということにほかならない(九五)。

　ここまで展開してきた本章の立場からすれば、笹倉のこの最後の指摘こそ、最も重要な点なのであり、丸山の精神的貴族論ないしは精神的貴族主義を、こうした民主化の問題と切り離して理解し、それをなんらかのエリート主義とみなすことは、まったく不当なものだといわなければならないであろう。「『である』ことと『する』こと」における、かの「現代日本の知的世界に切実に不足し、もっとも要求されるのは、ラディカル（根底的）な精神的貴族主義がラディカルな民主主義と内面的にむすびつくことではないか」という言明は、まさにこうした観点から、ラディカルな民主主義と内面的にむすびつくことという点に力点をおいて読まれなければならないのである。

しかし、それでも問題は残されるようにも思われる。すなわち第一に、丸山は、「エリート主義」とも誤解されかねないこの精神的貴族主義の主張を、どのような理由からあえておこなかったのかという問題であり、この精神的貴族主義が、なんらかの戦略的環として押し出されたことの理由は何だったのかという問題である。そして、第二に、笹倉が述べたような精神的貴族的な自立性と、大衆性・大衆運動志向の民主性とが、資質としてともに獲得されており、それらの緊張ある相互作用の中で思惟と行動が行われるような関係（＝ラディカルな精神的貴族主義とラディカルな民主主義との内面的な結合）——すなわち、これこそ本章のいう「近代的意識」の内容にほかならないのだが——が、実際には、どのようにして形成されると丸山が考えているのか。そして、そこにおいて自発的結社が果たすと期待されている役割とは、いったい何なのか、という問題である。後者の問題は、次項で検討するとして、本項では、第一の問題を検討していこう。

丸山が、精神的貴族主義を主張する理由には、笹倉も注目した現代の大衆社会状況下における主体の精神の自立化をはかるための方途として、「前近代的自由（とくに貴族的自由）を近代的自由の内的補強のために位置づけ直そう」とする意図（＝現代的理由）とともに、歴史的な理由、すなわち、丸山が、明治以後の日本社会の歴史全体において、自立化の要素が決定的に欠落してきたことを問題視し、さしあたり少なくとも知識人のレヴェルにおける自立化の進展を期したいという戦略的意図があったのではないかと、筆者には思われる。そして、この二つの理由と意図の交錯のなかで、精神的貴族主義と自立化した知識人の結社の必要性が、丸山にとっての当面の戦略的環として位置づけられたのではないかと思われるのである。

前者の現代的理由については、すでに論ずるまでもないとも思われるが、念のために、さしあたり論文「『である』ことと『する』こと」における議論を紹介しておこう。

ここでの丸山は、いわゆる「大衆社会」的諸相が急激にまん延した戦後においては、「する」価値と「である」価値との倒錯という日本が文明開化以来かかえてきた問題性が爆発的に各所にあらわになったとし、「政治」のように「『する』こと」の価値に基づく不断の検証がもっとも必要なところでは、それが著しく欠けているのに、他方さほど切実な必要のない面、あるいは世界的に「する」価値のとめどない侵入が反省されようとしているような部面では、かえって効用と効率原理がおどろくべき規模で進展しているという点を指摘する。(九六)そして、丸山は、その例として、大都市の消費文化の問題性をあげ、住居の変化や日本式宿屋のホテル化、休日や閑暇の問題、さらには、学芸のあり方などを問題とするとともに、「文化的創造にとっては、ただ前へ前へと進むとか、不断に忙しく働いているということよりも、価値の蓄積ということがなにより大事」だということを強調する。(九七)

こうして丸山は、次のようにのべ、かのラディカルな精神的貴族主義とラディカルな民主主義との内面的な結合の必要性の強調へと進むのである。すなわち、

現代のような「政治化」の時代においては、深く内に蓄えられたものへの確信に支えられてこそ、前にのべたような、文化の（文化人のではない！）立場からする政治への発言と行動が本当に生きてくるのではないでしょうか。まさにそうした行動によって「である」価値と「する」価値の倒錯――前者の否定しがたい意味をもつ部面に後者がまん延し、後者によって批判されるべきところに前者が居坐っているという倒錯を

再転倒する道がひらかれるのです。（九八）

そして、ここで重視された「文化の立場からする政治への発言と行動」なるものこそ、丸山にとっては、明治以後の日本の歴史上において一貫して欠如しているものにほかならなかったのである（＝歴史的理由）。さきにも引用した、かの「開国」における次のような言明をいま一度想起されたい。すなわち、

明六社のような非政治的な目的をもった自主的結社が、まさにその立地から政治を含めた時代の重要な課題に対して、不断に批判して行く伝統が根付くところに、はじめて政治主義か文化主義かといった二者択一の思考習慣が打破され、非政治的領域から発する政治的発言という近代市民の日常的モラルが育って行くことが期待される。その意味では、この明六社が誕生わずか一年余りで……政府の言論弾圧によって解散しなければならなかったということは、近代日本における開いた社会の思考の発展にとって象徴的な出来事であった。（九九）

丸山が福沢の思想に精神的貴族主義の典型を見ていたことは、すでに見たとおりである。そして、そうした福沢ら自立化した知識人の結社としての明六社が、近代日本における「開いた社会」の思考の発展にとって、きわめて短命に終わった例外的事例として注目されていること、しかもそれが、「非政治的領域から政治的発言という近代市民の日常的モラル」の育成という明治以後の日本において果たされえなかった課題の実現のための端緒を形成するはずだったものとして位置づけられていることに注意されたい。

明六社のような自立化した知識人の結社の発展は、もちろん、社会的規模での自立化した主体の形成そのもの

を意味しないとはしても、それは明らかに、その実現のための端緒として位置づけられているのである。

しかし、現実には、その端緒すらもが形成されなかったのであり、その意味で、精神的貴族主義によって自立化した知識人の結社の形成と発展は、丸山にとって、当面するもっとも切実な課題とみなされていたように思われるのである。

しかも、これはまた「個人析出のさまざまなパターン」における日本社会に対する「持続する原型」としてのPA型、DA型とPA型（原型）との間の往復運動という特徴づけと、そこにおける明治以後の知識人のあり方にも関連するものなのである。

すなわち、丸山が、「個人析出のさまざまなパターン」における「近代日本のケース」についての分析をつうじて、「第二次大戦をコーダとする日本近代の交響楽的発展の複雑な楽譜をたどってゆくと、ある特徴的な音形がくりかえし現れていることがうかがわれる」とし、これを「個人析出の現象が表面化して世人の注目を引くにいたったときには、私化か原子化の行動様式が優勢をしめて自立化や民主化へのかすかな動きを圧倒するのが常であった」という点に求め、「日本の場合にとくに顕著なのはPA型の早発的な登場、その中でも私化が最大となる傾向であって、西欧の場合、『大衆社会』段階にいたってはじめて支配的になるような傾向が、日本においては、まだ全体としては伝統的な特徴をそなえている社会の真只中に出現するのである」（一〇〇）と論じていたことは、すでに見たとおりである。

そして、問題は、日本社会が、こうした「持続する原型」としてのPA型から、ときに急進的大衆運動の高揚によって、一時的に社会全体としてはDA型に近づくことがあるものの、こうした急進的大衆運動の高揚と沈滞の波長がきわめて短かく急激であり、「近代日本の民主主義や社会主義の運動がねばり強い持続性を欠いた」ものであるという点にあるのである（一〇一）。

その理由は、個人の態度のレヴェルにおける日本の政治過程のダイナミックな要因が、「過政治化と完全な無関心の間を往復するのを特質とし、権威主義的・カリスマ的政治指導にもっとも感染しやすい」(一〇二)という原子化のタイプであり、急進的大衆運動のエネルギーの供給源が原子化した知識人や労働者であったからである(一〇三)。労働者ばかりではなく知識人の多くもまた自立化とは対称的な関係に立つ原子化した状態にあり、それが急進的大衆運動の高揚と沈滞の波動にあわせて私化から原子化へ、原子化から私化へと移動するという一般的な傾向がここで指摘されているといえよう。

しかし、問題はそれだけにはとどまらない。丸山は、こうした日本の知識人の一般的傾向とともに、「強く個人主義的なパースナリティ(一〇四)」をもった「急進的社会主義の知的指導者の行動様式のなかに、その実は体勢順応主義者にすぎない自称西欧的個人主義者の場合よりもかえって鮮明に自立化→民主化の発展がしばしばある事実(一〇五)」にも注目するのである。こうした「P→I→D」の移行は、急進的大衆運動の高揚期に一定の規模で見られるものであり、丸山がその例としてあげる大杉栄や荒畑寒村のような少数の知的エリートばかりではなく、「第一次大戦後本格的に勃興してきた労働運動の平メムバーの態度にも現れつつあった(一〇六)」とされるものの、そのもっとも主要な現れは、一九二〇年代におけるマルクス主義の知識人・学生への広範な浸透であった(いわゆる「思想問題」)といえるであろう。

そして、こうしたマルクス主義の浸透は、丸山がかの『日本の思想』で分析した日本におけるマルクス主義の思想史的意義、すなわち、「近世合理主義の論理とキリスト教の良心と近代科学の実験操作の精神」という「現代西欧思想の伝統でありマルクス主義にも陰に陽に前提されているこの三者の任務(一〇七)」を一手に兼ねて実現しようとすることを余儀なくされたという、その巨大な思想史的意義とこのことから生ずる悲劇と不幸にも関わっていたのである。すなわち、家、自然村、さまざまな「閥」に見られるような特殊主義的な人間関係がカルチュアのパターンを規定する決定的要因となるところでは、一般に普遍主義的な信条に帰依することによってはじめて個人の自律的態度決定の道を歩むことが可能になる。近代日本の場合には、明治初期のキリスト教を除けば、ひとりマルクス主義のみが、社会的背景を異にする多くの人々に対して、こういった道徳的・知的な機能を営むことができたのであった。(一〇八)

日本のマルクス主義が、その巨大な思想史的意義のもつ重荷にたえかねていかなる自家中毒の症状を呈せざるを得なかったのかということに関する『日本の思想』での分析に、ここで立ち入る必要はあるまい。問題は、日本においては、自立化にとどまるべき可能性をもつ強い個人主義的なパースナリティをもった少数の知的エリートさえもが、近代日本における「唯一の近代思想」たるマルクス主義を通じて民主化への不断の方向移動を行っていく傾向があったということ、さらには、こうした特殊な思想史的地位をしめたマルクス主義が、その地位の重みゆえに生じさせた理論信仰(一〇九)やある種の権威主義的傾向といった自家中毒症状によって、ひとたび民主化した知識人の自立化への回帰が阻害されたであろうということにほかならない。

こうして、日本においては、歴史的に、自立化した知識人の伝統が何よりも決定的に欠落してきたのであり、そうであればこそ、丸山にとっての戦略的環は、精神的貴族主義による知識人の自立化と、知識人の自発的結社の形成に設定されなければならなかったのである。

自発性と組織性の弁証法

前項までの検討で、丸山の政治戦略の基本は、自立化した人々の（同時に人々を自立化させる）非政治的な自発的結社と、民主化した人々の（同時に人々を民主化させる）純政治的な自発的結社との両者の社会的規模での形成と、さらに、それらの両者による社会的規模での均衡状態と緊張関係の形成とにほかならなかったということを明らかにした。そして、そこにおける自発的結社の自由主義的役割と民主主義的役割は、非政治的な自発的結社と純政治的な自発的結社とによって、それぞれ一方にヨリ大きな比重をかけながら担われ、こうした両者の均衡と緊張によってこそ、社会全体の永続する民主化のプロセスとしての「近代」の展開が可能になると展望されていたのである。

そして、そうであるがゆえに、丸山にとって、当面の戦略的環は、日本において、歴史的にも欠落する傾向にあった自立化の結社の形成に置かれ、さらに、その端緒を開くものとして精神的貴族主義により自立化した知識人の自発的結社の形成に特別の意義が与えられていたのであった。

しかし、残された問題は、こうして、社会的規模では自由主義的役割と民主主義的役割とのそれぞれ一方に比重をかけて担いつつ緊張関係に立たされた自発的結社を通じて、はたしていかにして、個々人のあいだに自由主義原理と民主主義原理との内面的緊張とその自覚を内容とする「近代的意識」が形成されていくとされるのか、という点であろう。すなわち、社会的規模での自立化の結社と民主化の結社との緊張関係が、いかなるかたちで媒介されて、それぞれの結社を形成する自立化した人々と民主化した人々の個々の内面に、自由主義原理と民主主義原理との内面的緊張を形成していくと考えられるのかという問題である。

もちろん、この問題については、きわめて簡単な解答を提示することもできよう。すなわち、それは、自立化の結社と民主化の結社との緊張関係と相互のチェック・アンド・バランスの関係を通して、自ずから生じてくるであろう相互浸透への期待である。そこには、両者に重複して参加する構成員も存在しうるであろうし、結社間の対話や、さまざまな問題に対する協力や共同の関係が展開されるなかで、相互浸透が起こり、自立化の結社にも多かれ少なかれ民主化の契機が浸透し、またその逆も起こるだろうということである。そして、これは確かに想定しうることであろう。

しかし、丸山は、そうした一般的な想定や期待ではなく、より原理的にこの問題への解答を与えているように思われる。そして、それこそが、自発的結社である以上、自立化の結社であろうと民主化の結社であろうと、不可避に直面せざるをえない自発性と組織性との緊張とその弁証法についての指摘であるように思われる。

この点に関しては、笹倉秀夫もまたその『丸山真男論ノート』において、丸山におけるアンチノミーの自覚と「主体的緊張の弁証法」という思惟方法の一例として取り上げている。笹倉は、丸山の次のような言明を取り上げている。すなわち、

つまり、政治行動というのはいつもディレンマにおける決断だと思う。たとえば組織者の行動においては、メンバーの自発性、自主性を尊重しなければ、組織のエネルギーはひっぱり出せない。しかし同時に組織として動くためには、アナーキーになってはならない。これは不断の二律背反なんです。それを「本当」の組織では自発性と規範は矛盾しないんだというタテマエで通そうとするから、ディレンマの自覚がなくなる。だから他の側面のマイナスを知ったから敢て一方を選びとったという形で行動が出て来ない。(一一〇)

この丸山の言明は、直接には、政治行動とそこにおける政治組織の問題についての文脈において論じられたも

のであり、笹倉も同様に、政治運動・政治組織における「(下からの)個人の自発性と(上からの)組織統合との関係づけの問題」[一一一]として受けとめているが、こうした個人の自発性と組織の規律と統合という問題は、単に純政治的な自発的結社に特有な問題では決してあり得ない。「自発性と規律」という相互に他を前提しあった対立項の「二律背反」がどのような組織形態によっても究極的に解決しうるものではないことを自覚し続けるような批判的精神[一一二]は、単に政治的組織においてのみ要求されるべきものではなく、いかなる目的をもった自発的組織においても要求されるであろう。

そして、「各人が意識において、相互に結束しつつも絶えず自己の組織と、その中にいる自分とを距離を置いて見ること、そのための自由な討議(異なる意見の相互交渉)が必要であるとともに、かつ、かかる事柄を可能にするための多元的な制度を内在させた組織体――『自治』と『集中』の両方向の力が不断にいきいきと拮抗しあった――として運動体を形成することが組織論としては必要であろう[一一三]」という笹倉による丸山の議論の敷衍もまた、非政治的な自発的結社にもそのままあてはまるはずである。

しかし、こうした自発性と規律なり自発性と組織性の矛盾についての議論を、笹倉のように、こうした二律背反を自覚した運動体なり組織体のあるべき姿を提示するものとして理解するだけで、果たしてよいのであろうか。筆者には、むしろ丸山にとっては、このような自発性と組織性のアンチノミーの自覚こそが、そもそも自発的結社が自発的な組織であるための不可欠の要素であり、この自覚抜きには、自発的結社の名に価しないと考えられているのではないかと思われる。

そうであればこそ、自発的結社は、自立化と民主化のモメントたりうるのであり、逆に、組織を担う主体の意識構造の能動化が忘れられると、民主的な組織もまた「上からの権力的均一化」のための組織に変質してしまう(権威的コーポラティズム)[一一四]とされるのではなかろうか。

こうして、自発性と組織性の弁証法の自覚を、自発的結社のあるべき姿としてではなく、その本質的なモメントとして理解するならば、先に提示した、社会的規模での自立化の結社と民主化の結社との緊張関係が、いかなるかたちで媒介されて、それぞれの結社を形成する自立化した人々と民主化した人々の個々の内面に、自由主義原理と民主主義原理との内面的緊張を形成していくと考えられるのかという問題についての、ヨリ原理的な解答が得られるように、筆者には思われる。

すなわち、個々の自発的結社が自発的結社であるかぎり不可避的に直面せざるを得ないその内部における自発性と組織性との緊張関係は、言い換えれば、結社内部における自由主義原理と民主主義原理との緊張関係にほかならないのであり、自発的結社の構成員は、こうした結社の自発的な構成員である限り、その結社との関係において、この両原理の緊張関係に不断にさらされることになる。そうであるがゆえに、社会的規模での民主化の結社と自立化の結社との緊張関係を、不断に自らの問題として内面化し、自由主義原理と民主主義原理との内面的緊張を内容とする「近代的意識」を獲得するチャネルが開かれることとなるのだと。

そして、逆に、こうした関係をも指摘し得よう。すなわち、社会的規模での民主化の結社と自立化の結社との緊張関係が欠如すれば、自発的結社内部の自発性と組織性の緊張関係も弛緩し、自発的結社は組織性を喪失して解体するか、「上からの権力的均一化」の組織に変質してしまうと。

こうした関係をも視野に入れたときにはじめて、先に触れた笹倉の言うところの「自発的結社」「自立化」「民主化」から成る三極間のフィード・バックの関係が、(一一五)真に構成されることとなるといえるだろう。

そして、丸山の政治戦略の核心は、まさにこの点にこそあったのだと思われるのである。

第三節　「後衛」の位置へ

本章では、丸山が、その学問的禁欲の態度によって、必ずしも明瞭に語ろうとはしなかった、彼の政治学的問題関心と結びついた政治戦略を、とりわけ、そこにおける変革主体の問題に焦点をあわせて、筆者なりの仕方で拡大的に再構成するという危険な試みを行った。

結果的に、それは、丸山の政治戦略の再構成というよりも、筆者自身のそれの、丸山に仮託したかたちでの自己確認に終わったにすぎぬのではないかとの恐れなしとはしない。

しかし、戦後直後一九四五年一〇月の「青年文化会議」結成への参加にはじまり、「思想の科学」(四六年二月)、「民主主義科学者協会(民科)」(四七年一月)、「平和問題談話会」(四九年三月)、「憲法問題研究会」(五八年六月)、などの設立に次々と参加し、さらに「安保改定問題」をはじめ、最近の「中曽根首相に要望する―軍事大国化を憂慮して―」(一九八五年一〇月)に至るまで数々の声明の発表や共同討議に参加しつづけた丸山の軌跡(一一六)を見るとき、本章での再構成もあながち大きく的をはずしたものではないようにも思われる。

一方、筆者も現在までの自己形成にあたってその多大な影響下に置かれてきたマルクス主義の陣営の一部からも、近年、「マルクス主義の側の『階級』への再定位と『市民主義』の側の新たな近代批判との批判を含む共同によって、日本型超『近代』の煮詰められた資本主義に立ち向かうという方向」(一一七)がようやく提起されはじめている。もちろん、ここでの後藤の分析は、「丸山のファシズム論、大衆社会論は『近代』の内在的矛盾としてこれらを分析する視角をもっており、『近代』をどのように超えるのかという点についての、非マルクス主義的立場からの解答を要求する構造になっていた。これにたいする丸山自身の解答はない」(一一八)とする点で、かの「近代主義」と「戦後啓蒙」というステロタイプ的批判の枠を越えるものではない。しかし、後藤が、丸山にではなく、日高六郎らの市民主義ラディカルを経由した「近代」批判なかに見いだした批判的共同の可能性は、すでに丸山のなかにも存在していたのであり、むしろマルクス主義の側が、それに一方的に眼を閉じてきただけにすぎないのではないかとも思われる。

筆者の理解する限りでは、丸山は、民主化の自発的結社＝純政治的自発的結社という自らの政治戦略の不可欠のカウンター・パートとして、マルクス主義の陣営と階級的前衛党およびそれによって組織された大衆運動を一貫して想定し続けてきたのであり、それらと自立化の結社＝非政治的自発的結社との間に緊張関係とチェック・アンド・バランスの関係（批判的共同）を形成していくことが、永続する民主化のプロセスとしての「近代」への道を切り拓くうえでの鍵であると考えていた。

マルクス主義の陣営のなかに丸山へのある種の拒絶感をもたらしてきた『日本の思想』をはじめとする各所での彼のマルクス主義批判もまた、こうした文脈のなかで理解されるべきであると筆者は考える。

そして、そうしたマルクス主義批判は、丸山にとって、返す刀で、自らを含む自立的な知識人にたいして、精神的貴族主義によって自立化した知識人の自立化の自発的結社を社会的規模で組織することによって、自家中毒症状を呈するマルクス主義へのカウンター・パートを形成しえなかったことに対する自己責任を問うことにほかならなかったはずである。

『日本の思想』における「現代日本の知的世界に切実に不足し、もっとも要求されるのは、ラディカル（根底的）な精神的貴族主義がラディカルな民主主義と内面的にむすびつくことではないか」という言明に込められた思い（一一九）を、われわれはこうした文脈のなかでこそ受けとめるべきなのではないだろうか。

一九八二年、『現代政治の思想と行動』の追補として刊行された書物に、丸山は『後衛の位置から』という表題を与えた。丸山は、その解釈は読者の想像に委ねるとして、この表題の意味について多くを語ろうとはしていない。

丸山が、サッカーの試合に託して「最近の試合が……格段に機動性を増し、フルバックがフォァワードにすばやく入れ替わって攻撃をかけることさえも、珍プレーではなくなったようである。そうなると省みていよいよ心許なさを覚えるけれども、事すでにここに至る、観念の臍をかためるほかない」（一二〇）と語るとき、そこにいかなる思いが込められているのか。筆者としては、丸山によって委ねられた想像をひたすらたくましくする以外にはないのである。

【註】

（一）笹倉前掲書。
（二）丸山『日本政治思想史研究』。
（三）同「明治国家の思想」。
（四）同「開国」。
（五）同『日本の思想』。
（六）同『忠誠と反逆』、一九六頁。『集』⑧、八五頁。
（七）たとえば、加藤前掲書などを参照。
（八）たとえば、渡辺前掲書などを参照。
（九）丸山『忠誠と反逆』、一九六頁。『集』⑧、八六頁。
（一〇）久野・鶴見・藤田前掲書、一五〇頁以下を参照。
（一一）笹倉は、このような緊張関係をモメントとする思考方法を「主体的緊張の弁証法」とよんでいる。
（一二）「『レヴァイアサン』発刊趣旨」、『レヴァイアサン』第一号。
（一三）藪野『先進社会＝日本の政治』、法律文化社、一九八七年、二二四頁。
（一四）同前、一七八頁。
（一五）吉田前掲書、四四頁。
（一六）鷲田『吉本隆明論』、三一書房、一九九〇年、二〇五頁。
（一七）穴見明「政治学・戦略・ユートピア」、田口富久治・加藤哲郎編、［講座現代の政治学第一巻］『現代政治学の再構成』、青木書店、一九九四年所収を参照。

（一八）田口富久治『政治学の基礎知識』、青木書店、一九九〇年、一二頁。
（一九）穴見、前掲、一三頁以下。
（二〇）同前、二〇―二一頁。
（二一）丸山『現代政治の思想と行動』、五七五頁。『集』⑨、一七四頁。
（二二）同前、三四二頁および三五一頁。『集』③、一三五頁および一四四頁。
（二三）同前、三五二頁。『集』③、一四五頁。
（二四）同前、三五六頁。『集』③、一五〇頁。
（二五）笹倉前掲書を参照。
（二六）丸山『現代政治の思想と行動』、三五二―三五三頁。『集』③、一四五―一四六頁
（二七）同前、三五三頁。『集』③、一四六頁。
（二八）同前、三五四頁以下。『集』③、一四八頁以下。
（二九）同前、三五六頁。『集』③、一四九頁。
（三〇）同前、三五七頁。『集』③、一五一頁。
（三一）同前。
（三二）薮野前掲書、二二四頁。
（三三）同前、一七八頁。
（三四）笹倉前掲書、二四九頁。
（三五）同前、二四九―二五〇頁、二五四頁、二八七頁。
（三六）同前、二五二頁。
（三七）同前、二六〇頁。なお、この点については、川原彰編『日本思想史における「古層」の問題』、慶応義塾大学内山秀夫

研究会、一九七九年、一〇〇頁、『集』⑪、二二二頁。および丸山『日本の思想』、五九頁、『集』⑦、二三八―二三九頁、を参照。

（三八）同前、二六〇―二六一頁。この点については、丸山『日本の思想』、「あとがき」、一八六頁―一八八頁、『集』⑨、一一四―一一五頁、を参照。

（三九）丸山『日本の思想』、一八七―一八八頁。『集』⑨、一一四―一一五頁。

（四〇）笹倉前掲書、二六四頁以下。および、丸山『忠誠と反逆』、七頁以下、『集』⑧、一六六頁以下、を参照。

（四一）同前、二六九頁。および丸山『忠誠と反逆』、四四頁、『集』⑧、二〇六頁。

（四二）同前。

（四三）同前、二七〇頁以下。および、丸山『忠誠と反逆』、四五頁以下、『集』⑧、二〇七頁以下、を参照。

（四四）同前、二七四―二七五頁。

（四五）同前、二八九頁。

（四六）同前、二九一頁。および、丸山・鶴見「語りつぐ戦後史（五）、普遍的原理の立場」、『思想の科学』六二号、一九六七年、一一七頁以下、を参照。

（四七）同前、二九二頁。

（四八）『歴史と社会』二号、一九八三年、所収。

（四九）笹倉前掲書、二九五―二九六頁。

（五〇）同前、三〇五―三〇六頁。

（五一）同前、三〇六頁。

（五二）同前。

（五三）同前、三〇六―三〇七頁。この点については、丸山「或る自由主義者への手紙」への「追記および補注」、『現代政治の思想と行動』、五一三頁以下、『集』⑥、二七一頁以下、を参照。
（五四）同前、三〇七―三〇八頁。なお、丸山『日本の思想』、四二頁以下、『集』⑦、二二五頁以下、を参照。
（五五）同前、三〇八―三〇九頁。なお、丸山「日本におけるナショナリズム」、『現代政治の思想と行動』、一六六頁以下、『集』⑤、七三頁以下、および、同「開国」、一九二頁以下、『集』⑧、八一頁以下、を参照。
（五六）同前、三〇九―三一〇頁。
（五七）同前、三一〇頁。
（五八）同前、三一一頁。
（五九）同前、二八三頁。
（六〇）同前、三〇六頁。
（六一）たとえば、丸山『日本の思想』、一七九頁、『集』⑧、四四頁、を参照。
（六二）この点については、本書第四章において詳しく論じるつもりである。
（六三）丸山・鶴見、前掲。
（六四）笹倉前掲書、二九五頁。
（六五）丸山『忠誠と反逆』、『集』⑧、所収。
（六六）M・B・ジャンセン編『日本における近代化の諸問題』、岩波書店、一九六八年、『集』⑨、所収。
（六七）丸山「個人析出のさまざまなパターーン」、三六九頁。『集』⑨、三七九―三八〇頁。
（六八）同前、三七二頁。『集』⑨、三八三頁。
（六九）同前、三七三頁。『集』⑨、三八四頁。
（七〇）同前、三七二頁―三七三頁。『集』⑨、三八三―三八四頁。
（七一）同前、三七三頁。『集』⑨、三八四―三八五頁。

（七二）同前、三七四頁。『集』⑨、三八五頁。
（七三）同前、三七三―三七四頁。『集』⑨、三八五頁。
（七四）同「超国家主義の論理と心理」を参照。
（七五）同「個人析出のさまざまなパターン」、三七四頁―三七五頁。『集』⑨、三八六頁。
（七六）同前、三八〇頁以下。『集』⑨、三九二頁以下。
（七七）同前、三九六―三九七頁。『集』⑨、四一一―四一二頁。
（七八）同前、三七八頁。『集』⑨、三九〇頁。
（七九）同前、三九七頁。『集』⑨、四一二頁。
（八〇）同前、三七七―三七八頁。『集』⑨、三八九―三九〇頁。、
（八一）同『忠誠と反逆』、一九四―一九五頁。『集』⑧、八三―八四頁。
（八二）笹倉前掲書、三一六―三一七頁。
（八三）吉田前掲書、四四頁。
（八四）丸山「個人析出のさまざまなパターン」、三七八頁。『集』⑨、三九〇頁。
（八五）同『忠誠と反逆』、一九五頁。『集』、八四頁。
（八六）鷲田前掲書、二〇五頁。
（八七）丸山『日本の思想』、一七九頁。『集』⑧、四四頁。
（八八）同前、一八八頁。『集』⑨、一一五頁。
（八九）笹倉前掲書、二八一頁。
（九〇）同前。
（九一）『批評』第六号、九〇頁。

（九二）丸山『忠誠と反逆』、五六頁。『集』⑧、二一九頁。
（九三）同前、四四頁。『集』⑧、二〇六頁。
（九四）丸山・梅本克己・佐藤昇『現代日本の革新思想』、河出書房新社、一九六六年、一一二頁以下。『丸山眞男座談6』、岩波書店、一九九八年、一〇二頁。
（九五）笹倉前掲書、二八三頁。
（九六）丸山『日本の思想』、一七六頁。『集』⑧、四一頁。
（九七）同前、一七六―一七九頁。『集』⑧、四一―四四頁。
（九八）同前、一七九頁。『集』⑧、四四頁。
（九九）同『忠誠と反逆』、一九四頁。『集』⑧、八三―八四頁。
（一〇〇）同「個人析出のさまざまなパターン」、三九六頁。『集』⑨、四一〇―四一一頁。

（一〇一）同前、三九七頁。『集』⑨、四一二―四一三頁。

（一〇二）同前。『集』⑨、四一二頁。

（一〇三）同前、三九六頁。『集』⑨、四一二頁。

（一〇四）同前、三八八頁―三八九頁。『集』⑨、四〇二頁。

（一〇五）同前、三九六頁。『集』⑨、四一一頁。

（一〇六）同前、三八九頁。『集』⑨、四〇三頁。

（一〇七）同『日本の思想』、五五頁以下、『集』⑦、二三五頁以下、を参照。

（一〇八）同「個人析出のさまざまなパターン」、三九三頁。『集』⑨、四〇七頁。

（一〇九）同『日本の思想』、五五頁以下、『集』⑦、二三五頁以下。なお「個人析出のさまざまなパターン」においても、丸山は、この文脈との関係で、いわゆる「福本イズム」の問題に触れている。

（一一〇）座談会「政治の頽廃に抗するもの」、『思想の科学』一九六一年七月号、一一頁。笹倉前掲書、一八二頁。
（一一一）笹倉、同前。
（一一二）同前、一八三頁。
（一一三）同前。
（一一四）丸山『現代政治の思想と行動』、三八九頁以下。『集』④、二二二頁以下。笹倉前掲書、二一六頁参照。
（一一五）笹倉前掲書、三一七頁。本章第三節第二項参照。
（一一六）今井壽一郎編著・川口茂雄補訂『増補版丸山眞男著作ノート』、現代の理論社、一九八七年、参照。
（一一七）石井・清・後藤・古茂田前掲書、二〇二頁。
（一一八）同前、二〇一頁。
（一一九）丸山『日本の思想』、一七九頁。『集』⑧、四四頁。
（一二〇）同『後衛の位置から――「現代政治の思想と行動」追補――』、未来社、一九八二年、一九〇頁。『集』⑫、五七頁。

第三章　文化接触と文化変容の思想史

筆者は、前章において、丸山眞男の政治学的問題関心と結びついた政治戦略を、とりわけそこにおける変革主体の問題に焦点をあわせて再構成するという作業を行なった。しかし、丸山の政治思想と学問的営為の戦略的性格をトータルに把握するためには、笹倉も『丸山真男論ノート』の第四章「主体形成の道」で注目していた「無意識的なものの自覚化」という丸山の政治戦略のもう一つの重要な戦略的環を軽視することはできないであろう。

この無意識的なものの自覚化と、その自覚化を通じての克服という丸山の思想的・学問的営為は、「日本の思想」や「開国」といった諸論稿を通じて行なわれた丸山の方法論の転換、すなわち、文化接触と文化変容の思想史への転換と、その後の「歴史意識の『古層』」によって提示され未完のままのこされた「古層＝執拗低音」論の展開を通じて、丸山の政治戦略全体の中におけるその比重を大きく増大させていったものであるように、筆者には思われる。

しかし、この「古層＝執拗低音」論については、すでに指摘したように、高度経済成長と「豊かな社会」の到来による戦後民主主義の衰退に対する丸山の転向や絶望の表明と解されることが多いことも事実である。

筆者は、本書第一章において、文化接触と文化変容の思想史への方法論的転換と「古層＝執拗低音」論の展開は、戦後民主主義革命の挫折の構造的な原因の究明と来るべき「第四の開国」を期しての戦略的な営為にほかならなかったのではないかという見解を示したが、実は、この問題に関しては、さらに詳細な検討が必要だと思われる。

はたして、丸山の文化接触と文化変容の思想史への方法論的転換と「古層＝執拗低音」論の展開は、いかなる意味で、筆者が理解するような戦後民主主義革命の挫折の構造的な原因の究明と、来るべき「第四の開国」を期しての戦略的な営為だと見なしうるのであろうか。

この問いに答えるためには、丸山自らが、思想的・実践的に取りくんだ戦後民主主義革命＝「第三の開国」が、幕末・維新の「第二の開国」と同様、結局は、丸山が危惧したとおりに、大衆社会的諸相の急激な蔓延という大衆の感覚的解放＝自由の名による官能性のアナーキーへと帰着したように思われる点にあらためて注目するとともに、丸山の抽出しようとした「古層＝執拗低音」が、自由をはじめとする西欧世界から輸入された観念を、くりかえし官能性のアナーキーへと変容させ、「新しき規範意識」＝内面的規範の獲得を阻むことによって、幕末・維新期の「第二の開国」と戦後民主主義革命＝「第三の開国」に挫折をもたらした要因にほかならないということを再確認することが必要であろう。

本章の課題は、丸山の「古層＝執拗低音」論の形成過程をあらためて概略的にたどることを通じて、その戦略的性格を再確認する作業を試みると同時に、丸山の文化接触と文化変容の思想史と「古層＝執拗低音」論を手がかりとして、近代日本における「自由」の観念の受容と変容の問題に、筆者なりの検討を加えることによって、先の問への解答を提示し、その上で、文化接触と文化変容の思想史の有効性と発展可能性とを明らかにしていくことである。

第一節　「古層＝執拗低音」論の形成過程

「近代主義」

本節の課題は、丸山の「古層＝執拗低音」論の形成過程を概略的にたどることを通じて、その戦略的性格を再確認していくことである。そのためにも、第一章との重複も覚悟しつつ、あらためて丸山の学問的・思想的生涯の概略をたどってみることからはじめたい。

丸山は、ジャーナリスト丸山幹治（侃堂）の次男として大阪に生まれた。父幹治は、鳥居素川、長谷川如是閑、大山郁夫らとともに、大正デモクラシー期の言論をリードした『大阪朝日新聞』の一翼を担い、一九一八年、筆禍事件（いわゆる「白虹事件」）によって同紙を追われた反骨のジャーナリストであり、とりわけ、長谷川如是閑とは、新聞『日本』以来の盟友であった。丸山は、父や如是閑らのもとで大正デモクラシーの思想的息吹をうけて育ち、また、高校（旧制一高）在学中、「唯物論研究会」の集まりに参加したかどで逮捕され、その後も執拗に特高警察にマークされつづけたという経験がものがたるように、当時の左翼思想にも共感と理解をもった青年として成長した。

東大法学部在学中、ファシズム国家論を批判した論文「政治学に於ける国家の概念」によって、南原繁にみとめられた丸山は、新設の東洋政治思想史講座担当予定者として、東大法学部助手に採用され、四〇年には助教授に就任した。この間、戦後『日本政治思想史研究』として刊行される一連の徳川期儒教史についての論考などを発表したが、東大助教授であるにもかかわらず（おそらくは思想犯として逮捕された前歴ゆえに）、四四年、四五年と二度にわたって召集されて兵役に服し、四五年八月には、広島県宇品で被爆、当地で敗戦をむかえた。

敗戦直後の四五年一〇月には、内田義彦らとともに青年文化会議を結成、翌四六年には「思想の科学」の設立に参加、さらに四七年には民主主義科学者協会の設立にも参加するなど、知識人の自発的結社の形成と発展につとめるとともに、「超国家主義の論理と心理」を皮切りに、その後『現代政治の思想と行動』におさめられることになる一連の日本軍国主義ないしは日本ファシズム批判の論考を発表し、一躍戦後論壇をリードする存在となった。

他方、政治学界においては、四七年に「科学としての政治学」を発表して、戦前日本政治学の「不妊性」を指弾し、「政治学は今日なによりもまず『現実科学』たることを要求されているのである」（一）と論じて、戦後政治学の出発点を築くとともに、五〇年から七一年まで東大法学部教授として学界をリードした。今日、学界において、丸山らによって切り拓かれた戦後政治学に批判的な流れが主流となりつつあるものの、たとえ批判の対象であるとしても、丸山はいまなお、政治学を志すものにとって避けては通れない重要な存在でありつづけている。

同時に、丸山は、戦後の現実政治の節ぶしにおいて、オピニオンリーダーとしての重要な役割をはたした。とりわけ、朝鮮戦争と単独講和（サンフランシスコ条約と日米安全保障条約のセットによって実現したのだが）に反対する全面講和要求の運動において、平和問題談話会（二）を舞台として発揮した指導性と、日米安全保障条約改訂阻止闘争（いわゆる六〇年安保闘争）をリードした旺盛な言論活動（たとえば「復初の説」）は、戦後日本の民主主義運動の歴史に重要な一ページを記すものとなった。

六〇年代後半以降は、「本業」の日本政治思想史の研究に専念し、『忠誠と反逆—転形期日本の精神史的位相』にまとめられた一連の論考をはじめ、『丸山眞男集』に収められた数多くの著作を世に問うた丸山であるが、その思想と学問、さらにはその実践は、日本戦後史最大の知識人のそれとして、あらためて深く検討されなければならないものだと思われる。

丸山の思想と学問には、「近代主義」ないしは「戦後啓蒙」といった否定的レッテルづけが行われることも多かった。「近代主義」という呼称は、もともと戦後の正統的マルクス主義派から、大塚久雄らに対して投げつけられたものである。彼らは、戦前の講座派マルクス主義（たとえば『日本資本主義分析』を著した山田盛太郎ら）とマックス・ヴェーバーの宗教社会学（とりわけ『プロテスタンティズムの倫理と資本主義の精神』）の強い影響のもとで、西欧近代の歴史過程との比較を通じて日本社会の前近代性を明らかにし、それを批判するという一つの思想的・学問的潮流として、戦後日本において大きな影響力を発揮していた。こうした潮流に対して、歴史的・具体的な西欧近代を不当に美化し絶対化するものとして、「近代主義」という否定的他称が与えられ、こうしたステロタイプ化されたレッテルが、マルクス主義のみならず他の学問的・思想的立場の人々のあいだにも共有されてきたのである。

丸山もまた、その思想史的方法をカール・マンハイムのそれに依拠しつつも、マルクスとヴェーバーの多大な影響のもとにその思想と学問を形成してきたことは明らかであり、また、「日本に於ける近代的思惟の成熟過程の究明」をその「学問的関心の最も切実な対象」[三]とする点で、「近代主義」の一翼を担うものとして、いや、まさに「近代主義」を代表する人物としてとらえられてきたのである。

しかし、丸山の学問的関心の最も切実な対象としての「近代的思惟」なるものは、決して西欧近代という具体的な歴史的近代を単純にモデル化したものではなく、西欧近代の歴史過程から抽出されたモメントによって理念的に構成されたものであり、藤田省三が指摘するように、一種のポステュレートであって、「ある要求としての仮定につけた名前なんだから、彼らがそれに与えている中味が問題にされるべき」なのである。[四]

丸山の求める「近代的思惟」とは、すでに筆者が第一章において明らかにしたように、主体的個人と民主国家との民主主義的自己同一性（＝民主主義原理）と個人の個体的存在としての自立性・尊厳性（＝自由主義原理）

という両極の追求と、その相互対立と緊張関係についての自覚（＝アンチノミーの自覚）によって構成された意識のあり方を意味している。丸山は、すでにその学問的初発をかざる論文「政治学に於ける国家の概念」において、「我々の求めるものは個人か国家かの Entweder-Oder の上に立つ個人主義的国家観でもなければ、個人が等族のなかに埋没してしまふ中世的団体主義でもなく、況や両者の奇怪な折衷たるファシズム国家観ではありえない。個人は国家を媒介としてのみ具体的定立をえつつ、しかも絶えず国家に対して否定的独立を保持するごとき関係に立たねばならぬ。しかもさうした関係は市民社会の制約を受けてゐる国家構造からは到底生じえないのである。そこに弁証法的な全体主義を今日の全体主義から区別する必要が生じてくる」(五)とのべることによって、こうした「近代的思惟」の内容を表現していた。そして、初発におけるこうした議論の構図は、その最晩年、座談会「夜店と本店と—丸山眞男氏に聞く—」で、個人主義と国家主義の双方を否定しつつ、「残るは社会主義だけということになる。まあ社会連帯主義といってもいい」とのべ、「この頃、いよいよ本当の社会主義を擁護する時代になったなあ、という気がしてるんですよ」と語る(六)まで、一貫したものだったのである。

そして、こうした内面的緊張をともなう「近代的思惟」に支えられたものとして、丸山の求める「近代」とは、永続する民主化のプロセス（＝「永久革命」としての民主主義）のことにほかならなかった。丸山は、『現代政治の思想と行動』の「追記」において、「およそ民主主義を完全に体現したような制度というものは嘗ても将来もないのであつて、ひとはたかだかヨリ多い、あるいはヨリ少ない民主主義を語りうるにすぎない。その意味で『永久革命』とはまさに民主主義にこそふさわしい名辞である。……民主主義は現実には民主化のプロセスとしてのみ存在し、いかなる制度にも完全に吸収されず、逆にこれを制御する運動としてギリシャの古から発展して来たのである。……こういう基本的骨格をもつた民主主義は、したがつて思想としても諸制度としても近代資本主義よりも古く、またいかなる社会主義よりも新らしい。それを特定の体制をこえた『永遠』な運動としてとらえてはじめて、それはまた現在の日々の政治的創造の課題となる」[七]という有名な言明を行っているが、これこそが、実は丸山の「近代」像を端的にしめしたものにほかならなかったのである。

そして、こうした立場にたつ丸山の学問的営為は、現在の日々の政治的創造の課題として、日本における「近代的思惟」の形成と成熟という課題の実現をめざしてすすめられていくこととなるのである。

丸山によれば、日本における「近代的思惟」は、内面性に媒介されぬ外在的な公的＝政治的規範と、人間の自然的心情の解放としての規範なき内面性との分裂によって、その内面的緊張のモメントが形成されることなく今日にいたっている。丸山が、その著書『日本政治思想史研究』において、徂徠学と宣長学との分裂として、また、論文「明治国家の思想」で、上からの官僚的な国家主義と感覚的本能的生活の解放に向かうところの個人主義との分立として[八]、そして、論文「開国」では、上からの法律革命の下降現象と自由の名による官能性のアナーキーとの分裂として[九]、さらには、著書『日本の思想』において、理論信仰と実感信仰との分立として[一〇]描きだしたのは、まさにこうした問題にほかならなかったのである。そして、それ故にこそ、丸山は、戦後の初発の段階で、「吾々は現在明治維新が果すべくして果しえなかつた、民主主義革命の完遂という課題の前にいま一度立たされている。吾々はいま一度人間自由の問題への対決を迫られている。……しかしその際においても問題は決して単なる大衆の感覚的解放ではなくして、どこまでも新らしき規範意識をいかに大衆が獲得するかということにかかつている」[一一]という課題設定を行ったのである。敗戦直後から一九六〇年代にいたるまでの、丸山の学問的営為と「平和問題談話会」や「六〇年安保闘争」などにおける政治的実践とは、こうした課題意識のもとでなされたものであった。

しかし、戦後民主主義革命は、高度経済成長の到来とともに、再び単なる大衆の感覚的解放として、完遂されることなく終わろうとしていたのであり、この挫折のなかから、丸山の新たな思想的・学問的模索が開始されることとなるのである。そして、これこそが、文化接触と文化変容の思想史の試みであり、日本人の諸意識の「古層＝執拗低音＝バッソ・オスティナート」(一二)を抽出しようとする営為なのであった。

文化接触と文化変容

丸山は、戦後民主主義革命が、大衆による新らしき規範意識の獲得と「近代的思惟」の成熟をもたらすことなく、高度経済成長のもとでの大衆社会的諸相の急激な蔓延(一三)により単なる大衆の感覚的解放に終わりつつあることをいち早く感得していたように思われる。それは、ある意味で、「開国」＝幕末・維新期の過程と同型のパターンのリフレインであるように思われたのであろう。

丸山は、その時点にたって、五七年の論文「日本の思想」において、日本の思想的過去の構造化の作業を試み、それによって、従来より「身軽」になり、背中にズルズルとひきずっていた「伝統」を前に引き据えて、将来に向っての可能性をそのなかから「自由」に探って行ける地点に立ったように思われたとのべる。(一四)

丸山が、そこで描きだそうとしたものは、「日本にいろいろな個別的思想の座標軸の役割を果たすような思想的伝統が形成されなかったという問題と、およそ千年をへだてる昔から現代にいたるまで世界の重要な思想的産物は、ほとんど日本思想史のなかにストックとしてあるという事実」(一五)によってしめされる日本の思想の無構造の「伝統」であった。

そこでは、「新たなもの、本来異質的なものまでが過去との十全な対決なしにつぎつぎと摂取されるから、新たなものの勝利はおどろくほどに早い。過去は過去として自覚的に現在と向きあわずに、傍らにおしやられ、あるいは下に沈降して意識から消え『忘却』されるので、それは時あって突如として『思い出』として噴出することとなる」（一六）という思想継起の仕方があらわれ、また、「ヨーロッパの哲学や思想がしばしば歴史的構造性を解体され、あるいは思想史的前提からきりはなされて部品としてドシドシ取入れられる結果、高度な抽象を経た理論があんがい私達の旧い習俗に根ざした生活感情にアピールしたり、ヨーロッパでは強靭な伝統にたいする必死の抵抗の表現にすぎないものがここではむしろ『常識』的な発想と合致したり、あるいは最新の舶来品が手持ちの思想的ストックにうまくはまりこむ」（一七）といった思想変容のパターンがあらわれるというのである。

　そして、丸山は、こうした日本の思想的過去の構造化の試みをへて、文化接触の契機を日本思想史の方法に導入するという方法上の転換をとげることとなった。

　丸山は、自ら認めているようにマルクス主義の影響のもとで、普遍史的な歴史的発展段階があることを当然の前提として思想史をも考えていた。しかし、「東アジアの諸国が西欧の衝撃を受けて、西欧に向って――自発的から強制的までのさまざまのニュアンスで国を開く」（一八）という意味での「開国」を、東アジア特有の問題として、思想史的に問題とするためには、歴史的発展という縦の線をたどる方法を無意味とはしないまでも、これに横からの急激な文化接触という横の線＝横波という観点を加えることが、どうしても必要だと考えるようになった（一九）のである。

　こうした観点に、アンリ・ベルグソンの「閉じた社会」と「開いた社会」という概念を組みあわせることによって、丸山は、幕末・維新の「開国」（＝「第二開国」）の思想的景観を、歴史的現実の問題とくりかえしあらわれる超歴史的な象徴的問題との二重性においてとらえ、そこに上からの法律革命の下降現象と自由の名による官能性のアナーキーの分裂を見いだすとともに、そこから、敗戦による「第三の開国」の現在的な問題と意味とを自由に汲みとることを求める論文「開国」を著したのである。

　しかし、「開国」における西欧の衝撃としての文化接触への注目は、七世紀の大化改新から律令制度の建設という一大転機をも含む、異質的な、しかもこれまでの日本と比較して非常に高度な文化との接触というヨリ一般的な意味での文化接触の契機を日本思想史の視野に取りいれるという方向で拡大されるとともに(一〇)、東アジア特有の問題から、日本の個体性にかかわる問題へと、さらなる展開をとげていくことになる。それが、文化接触にともなう文化変容の執拗に繰り返されるパターンへの注目、すなわち、「古層＝執拗低音」論への展開なのであった。

丸山によれば、日本は古代から圧倒的に大陸文化の影響にさらされてきたのであり、日本の文化や思想を個々の要素に分解すれば、そこには日本に特有なものは何もないといってもよい。しかし、その個々の要素がある仕方で相互に結びあわされて一つのゲシュタルトをなしている点に着目すると、それがきわめて個性的なものであるということが問題なのだという(一一)。こうして、丸山は、全体構造としての日本精神史における「個体性」を、外来文化の圧倒的な影響と、いわゆる「日本的なもの」の執拗な残存という矛盾した二つの要素の統一として把握し(一二)――ここまでは、すでに「日本の思想」において無構造の「伝統」として把握されていたのだが――そこから、さらに進んで、日本の多少とも体系的な思想や教義を内容的に構成する外来思想が日本に入ってきたときにかなり大幅な「修正」という形で受ける一定の変容のパターンに見られるおどろくほど共通した特徴に着目することとなる(一三)。

丸山は、この文化変容の執拗に繰り返されるパターンをもたらすものを、それ自身としては決してドクトリンとはならないものの、「おどろくべく執拗な持続力を持っていて、外から入って来る体系的な外来思想を変容」させ、いわゆる「日本化」させる契機となる「断片的な発想(一四)」にもとめ、それを「日本神話のなかから明らかに中国的な観念……に基づく考え方やカテゴリーを消去」していき、そこに残るサムシングを抽出するという消去法(一五)によって発見しようとしたのである。そして、ここに「古層＝執拗低音」論が結実することとなる。

丸山は、七二年の「歴史意識の『古層』」で、この「古層＝執拗低音」を抽出する試みを、はじめて体系的に描きだし、世に問うた。この論文で、丸山が歴史意識（あるいはコスモスの意識）の「古層＝執拗低音」として抽出したのは、「つぎつぎ」「なりゆく」「いきほひ」という諸範疇であったが、こうした「諸範疇はどの時代でも歴史的思考の主旋律をなしてはいなかった。むしろ支配的な主旋律として前面に出てきたのは――歴史的思考だけでなく、他の世界像一般についてもそうであるが――儒・仏・老荘など大陸渡来の諸観念であり、また維新以降は西欧世界からの輸入思想であった。ただ、右のような基底範疇は、こうして『つぎつぎ』と摂取された諸観念に微妙な修飾をあたえ、ときには、ほとんどわれわれの意識をこえて、旋律全体のひびきを『日本的』に変容させてしまう。そこに執拗低音としての役割があった（二六）」とされたのだった。

「古層＝執拗低音」の抽出の試みは、まとまった著作としては、歴史意識におけるそれにとどまったが、丸山は、東大法学部での講義や講演等を通じて倫理意識における「キヨキココロ」「アカキココロ（二七）」、政治意識における「まつりごと」（「つかへまつる」に由来する奉仕事としてのそれ（二八））という「古層＝執拗低音」の抽出を行っている。

しかし、ここで問題となるのは、「問題は決して単なる大衆の感覚的解放ではなくして、どこまでも新らしき規範意識をいかに大衆が獲得するかということにかかつている」として、丸山自らが、思想的・実践的に取りくんだ戦後民主主義革命＝「第三の開国」が、幕末・維新の「第二の開国」と同様、結局は、丸山が危惧したとおりに、大衆社会的諸相の急激な蔓延という大衆の感覚的解放＝自由の名による官能性のアナーキーへと帰着したように思われるにもかかわらず、丸山の抽出した「古層＝執拗低音」が、新しき規範意識＝内面的規範の獲得へと向かわせず、自由や民主主義といった西欧世界からの輸入思想と文化を、くりかえし自由という名の官能性のアナーキーへと変容させ、幕末・維新期の「第二の開国」と戦後民主主義革命＝「第三の開国」に挫折をもたらした要因としては、必ずしも明確に提示されているわけではないという点である。

というのは、丸山自身はこの点にストレートに言及することなく、「歴史意識の『古層』」において、「つぎつぎになりゆくいきほひ」という「執拗低音」によって醸しだされた歴史的相対主義の繁茂に有利な土壌が「なりゆき」の流動性と「つぎつぎ」の推移との底知れない泥沼に化し、「すべての歴史主義化された世界意識」が、かえって「非歴史的な、現在の、そのつどの絶対化をよびおこさずにはいないであろう」という現代日本人の歴史意識への深刻な警句を発しているのみだからである。(二九)

したがって、丸山の文化接触と文化変容の思想史への方法論的転換と「古層＝執拗低音」論の展開が、戦後民主主義革命＝「第三の開国」の挫折の要因の究明と来るべき「第四の開国」を期した戦略的意図に基づく思想的・学問的営為であったことを明確に理解するためにも、彼の抽出しようとした「古層＝執拗低音」が、自由をはじめとする西欧世界から輸入された観念を、くりかえし官能性のアナーキーへと変容させ、新しき規範意識＝内面的規範の獲得を阻むことによって、幕末・維新期の「第二の開国」と戦後民主主義革命＝「第三の開国」に挫折をもたらした要因にほかならないことを確認する作業が必要となるであろう。

この点に関しては、すでに、丸山の方法と問題意識を継承しようとする石田雄が、『日本の政治と言葉』(三〇)において、「自由」という観念の近代日本における受容と、その欲望自然主義的なものへの変容を問題として取りあげることを試みており、また、丸山の提起に影響を受けたと思われる京極純一も、その著書『日本の政治』(三一)において、日本人のコスモス＝「意味の宇宙」の分析において、丸山の「古層＝執拗低音」にも通ずる「相即コスモス」という独自の概念を駆使して、戦前戦後を通じてあらわれる日本人の政治意識の問題性をあきらかにしようと試みている。

本章の以下の節では、こうした石田や京極の業績にも学びつつ、丸山の文化接触と文化変容の思想史と「古層＝執拗低音」論を手がかりとして、近代日本における「自由」の観念の受容と変容の問題に、筆者なりの検討を加えてみることとしたい。

第二節　近代日本における「自由」の観念

「自由」は、民主主義とともに、今日の日本でも、政治との関わりであるいはそれ以外の日常的な多くの場面において誰でもが、肯定的な価値を込めて口にする観念の一つである。近代日本において、とりわけ戦後日本において、日本人の政治意識と日常的な生活意識のなかに完全に定着したかにみえる「自由」の観念ではあるが、これが幕末・開国・維新期における西欧世界との大規模な文化接触のなかで、西欧世界から移入されたものであり、決して日本において自生的に形成された観念でないことは自明のことである。こうした異文化から移入された観念が、日本人の意識のなかに受容され定着していく過程で、重大な変容をこうむる可能性に注意を喚起したのは、すでに前節で論じたように、「開国」「歴史意識の『古層』」等の論考を通じて文化接触と文化変容の思想史を提起した丸山眞男だったわけだが、こうした観点からすれば、近代日本において日本人のなかに定着した「自由」の観念が、この文化接触と文化変容の過程で、その原型となった西欧近代の liberty や freedom ないしは liberté という観念とは異なった内容をもつものとなっている可能性があること、しかも、「自由」という観念そのものの問題にとどまらず、これを前提に展開されてきた「人権」等の関連する諸観念にも、この変容が波及している可能性があることに、われわれ日本人はもっと自覚的でなければならないように思われる。

日本語の「自由」と西欧近代の liberty 等との意味のズレについては、すでに、柳父章の『翻訳語成立事情』(三二)や石田雄の『日本の政治と言葉』(三三)などの先行研究があり、そこでは、近代日本の「自由」という言葉が「わがまま」「勝手」といった意味をもちがちであることが指摘されている。彼らは、こうした「自由」の「わがまま」「勝手」

的意味を、西欧近代のliberty等の翻訳語として定着する以前から日本人と日本語のなかに定着していた漢語としての「自由」の意味が翻訳語としての「自由」にすべり込んだものと見なすとともに、福沢諭吉をはじめとする初期の翻訳者たちが、librety等の翻訳語として「自由」という言葉を用いることに慎重であり、これを回避しようとさえしてきたことを明らかにしている。(三四) しかし彼らにしても、後に見るような近代政治思想の歴史を貫く、欲望・権力・自由のトリアーデの文脈のなかに置いてみたとき、こうした意味のズレが彼らの考える以上に大きく本質的だといわねばならぬことに、十分自覚的だったとは思われない。

筆者はすでに拙稿「『欲望』『権力』『自由』の近代思想史」(三五) において、西欧近代におけるlibertyやlibertéの観念が、ホッブズ的なリヴァイアサンの登場と支配を不可避にする欲望する緒個人の「万人と万人との戦い」を回避するための反欲望的な観念として展開してきたことを明らかにしたが、こうした見地からすれば、「わがまま」「勝手」という意味をもつ近代日本の「自由」の観念は、欲望を肯定し、欲望の赴くままに行動することを意味する観念として、反欲望的な西欧近代のlibertyとは、本質的な点において正反対の意味内容をもつものであると見なさなねばならないことになる。

欲望・権力・自由のトリアーデ

資本主義的な近代とは、共同体からの諸個人の解放とともに、共同体から解放された諸個人の欲望の解放によってもたらされた一時代であった。ヘーゲルが述べたように近代の市民社会とはまさに「欲望の体系」であり、「万人に対する万人の個人的私益の闘争場」にほかならなかった。そして、マルクスは、それを、「致富欲と貪欲とが絶対的な情熱として優勢を占める」ような時代として描き出したのであった。資本主義的近代においては、この欲望こそが社会をつき動かしていく原動力となり、欲望が生産を生み、また生産がさらなる欲望を生むという、とどまるところのない拡大のサイクルが創出されたのである。

しかし、同時に、近代という時代が、その当初から、解放された欲望に正面から向き合い、これをなんとかして克服しようとする思想を生みだし、育んできた時代でもあったということを忘れてはならない。それこそがロックとルソーに端を発するlibertyとlibertéの思想の系譜にほかならない。もちろんロックとルソーの思想はある意味できわめて対照的なものであり、むしろ相対立するものですらある。しかし、この二人に端緒をもつlibertyとlibertéの思想は、近代において解放された欲望との対決のなかで生まれ、相互に交錯しながら、近代政治思想の系譜を形作ってきたのである。

さて、欲望・権力・自由をめぐる近代政治思想史の出発点は、もちろん、その「万人の万人に対する闘争」というフレーズによってあまりにも有名な、ホッブズの『リヴァイアサン』に求められなければならないだろう。ホッブズは、人間の自然状態、すなわちその本質的な状態を、欲望をもった本質的に平等な諸個人の間で無限にくりひろげられる「戦争状態」であると考えた。それ故、人びとが、この戦争の状態から抜け出し、平和を得るためには、「すべての人を威圧しておく共通の力」、すなわち、リヴァイアサンという絶対的な主権国家が必要なのだと説いたのである。そして、このリヴァイアサンは、人間の理性の力によって、一つの社会契約として実現されるとしたのである。ホッブズの近代性は、まさに①共同体から解放され、同時にその欲望をも解放した諸個人を論理の出発点に置き、②しかも、その諸個人の本質的な平等性を認めるが故に、際限のない「万人の万人に対する闘争」を自然状態として想定せざるを得なかったということ（もし平等性が前提とされていなければ、「強者の勝利」という帰結しかもたらされないであろうから）であり、さらに、③「戦争状態」を終結させ平和をもたらすものが諸個人の理性にほかならないと構想したことに求められよう。しかし、その論理は、欲望のあるところには、必然的に絶対的・威圧的で、かつ外在的な権力が登場しなければならないとすることで、欲望から権力を導出しようとするものにほかならなかったのである。

欲望がひとたび解放された以上、人びとを外在的に威圧し、その欲望を抑圧する権力の登場と存在は、ホッブズの論じるとおり不可避なものなのであろうか。絶対主義との対決を通じて形成された近代政治思想は、リヴァイアサンという絶対的な権力を正統化する論理から逃れるためにも、欲望の解放という問題と向き合い、それを克服する道を追求しなければならなかったのである。

こうしたリヴァイアサンから逃れる第一の道として展開されたのは、ロックの思想を端緒とするイギリス的なlibertyの系譜であった。それは、「国家からの（諸）自由」の理念として展開したものであり。ここでのlibertyとは、歴史的・漸進的に一つひとつ絶対的な国家から簒奪してきた、国家の介入を許さない市民社会の自立的・自律的・自治的な領域＝個別的なlibertyの集合体を示すものであった。そして、ここで注意すべきなのは、国家の介入を許さない領域が、まさに市民社会の自律＝自己規律、ないしは自治＝自己統治の領域として画されるということである。しかし、自己規律や自己統治の領域の確保を問題とするには、近代社会において解放された諸個人の欲望が自らの手によって制御・規律され得るという前提がなければならない。すなわち、欲望の解放によってもたらされた「万人の万人に対する闘争」を回避するために、リヴァイアサン＝国家という威圧的・外在的な権力を呼び込まずにすますためには、欲望の自己制御・自己規律が不可欠なのである。libertyの本質は、まさにこうした欲望の自己制御と自己規律に求められなければならないのである。

ロックは、こうした自己規律の可能性の根拠を、人間の自然状態における神の法たる理性、すなわち自然法に求めた。それは、「内面化された神」としての近代的理性への信頼を明確に表現するものであった。しかし、こうしたlibertyの自己規律の論理は、ロックのような「神の法」としての自然法に依拠することなく、より世俗的な論理によっても展開され得た。たとえば、アダム・スミスは、それを共感（sympathy）の原理＝共感倫理に求めたのであった。スミスによれば、人間は、人と人との競争と挫折の経験のなかから、お互いの関係を適切に測る適切さの感覚を生みだし、この適切さの感覚を身につけていくなかで、各人のなかに公平なる観察者としての良心、すなわち、「内面の倫理的裁判官」が沈澱していくという。そして、それを可能とするのは、他人の立場に立つ想像力としての共感の原理なのであり、個々人が自分のなかに公平なる観察者をつくるような形で倫理的な内面世界をつくるならば、人びとが自己関心（self-interest）＝利己心によってのみ行動するとしても、人間関係は保たれ、調和ある社会が形成されると論じるのである。スミスの論理は、ロックに比べ世俗的で経験主義的ではある。しかし、そこには、ロックと共通する内面的規範による個々人の欲望の自己制御と自己規律という、イギリス的なlibertyの論理の典型的な展開が表れているといえるであろう。

イギリス的なlibertyが「国家からの自由」であるのに対して、ルソーを典型とするフランス的なlibertéは「国家への自由」、すなわち、民主主義的な国家を構成し、この国家を通じて実現されるものであると一般的にはいわれている。しかし、このlibertéの理念が、それ以前に欲望からの解放、すなわち、「欲望からの自由」を意味していることを忘れてはならない。ルソーは、ホッブズのリヴァイアサンから逃れる道として、ロックのような欲望の自己制御ではなく、欲望そのものからの解放という道を追求することで、libertéの理念を打ち立てたのである。ルソーの『人間不平等起源論』と『社会契約論』とは、自然状態や社会状態の概念の錯綜はあるものの、ひとつの連続した論理を展開したものとして読まれなければならない。そこで、ルソーは、①欲望のまったく存在しない自然状態（『人間不平等起源論』におけるそれ）から、②欲望に駆られた人間によって構成され、権力の存在を不可避とする悪しき社会状態（＝ホッブズの自然状態＝『社会契約論』の自然状態）を経て、③全面譲渡を内容とする社会契約による「共和国（république）」（＝『社会契約論』における社会状態）の形成と、これによる「欲望からの解放」＝liberté の回復という論理を展開しているのである。ルソーは、欲望の存在しない状態を自然状態＝「人間の本質的な存在状態」として理論的に設定することによって、ホッブズの自然状態とリヴァイアサンとを、単なる社会状態にすぎないものへと引き下げる。そして、この社会状態からの離脱を、人間の自然＝本質（nature）の回復として構想したのである。しかし、ルソーの自然状態は、きわめて少数の人間が他人とほとんど出会うこともなく、孤立して生存しているような状態であり、人間の数が増え、ひとたび社会が構成されてしまった以上、まったき自然への回帰はもはや不可能であるといわなければならない。したがって、社会契約による共和国の形成は、個々人が自らの本質を回復するというかたちで成されるのではなく、むしろ、共和国を構成する「市民」が共同の力によって集合的に、欲望に駆られた個々人＝「臣民」を支配し、liberté を強制するものとして構想されざるを得なかったのである。それ故、ルソーが構想する「欲望からの自由」としての libertéは、その実現のためにこそ、「国家への自由・国家による（強制された）自由」とを必要としたのであり、「欲望からの自由」こそが、ルソーの liberté の本質的モメントだったのである。

欲望肯定的観念としての日本的「自由」

これに対して、今日の日本において、「自由」が「わがまま」「勝手」あるいは「ほしいままにすること」「思いのままにすること」という意味を強くもっていることは、あらためて論じるまでもないことであろう。「そんなこと私の自由でしょ！」という言い回しと、「そんなこと私の勝手でしょ！」というそれとが、完全に代替可能なものであることを疑う日本人は皆無だといえよう。

この点については、先に触れた柳父章が、『翻訳語成立事情』において、泥酔して他人（柳田）の門口に寝込んで注意された若い博徒が「自由の権だ」と叫んで居直ったという柳田国男の思い出話[三六]を紹介するとともに、辻弘想の『開化のはなし』に見られるように、当時の開明派の主張した「自由」が「我思う儘をして、他人より故障の謂はれぬもの」という意味であったこと[三七]などを指摘し、明治初期の「自由」という言葉がどのような意味をもっていたのかを明らかにしている。また、石田雄も『日本の政治と言葉』で、中島勝義の『俗夢驚談』における（自分の金なら）「之ヲ登楼散財ニ消ヤソウガ錦衣玉食ニ使ハウガ、世ノ交際サヘ破ラヌ上ハ銘々勝手ノ自由ナリ」という議論や、竹越与三郎の『新日本史（中）』に引用されている「堂々たる華族官員にして娼妓を愛し之を妾とし之を妻とし、放逸の極、故郷辛苦の旧妻を棄つるに至る、実に廉恥地を掃ふ、而も公然と曰く、開化の風、自主自由なる者如此なりと」という事例を紹介して、文明開化期では、多くの人が「自由」を情欲解放の自由と理解していたことを指摘している[三八]。しかし、いうまでもなく、「自由」が「わがまま」あるいは「思いのままにすること」という意味をもつのは、日本近代の初期に限られていたわけではない。

それは、西欧におけるliberty等とは対照的な、次のような今日の日常的な「自由」ないしは「不自由」という言葉の使い方にも表れている。

たとえば、今日よく用いられる西欧的な言い回しに、〝nuclear free〟等というものがあるが、いうまでもなくこれは、「核兵器から自由な」＝「核兵器のない」＝「非核」といった意味である。この場合、freeであるということは「核兵器がない」ことを意味しているのだが、これに対して、日本語で、「お金に不自由している」等という場合、むしろ逆に「不自由」であることが「お金がない」ことを意味してしまう。これは日本語の「自由」に「思いのままにできる」という意味があるからであり、「お金に不自由している」というのは、「思いのままに使えるお金がない」という意味になるのである。いうまでもなく〝nuclear free〟には「核兵器を思いのままにする」という意味は決してあり得ない。

また、これと同様の意味合いから、日本では、視覚等に障害をもつ人のことを「眼の不自由な人」等と表現する。これは「視覚を思いのままにできない」ということを意味するのであろう。これとは対照的に、イギリスの思想史家アイザヤ・バーリンが、その著名なエッセー、Two Concepts of Liberty、のなかで、「強制というのは、しかしながら、不可能性のすべての形態をカバーする言葉ではない。もし私が、……私は盲目なので読むことができないと……いうのであれば、私はその程度まで隷属させられているとか、強制されているとかと述べることは常軌を逸しているであろう。……あなたが人間によってあるゴールに到達することを妨げられたときにのみ、あなたは政治的なlibertyないしはfreedomを欠くのである(三九)」と述べていることは、きわめて興味深い。バーリンの見地からすれば、「眼が不自由だ」という言い回しは、まさに常軌を逸したものにほかならないということになるわけである。

近代日本における「自由」に「わがまま」「勝手」という意味が強く含まれることになった原因として、柳父章と石田雄がともに注目しているのは、西欧のlibertyやliberté等の観念の翻訳語としての「自由」が定着する以前から、日本語のなかに存在していた漢語「自由」の伝統的な意味――「伝来の漢字の『自由』の意味」（柳父）、「伝統的要素」（石田）――の混在という問題である。柳父と石田がともに指摘する『後漢書』（巻二三「五行志」第一三）の「赤眉の賊が自分たちの擁立した天子を小児のように視て『百事自由』に行った(四〇)」という表現に見られるように、漢語の「自由」は、「わがまま、思いのままに振舞う」という意味であった。そして、漢語の「自由」が、こうした意味の言葉として近代以前の日本にも定着していたことは、柳父の指摘する『徒然草』の「世を軽く思ひたるくせものにて、よろず自由にして、おほかた人に従ふといふことなし(四一)」という用例や、石田の指摘する室鳩巣の「安んぞ自由にして悪に流れざるものあらんや……一つの自由は凶人となるの端なり、一つの不自由は吉人となるの端なり、戒めざるべけんや(四二)」という用例に見られるとおりである。彼らが指摘するように、こうした伝統的な漢語としての意味をもった「自由」が、西欧のliberty等の翻訳語として選択され、定着することとなったのであり、両者の意味が「自由」という言葉のなかに混在することとなってしまったのである。

もっとも、こうした漢語の「自由」とliberty等との意味のズレと、翻訳語としての「自由」の不適切さは、福沢諭吉をはじめ近代初期の翻訳者たちには自覚されていたのであり、柳父が指摘するように、福沢諭吉、西周、津田真一郎、加藤弘之そして中村正直らは、自主・自在・不羈・寛弘等の様々な訳語を用いて「自由」という翻訳語の使用を回避しようとしていたし、(四三)さらに、柳父と石田の両者がともに注目しているように、「自由」という訳語が選択された場合にも、福沢の『西洋事情』に見られるように、「本文、自主任意、自由の字は、我儘放蕩にて国法も恐れずとの義に非らず。総て其国に居り人と交て気兼ね遠慮なく自力丈存分のことをなすべしとの趣意なり。英語に之を『フリードム』又は『リベルチ』と云ふ。未だ的当の訳字あらず(四四)」等の注記が附されていたのである。

しかし問題なのは、それにもかかわらず、反欲望的な理念としてのliberty等とは本質的に正反対の意味をもつ漢語の「自由」が、liberty等の翻訳語として最終的に定着してしまったという事実であり、なぜそうなってしまったのかということであろう。それは、柳父が述べるような「いかにも翻訳語らしいことばが定着する、ということである。翻訳語とは、母国語の文脈の中へ立入ってきた異質の素姓の、異質な意味のことばである。異質なことばには、必ずどこか分からないところがある。語感がどこかずれている。そういうことばは、逆に、分からないまま、ずれたままであった方がむしろよい。母国語にとけこんでしまっては、かえってつごうが悪いこともある。……人々が意識的にそう選ぶのではなく、いわば日本語という一つの言語構造が、自ずからそう働いているのである(四五)」という説明では、やはり説得力に欠けるように思われる。

筆者はこの点については、むしろ丸山眞男のいう「古層＝執拗低音」とも関わる問題、すなわち、文化接触によって受容した外来の反欲望的な思想や観念を、欲望肯定的な——もしくは、欲望自然主義的な——観念に変容させてしまう、日本の思想史における文化変容の歴史貫通的な一つのパターンの問題、ないしは、日本文化におけるある種の磁場の問題として考察されるべきなのではないかと考えている。というのは、反欲望的な思想や観念の欲望肯定的なものへの文化変容は、べつに「自由」に始まったことではないのではないかと思われるからである。

欲望肯定的変容の日本思想史

文化接触によって受容された外来の反欲望的な思想や観念が、欲望肯定的なものへと変容されてしまうという事例は、日本思想史のなかに数多く見いだすことができる。たとえば、丸山眞男が「歴史意識の『古層』」で注目している『万葉集』のなかの以下のような歌も、そうした事例に数え上げることができよう。

生ける者つひにも死ぬるものにあれば今の世なる間は楽しくをあらな
今の代にし楽しくあらば来む生には虫にも鳥にもわれはなりなむ(四六)

これらは、古代日本における仏教的な無常観と輪廻観の受容と変容を示すものである。いうまでもなく、仏教の無常観と輪廻観は、際限のない輪廻転生の有限なひとこまにすぎない現世の儚なさを強調し、こうした儚ない現世での欲望の虚しさを説くことによって、現世の欲望を断つ正しい生き方(八正道)の実践を薦める教えであった。もちろんそれは、来世での救済――無限の輪廻からの解脱であろうと、極楽浄土への往生であろうと――を求めるからにほかならない。すなわち、それは、来世の救済を求め、現世の欲望を否定する反欲望的な思想だったはずである。しかし、これらの「万葉」の歌に見られる「無常観」と「輪廻観」は、仏教本来のそれとは、まさに正反対のものへと変容しているといわなければならないのである。来世においては虫にも鳥にもなればなれ、現世さえ楽しくあればということの観念は、丸山がいうような日本人の歴史意識における無条件の現世肯定＝イマココ主義の傾向の表れであるとともに、反欲望的な外来の観念の欲望肯定的観念への変容のあり方をよく示す事例だと見なしうるのである。

本来、反欲望的な思想であったはずの仏教が、その反欲望的本質を希薄化する方向に変容されることによって、はじめて日本社会に定着し得たということは、中世日本における仏教の浄土教への変容を見ても明らかであろう。もともと本来の仏教の教えは、現世における生病老死、愛別離、怨憎会、求不得といった「苦」からの解放をめざすものであった。仏教は、こうした「苦」を欲愛、有愛、無有愛などの欲望＝煩悩から生じるものと見なし、それ故、「苦」からの解放は煩悩の滅却、すなわち「欲望からの解放」によってこそ実現できると教え、これを可能にするための「正しい生き方」＝八正道の実践を説いたのであった。もっとも、中国大陸を経て古代日本に伝来した仏教は、すでに大乗仏教化したものであり、輪廻観を前提として、現世における八正道の実践と来世における救済を結びつけるとともに、衆生の救済を援助する諸菩薩への信仰を伴うものとなっていたが、にもかかわらず、大乗仏教にしても、現世における八正道の実践の教えこそが、仏教の本質的な内容をなしていた点では変わりがなかったのである。しかし、中世以降の日本において、最も広く普及し定着した浄土教は、八正道の実践という自力救済を徹底的に否定（絶対他力）し、阿弥陀如来への帰依（念仏）による無条件の救済の信仰を柱とするものであり、さらには、「悪人正機」をさえ唱えるものだったのである。もちろん、阿弥陀如来への絶対的な帰依という信仰が、一向宗に見られるような現世の世俗的な権威や権力の凄烈な否定という帰結を伴ったということを忘れてはならないが、浄土教が反欲望的思想としての仏教の本質的要素を変容させたものであったことは疑うべくもないであろう。

さらに、同様の変容は、近世日本における儒学の展開においても見いだすことができる。たとえば、丸山眞男が『日本政治思想史研究』で描き出した荻生徂徠による「朱子学」の解体過程は、そこで論じられた「近代的思惟」(=作為の論理)の「前期的」な展開というよりも、むしろ、この変容を示すものだったのではないかと、筆者には思われるのである。丸山によれば、荻生徂徠は、①自然法則(=天理)と社会規範(=道理)との無媒介的連続性、②道理における個人道徳(=修身斉家)と政治倫理(=治国平天下)との無媒介的連続性、③理に基づく厳格主義(リゴリズム)を特徴とする朱子学の思想体系を、天理と道の切断と、道の政道への純化とによって解体したとされる。そして、天理から切断されるとともに、「聖人たる先王の治国平天下の道」=政道として公的=政治的なものへと昇華された道は、個人道徳に立ち入ることのないものとして外在化されたというのである。同時に、こうした道の外在化は、丸山の論ずる通り、私的内面生活の朱子学的リゴリズムからの解放を意味するのであり、これが、一切の規範なきところに道を見いだし、自然的性情を肯定する宣長学へと転倒的に継承されることになる。しかし、丸山が描き出したこの朱子学の解体過程は、そのまま、反欲望的で厳格主義的な朱子学の日本化された儒教として徂徠学への、欲望肯定的な方向への変容として理解することも可能なのである。

このように見てきたとき、西欧から受容されたliberty等の観念が、その反欲望的な本質とは正反対の欲望肯定的な観念としての「自由」へと変容したことは、日本思想史においては、ある意味では、きわめて当然の展開だったのではないかとさえ思われてくる。だとすれば、次の問題は、なぜこのような共通の方向での変容が繰り返しもたらされるのかということであろう。

こうした問題を考える上で、あらためて注目すべき議論は、いうまでもなく、丸山眞男の「古層＝執拗低音」論であろう。『日本の思想』と「開国」によって文化接触と文化変容の思想史の方法を提起した丸山は、それに引きつづいて、日本の多少とも体系的な思想や教義を内容的に構成する外来思想が日本に入ってきたときに、かなり大幅な「修正」という形で受ける一定の変容のパターンに見られる共通した特徴に着目し、この執拗に繰返されるパターンをもたらすものを、それ自身としては決してドクトリンとはならないものの、おどろくべく執拗な持続力を持っていて、外から入って来る体系的な外来思想を変容させ、いわゆる「日本化」させる契機となる断片的な発想に求めたのである。こうして、丸山は、「歴史意識の『古層』」において、歴史意識（あるいはコスモスの意識）の「古層＝執拗低音」として「つぎつぎ」「なりゆく」「いきほひ」という諸範疇を抽出したのだった。

丸山は、この「つぎつぎになりゆくいきほひ」という歴史意識（あるいはコスモスの意識）の「古層＝執拗低音」によって醸しだされた歴史的相対主義の繁茂に有利な土壌が、「なりゆき」の流動性と「つぎつぎ」の推移との底知れない泥沼に化し、非歴史的な現在の、そのつどの絶対化をよびおこすという日本人の歴史意識の問題性を指摘するのだが、こうした問題性が、先に見た「万葉歌」における無常観・輪廻観の変容にも表れていたことは明らかである。しかも、それが同時に、反欲望的な無常観・輪廻観の欲望肯定的なそれへの変容ともなっていたことを考えれば、liberty 等の欲望肯定的な「自由」への変容もまた、こうした歴史意識＝コスモスの意識の「古層＝執拗低音」と関わるものであったと考えることができるようにも思われるのである。

この点に関しては、文化接触と文化変容の思想史という方法の継承者である石田雄が、『日本の政治と言葉』において、「日本で古代から続いているアニミズム的な生成信仰の伝統」＝『生成のアニミズム的信仰』について論じていることに注目することも必要であろう。石田によれば、「生成信仰という伝統的要素には、現状肯定によって規範主義を批判するという一貫した性格がある[四七]」とされる。そして、それが一方では、加藤弘之の『強者の権利の競争』や黒岩涙香の「余が信ずるエネルギズム」に見られるように、西欧の社会進化論と結びつき、『天賦ノ自由』という規範主義的観念を『妄想』と批判することによって現状肯定の立場を示[四八]」すとともに、他方では、「人欲もまた天理ならずや」（『直毘霊』）という国学的思惟の伝統の上に、「人欲」の解放の自由として「自由」を理解して、「欲望自然主義という現実肯定の態度を示す[四九]」のだとされ、欲望自然主義的な「自由」とその敵対者である筈の日本の「社会進化論」とは、「共通の要素を持っており、その意味では両者は連続的でさえあった[五〇]」とされるのである。

このように、反欲望的観念としてのliberty等の欲望肯定的な「自由」への変容は、丸山のいう「古層＝執拗低音」ないしは石田のいう「生成へのアニミズム的信仰」との関わりで考察すべき問題なのであり、単に漢語の「自由」の意味の滑り込みと混在という問題として理解されるべきものではないのである。

欲望・自然・自由——欲望自然主義的自由

欲望肯定的な日本的「自由」の観念が、丸山のいう「古層＝執拗低音」ないしは石田のいう「生成のアニミズム的信仰」による変容を被ったものだとすれば、その意味的構造はどのようなものなのであろうか。それを考える上では、京極純一が『日本の政治』で展開している「相即コスモス」論が参考になるであろう。

京極は、日本人の意味の宇宙＝コスモスを「集合体コスモス」と「相即コスモス」とに求め、丸山の「古層＝執拗低音」や石田の「生成のアニミズム的信仰」とも通底すると思われる「相即コスモス」を、「生命、生命力、宇宙に遍満する永遠の大生命などの名前で引照される」「永遠の存在者、個別、具体の事象、事物すべてと相即不二である実在」を主宰者とするコスモスであるとする。そして、こうした「宇宙の大生命は、文字通り、イノチ（生命）、生命力、ムスヒ（産霊）であり、したがって、若さ、元気（霊力）であり、また、イキオイ（勢い）、エネルギーである」とし、「森羅万象に生命力が宿っている、という意味で、実在は個別の現象に内在する」という。さらに、「現世における生命の充溢（元気一杯）が相即コスモスにおける万物の本来像である」とし、そこでは、万象は潜在する生命力の表面化、顕現であり、成長のモデルでいえば「成る」ものであり、顕現の経過はナリユキ（成行き）であって、「個々の具体的な事象、事物ないし事実は、そのまま、生命力（霊力）の自己展開であり、それが起きたという事実性によって、自己を正統化する」というのである。[五一] したがって、こうした「実在の充溢する現象界に悪は、本来、ありえず、人間も原罪以前」であって、「嬰児、乳児、幼児、子供が、人間の原罪以前の本来像と措定され、純粋、無邪気がその属性と措定され、この措定に対する一切の疑問が禁止される」のである。[五二]

ところで、ここで重要なのは、こうした「相即コスモス」のもとでは、「自由」とは——一方では、真言密教における「即身成仏」が実在を現成した自由な主体となる密儀であるように、形而上的実在を「現成」した主体となることを意味するものの——何よりも「宇宙の大生命が現成した自由を、善悪以前、原罪以前のまま、世俗化」する「桃太郎主義」的な天真爛漫の暴れん坊の「自由奔放」を意味するという点である。[五三] すなわち、

相即コスモスにおける人間の本来像は、宇宙の大生命の充溢した、元気一杯の人間である。この人間像の卑俗な表現が「人間万事、色と欲」である。したがって、自然の生命と一体となり、情動、衝動ないし欲求を際限なく、また、禁欲と自己抑制なく、自由奔放に、快楽主義の方向で、充足することが、人間の「自然の姿」として肯定され、また行動基準として指令される。他面で、禁欲を課する戒律は、「窮屈」で「非人間

的な」禁令として、否定され、拒否され、さらに嘲罵される。そして、自由は、外部からの干渉に対する個人自治の防衛擁護ではなく、「好き勝手」「したい放題」に欲求充足のできる無制限、無抑制を意味する。(五四)

要するに、日本における「自由」とは、――即身成仏的自由を別とすれば――自己の存在とその存在の内から湧き出してくる欲望を宇宙の大生命(=自然)の生命力(=「ヒ」=「ムスヒ」の「ヒ」、「タマシヒ」の「ヒ」、「イキホヒ」の「ヒ」)=元気の顕現として、それを善悪以前のままに肯定し、子供のような純粋さと無邪気さを貫いて、天真爛漫・自由奔放に行動することにほかならないということである。こうした意味で、欲望肯定的な「自由」のあり方を、欲望自然主義的自由と呼ぶことができるであろう。日本的「自由」とは、こうした欲望自然主義的自由だったのである。そして、この「自由」は、liberty のような国家という権力からの解放でも、liberté のような欲望からの解放でもなく、後にのべる和合秩序(=共同体的な和と同調の秩序、京極純一のいう「集合体コスモス」)のタテマエの世界(=世間)とホンネの世界(=「人間万事、色と欲」)との使い分け(堅気のオトナの生き方)から、ホンネの世界を解放することにほかならなかったのである。

日本的「自由」と和合秩序との関係については、後に述べるとして、こうした欲望自然主義的自由の展開とのかかわりで、もうひとつ論じておきたい問題がある。それは、「天賦ノ自由」という観念についてである。

「自由」が天賦のものである、あるいは「自由」は天性であるという観念は、植木枝盛の『天賦人権弁』や馬場辰猪の『天賦人権論』等の名を挙げるまでもなく、自由民権期のとりわけ自由党系の「自由」論において大きな位置をしめた観念である。「天賦ノ自由」の観念は、たとえば、「東洋自由新聞創起趣意書」における「自由ハ人ノ天性ナリ自由ヲ保ツハ人ノ大道ナリ然ルニ人為ノ権力ハ動モスレバ天賦ノ自由ヲ抑制シ……其危殆ナルコト実ニ薄氷ヲ踏ムガ如シ」(五五)という議論に典型的に見られるものであるが、これは、「自由」の観念の正当性を主張するために、儒教とりわけ朱子学の伝統のなかにあった天という観念を援用したものであり、「福沢が『天は人の上に人を造らず』という形で西欧近代自然法思想の基礎にある神の観念を天によみかえたのと同じように、自由の観念を『天』という伝統的理念と結びつけ、これに思想的正当性を与える役割を果たした」[五六]とされる。この場合の天とは、儒教とりわけ朱子学のなかにある普遍主義的規範の要素なのであり、liberty 等がもつ規範的要素をこれに接合しようとしたわけである。そして、そうであるからこそ、「天賦ノ自由」の観念は、先に見たように現状肯定によって規範主義を批判するという一貫した性格をもつ「生成のアニミズム的信仰」と結びついた加藤弘之らの「社会進化論」者たちによって批判にさらされたのである。

この「天賦ノ自由」という観念について、石田は、「このように単数の『リベルテー』の理念を儒教的規範主義と結びつける形で『自由』を摂取するというしかたには問題がなかったわけではない」として、①「自由ノ大義」への献身を主張する自由民権運動の中に、複数の市民的諸自由への配慮に欠ける傾向が生まれたことと、②目標価値としての「自由」という抽象観念の内容が何であるかということを決める手続きへの敏感性が失われたため、「自由」とよばれる「大義」への献身が、ただその心情的純粋さだけが尊重されて、容易に他の方向に転移、利用される危険性があったことを指摘している[五七]。しかし、この「天賦ノ自由」という観念には、欲望自然主義的自由との関係で、石田の看過しているもう一つの問題が胚胎されていたのではないかと、筆者には思われるのである。

それは神ならぬ天は、その儒教的・朱子学的規範性が希薄化されれば、ただちに自然そのものになってしまうという点である。この場合、近代西欧自然法における nature が、単なる天然自然を意味するものではなく、本質という意味を併せもっているのとは対照的に、自然なる天は、純粋に天然自然を意味し、それは、京極のいう「相即コスモス」の宇宙の大生命という実在と容易に同一化されかねないものであったということに注目しなければならないだろう。そこでは、まさに「人欲もまた天理ならずや」(『直毘霊』)という論理がはたらくのであり、天=自然の与えた「自由」とは、「宇宙の大生命の充溢した、元気一杯の人間」が、「自然の生命と一体となり、情動、衝動ないし欲求を際限なく、また、禁欲と自己抑制なく、自由奔放に、快楽主義の方向で、充足すること」を人間の「自然の姿」として肯定するものへと容易に変容する危険性を胎胚していたといわなければならないのである。

松沢弘陽は、「天賦人権論」が「日本の歴史においてまったく新しい思想」であったことを強調し、つぎのように述べている。

それは、すべての人間がひとしく、知性や良心、さらに「情欲」、「私欲」といったことばで表現される情念や欲望の主体であるという、人間観から出発する。人間の情念や欲望も知性や良心とおなじように、人間が天によって「生じる」に当って、天から賦与された。これら全ての働きを満たして「快楽」をえ、幸福を実現するのが、「天」が人間に定めた生存の目的である。だから心身を自由に働かせ、快楽・幸福を追求するのは、「天」に賦与された人々の権利であり、国家の法や人間と人間の間の強弱貧富といった、事実関係を超越しているのである。これは、人間の情念や欲望や「私」の正当性を認めなかった、封建体制のイデオロギーを根底からくつがえすものであった。(五八)

しかし、こうした「天賦ノ自由」という観念への評価は、なかば正しく、なかば誤ったものだといえるだろう。それは、「天賦ノ自由」が、まさに人間の情念や欲望を「天賦」のものと主張したという意味においては、確かに正しい。しかし、そのような人間の情念や欲望の肯定が、封建体制のイデオロギーを根底からくつがえすものであったかどうかは、大いに疑問とせざるをえない。この点については、次の項で論じることになるだろう。

しかし、同時代人にして改進党の理論的指導者であった小野梓が、「権理自由ニ二類アリ、第一類ヲ天性上の権理自由ト云ヒ第二類ヲ交際上ノ権理自由ト云フ」と述べ、「天性上ノ権理自由」を「人々禀性ノ始メ之ヲ天ニ受ケタル本質ノ素ヲ存シ未ダ潤色琢磨ヲ加エザル者ヲ云ヒ今若シ之ヲ以テ一身ヲ処セバ百物皆我ガ意ニ任セテ制スル所ナク素ヨリ他人ノ如何ヲ顧ミズシテ可也」という性格をもつものとして拒絶して、「吾人ノ熱心之ヲ欲スル所ノ権理自由ハ所謂交際上ノ権理自由ニシテ能ク之ヲ保全スル者ハ通義也」と論じていたことの意味は、「天賦ノ自由」という観念のこうした問題性を正しく指摘したものとしてこそ、銘記されなければならないのであろう。(五九)

「自由」と秩序――欲望自然主義的自由と和合秩序

すでに述べたように、西欧のliberty等の観念は、資本主義的近代がもたらす欲望の解放に直面した近代西欧社会において、欲望の解放が招くであろうホッブズ的な自然状態（＝「万人と万人との戦争」）と絶対的な国家権力（＝リヴァイアサン）の支配を回避しようとする思想と観念として展開したのであった。しかし、近代日本における欲望自然主義的自由は、むしろ、日本社会における資本主義的近代の展開と欲望の解放に直接に対応するものにほかならなかったのであり、近代日本におけるホッブズ的自然状態の展開を直接に表現する観念だったのである。

丸山眞男はその論文「開国」において、幕末・維新期における「第二の開国」の展開過程を、上からの法律革命の下降現象と、それとは相対的に切断された自由の名による官能性のアナーキーの分裂的な展開過程として描き出したが、それはそのまま、欲望の自己制御・自己規律（ロック的liberty）ないしは「欲望からの解放」を強制する民主主義的国家（ルソー的liberté）という要素を欠いた、近代日本におけるホッブズ的自然状態とリヴァイアサンの展開過程とも見なしうるものだったのである。

したがって、近代日本における欲望自然主義的自由は、無媒介的に資本主義的近代と結びつき、資本主義経済は、「自由経済」ないしは「自由主義的経済」と無条件的に等置されたが、それは、アダム・スミス的な共感倫理に支えられたものではなく、まさに「ルールなき資本主義」を意味するものとなったのである。そして、こうした欲望自然主義的自由によるホッブズ的自然状態ないしは、自由の名による官能性のアナーキーこそが、最終的には、一五年戦争期にクライマックスに達する「日本型リヴァイアサン」としての超国家主義の展開を不可避なものとしたことはいうまでもないように思われる。ホッブズ的リヴァイアサンと「日本型リヴァイアサン」としての超国家主義が、丸山眞男が論じるように、前者が諸個人の内面に立ち入らない中立国家であったのに対し、後者がその内面を直接的に掌握しようとしたという点で、決定的に異なったものであったとしてもである。

丸山が解明したように、日本の超国家主義は、万邦無比の「国体」それ自身が真・善・美という内容的価値の実体であることを主張する「国体の原理」を振りかざし、諸個人の主観的内面性を全面的に否定して、私事＝「悪」、「滅私奉公」の論理によって「自由」を完全に圧殺しようとするものであったが、「日本型リヴァイアサン」としての超国家主義の展開がこのように特種なものとならざるを得なかったのは、近代日本における「自由」が欲望自然主義的自由であったということと無関係ではあり得ないように思われる。さらに、表面的には圧殺されたはずの「自由」が、その裏面における国家への私事の無制限の滲入、すなわち、「上官の命令は朕の命令」とするような、（原理的に「悪」を為し得ないとされる）国家の名による（「悪」たるべき）私事の無制限の追求によって、事実上は保障され、全体としては、抑圧移譲による精神的均衡が確保されていたという超国家主義の病理もまた、欲望自然主義的自由の病理的な展開過程としてこそ理解されるべきであるように思われる。

さらには、超国家主義の展開に抵抗しようとしたデモクラット達もまた、「自由」の観念に依拠し得なかったという点にも、欲望自然主義的自由の特徴が求められよう。

たとえば、筆者が拙稿「倫理的主体性の政治像—大山郁男の政治思想についての一考察—」(六〇)で取り上げた大山郁男の「現代のデモクラシーの要求は全く参政権行使上の機会均等主義に外ならずして、絶対的に社会生活の各方面に自由を確立しようとしてゐるのではない」(六一)という言明に見られるように、大正期から昭和初期に活躍したデモクラット達は、総じて「自由」という観念に冷淡であったが、それは、近代日本における「自由」が欲望自然主義的自由にほかならなかったからであろう。

先に見たように、松沢弘陽は、「天賦ノ人権」という観念をもって、人間の情念や欲望や「私」の正当性を認めなかった封建体制のイデオロギーを根底からくつがえすものと評価したが、こうした評価は、近代日本における「自由」の観念の欲望自然主義的自由としての展開がもった問題性に対して、きわめて過小な評価を下したものだと見なさざるを得ないといえよう。

しかし、「日本型リヴァイアサン」としての超国家主義が猛威を振るったのは、近代日本の一時期にすぎない。とりわけ戦後日本においては、もはや超国家主義は完全に解体されてしまっている。そして、「自由」という観念は、欲望自然主義的自由という性格を維持したまま、今日の日本社会にこれまでになく深く定着しているといってよいだろう。にもかかわらず、現代日本においては、ホッブズ的自然状態がむき出しで展開しているわけではなく、むしろ、世界でも例外的に秩序だった社会が展開しているのは何故なのかという疑問が生ずるであろう。

筆者は、実態的には、今日の日本社会の支配的秩序が、強大な国家権力による秩序でも、諸個人の自己規律による秩序でもなく、日本社会における「支配の原基形態」としての企業が形成する秩序によって維持されているとする渡辺治らの議論(六二)を支持するものであるが、戦後の日本における欲望自然主義的自由の定着とのかかわりでは、企業における競争原理の展開を「企業支配」確立の中心に置く彼らの議論が過小に評価する和合秩序の根深い残存と再生産に、より大きな比重が見いだされるべきなのではないかと考えている。なぜなら、競争原理とは、「自由な競争」という欲望自然主義的自由の表現形態の一つにほかならず、これのみでは、必ずしも秩序原理にはなり得ないのであって、何らかの別の秩序、すなわち、和合秩序によって補完されなければならないからである。

和合秩序は、血縁共同体（イエ）や地縁共同体（ムラ）でかつて展開し、こうした共同体が解体した後も、「ウチの会社」等と意識される企業や学校等、日本社会において擬似共同体として形成されたさまざまな社会集団のなかに再生産されつづけている秩序原理である。それは、京極純一によって「集合体コスモス」とも呼ばれており、神島二郎の『近代日本の精神構造』（六三）においては、①神道主義②長老主義③家族主義④身分主義⑤排外主義という要素から構成されるとされたものである。

和合秩序は、現在の「平成不況」下のリストラの嵐のなかで急速に解体しつつあるものの、これまで終身雇用制と年功序列制という特種な制度を維持してきた日本の企業に見られるような、①閉鎖的・非流動的で、②垂直的な（上下関係を内包した）社会集団のなかで展開する秩序であり、上から下への慈愛と下から上への敬愛という「愛」の交換関係を含む上下の分を、それぞれの構成員がわきまえることを通じて維持・再生産される秩序である。この和合秩序は、こうした分がわきまえられる限り、あたたかく、やさしい秩序であるが、ミウチとヨソモノに対する二重規範をとることで、異分子や和を乱す者を、激しく排除し、制裁しようとする秩序でもある。共産党員等に対する日本企業の激しい排除行動や旧国鉄における人材活用センター、さらには学校におけるシカトやイジメは、こうした和合秩序の排外主義の表れであるといえよう。

こうした和合秩序は、本来、資本主義的近代の展開にともなう、血縁共同体と地縁共同体の崩壊によって解体されるはずのものである。日本においても、とりわけ戦後の高度経済成長期に、イエやムラという伝統的な共同体が最終的に解体されたことは疑いもない。しかし、にもかかわらず、まさに資本主義的近代の基礎組織ともいうべき企業において、むしろ典型的な和合秩序が維持・再生産されてきたということに、近代日本社会の重大な特徴が現れているのではないかと、筆者には思われるのである。

そして、これこそが、西欧近代から移入されたliberty等の観念の欲望自然主義的自由というそれへの変容が今日の日本社会にもたらした、重大な帰結にほかならなかったのである。

第三節　グロバリゼーションのなかで

次章で詳細に論ずるように、丸山の「古層＝執拗低音」論は、近代＝モダンなるものへのスタンスの違いや、非連続的なるものではなく、むしろ連続的なるものへと関心を集中するという相違点にもかかわらず、自文化における無意識的構造の自覚化と、それを通じての構造の克服ないしは構造からの解放を志向するという点で、ミシェル・フーコーやジル・ドゥルーズらによって展開されたポスト構造主義の議論と合い通ずるものであるとさえいうことができる。

そして、それは、西欧近代におけるポスト構造主義の思想的営為に対するカウンター・パートを、日本や東アジアをはじめとする非西欧世界において構成しようとするひとつの試みとして位置づけることもできよう。

そうであるがゆえに、丸山＝「近代主義」者というステロタイプ的批判のあいもかわらぬ横行の一方で、ポスト・モダニストを以て自ら任ずるであろう日本のドゥルーズ研究者の間からも、丸山はつぎのような注目さえうけているのである。

丸山真男は、……ドゥルーズの「地層学」に類似する観点から、歴史意識の「古層」あるいは「執拗低音」を記紀神話に遡って抽出した。外来思想の主旋律を変容・修正してしまう執拗低音の研究は、私たちを無意識の裡に拘束しているものを対象化することによって足元をすくわれないようにするために是非ともやらなければならない作業である。とりわけ「つぎつぎとなりゆくいきほひ」として定式化された歴史意識の「古層」は、一見するとドゥルーズ哲学のある面に似通っているだけになおさらである。……欧米の文脈では異端であるドゥルーズ哲学は、日本の文脈では「日本的なもの」の古層と共鳴する面があるというべきであろうか。……けれども、欧米に支配的な超越論的文脈から脱出するために引き合いに出された「東洋的なもの」と、日本の文脈での「東洋的なもの」は意味も機能も異なる。日本の思想の「地層学的分析」は、丸山真男の仕事を受け継いで、是非試みられる必要がある。(六四)

われわれは、ステロタイプ化した「近代主義」批判に安住することなく、むしろ、丸山の学問的・思想的営為、とりわけ、その最終的な到達点としての「古層＝執拗低音」論と文化接触と文化変容の思想史に真摯に向き合い、そこから多くを学ぶべきなのではないだろうか。本章第二節での「自由」の観念をめぐる筆者の作業は、そのための筆者なりのささやかな試みであった。

とりわけ、急速なグローバリゼーションの進行とその中におけるナショナルなものの意義の問い直しという今日的な課題にとって、丸山の文化接触と文化変容の思想史という方法と、無意識的構造としての「古層＝執拗低音」の自覚化の試みは、ますます重要な意義をもちつつあるようにも思われる。

一方における資本のトランスナショナリゼーションの劇的な展開と、他方における地球環境問題や人口爆発問題に代表される全人類的な危機の深化によって進展する今日のグローバリゼーションは、全地球規模で巨大な文化接触と文化変容の展開をもたらしつつあり、日本にたいしても、いわば「第四の開国」をせまるものとなろうとしている。

もちろん、そこでは、国民国家とナショナリティーという従来の近代的な枠組み自体が問い直され、その衰退と黄昏こそが問題となろうとしているのであり、その一方で、エスニシティーや宗教的意識にかかわる諸問題が、最悪の場合にはあらたな紛争や流血の要因として立ち現れることも含めたかたちで、大きく浮上しはじめている。

こうしたなかで、日本における一部のポスト・モダニストたちは、そのステロタイプ的「近代主義」批判の見地から、丸山の問題とした「日本的なるもの」としての「古層＝執拗低音」を、もっぱらナショナリティーの問題にのみかかわるものだとすることで、これをすでに時代遅れとなった議論であるかのように描きだしてみせることだろう。

しかし、丸山が問題とした「日本的なるもの」とは、ナショナリティーの問題ではなく、むしろエスニシティーの問題にこそかかわるものなのではなかっただろうか。この「古層＝執拗低音」こそが、健全な国民国家の建設を追求した福沢諭吉らの思想的営為を無に帰し、日本にナショナルなものではなく、むしろかの超国家主義を結実させたのではなかったのか。

今日のグロバリゼーションの進行のもとにおける思想的・実践的課題は、たしかに、もはや西欧近代的な意味でのナショナルなものの確立などではありえまい。それは、むしろ、ポスト・モダニストたちがめざした西欧における西欧近代的なるものの克服と、丸山が求めつづけた非西欧世界における（「日本的なもの」をはじめとする）非西欧的なるものの克服とを、ともに追求することによって、巨大な文化接触の展開のなかで、真に「開かれた社会」を創出していくことなのではないだろうか。

そして、そうであるとすれば、丸山の文化接触と文化変容の思想史は、「第四の開国」を迎えようとしているわれわれ日本人が、それを言葉の真の意味での「開国」として、「開かれた社会」を創出するという課題に再挑戦するための思想的・学問的な準拠点をあたえるものであるというだけでなく、同時に、非西欧世界全体にとっても、自文化の無意識的構造の自覚化によって、グローバリゼーションのなかで展開する文化接触と文化変容に主体的にかかわり、それを自らの自由な選択と行動の問題となすことを可能とする共通の礎石となるのではないかとさえ思われるのである。

【註】

（一）丸山『現代政治の思想と行動』、三五一頁。『集』③、一四四頁。
（二）平和問題談話会に関しては、雑誌『世界』岩波書店、一九八五年七月臨時増刊号を参照。
（三）丸山『戦中と戦後の間』、一八八頁。『集』③、三頁。
（四）久野・鶴見・藤田前掲書、一五四頁。
（五）丸山『戦中と戦後の間』、三三一頁。『集』①、三一頁。
（六）雑誌『図書』岩波書店、一九九五年七月号。
（七）丸山『現代政治の思想と行動』、五七四—五七五頁。『集』⑨、一七三頁。
（八）同『戦中と戦後の間』、二三四—二三五頁。『集』④、八一頁。
（九）同『忠誠と反逆』一八七頁、一八九頁。『集』⑧、七五頁、七八頁。
（一〇）同『日本の思想』、五二—六二頁。『集』⑦、二三三—二四一頁。
（一一）同『戦中と戦後の間』、三〇五頁。『集』③、一六一頁。
（一二）この音楽用語の比喩について、丸山は、武田清子編『日本文化のかくれた形』、岩波書店、一九八四年、一四七—一四八頁、『集』⑪、一五二頁、で「低音部に一定の旋律をもった楽句が執拗に登場して、上・中声部と一緒にひびくのです。一つの音型なのですけれども、必ずしも主旋律ではないのです。……ただ、低音部にバッソ・オスティナートがあると、主旋律に和声がつくだけの場合とは、音楽全体の進行がちがって来る」という説明をしている。
（一三）丸山『日本の思想』、一七六頁。『集』⑧、四一頁。
（一四）同前、一八七頁。『集』⑨、一一四—一一五頁。
（一五）同前、一八七頁。『集』⑨、一一四頁。

（一六）同前、一二頁。『集』⑦、一九九―二〇〇頁。

（一七）同前、一四頁。『集』⑦、二〇一頁。

（一八）武田編前掲書、一〇八頁。『集』⑫、一二二頁。

（一九）同前、一一〇頁。『集』⑫、一二三頁。

（二〇）同前、一一二頁。『集』⑫、一二四―一二五頁。

（二一）同前、一二七―一二八頁。『集』⑫、一三七頁。

（二二）同前、一二九―一三〇頁。『集』⑫、一三八頁。

（二三）同前、一三九頁。『集』⑫、一四六頁。

（二四）同前、一四三頁。『集』⑫、一四九頁。

（二五）同前、一四一頁。『集』⑫、一四七頁。

（二六）同『忠誠と反逆』、三三四頁。『集』⑩、四五頁。

（二七）倫理意識の「古層＝執拗低音」については、論文「歴史意識の『古層』」に一言だけ触れられており（『忠誠と反逆』、三四四頁。『集』⑩、五六頁）、また、これに関する論考は、英文原稿しかないと丸山自身が語っている（武田編前掲書、一五一頁。『集』⑫、一五五頁）。ただ、東大法学部での講義を復元した『丸山眞男講義録』（全七冊、東京大学出版会、一九九八年―二〇〇〇年）の第四冊から第七冊に収録されている一九六四年から六七年の講義の冒頭において、丸山は、くり返し「古層＝執拗低音」論の展開の起点となった「原型（プロトタイプ）」論を講じており、そこには、この「キヨキココロ」「アカキココロ」についてのかなりまとまった言及が見られる。また、この「キヨキココロ」「アカキココロ」についての断片的考察は、丸山の没後に発見されたノートをまとめて公刊された『自己内対話』（みすず書房、一九九八年）の中に散見される。丸山は、いわゆる東大紛争における全共闘および三派全学連の思想と行動の中に、こうした倫理意識の「古層＝執拗低音」の響きを聴き取っていたように思われる。

（二八）政治意識の「古層＝執拗低音」に関しては、一九八四年一一月に「百華会」の年次シンポジウムにおける講演にもとづく記録が、「政事の構造」として、『集』⑫に収められている。また、これとは別稿として、“The Structure of Matsurigoto”、と題された英文論文が、オクスフォード大学のG・R・ストーリ教授の追悼論文集 Sue Henny and Jean-Pierre Lehmann eds., *Themes and Theories in Modern Japanese History—Essays in Memory of Richard Storry*, The Athlone press, 1988. に寄稿されている。

（二九）丸山『忠誠と反逆』、三五一ページ。『集』⑩、六三―六四頁。

（三〇）石田雄『日本の政治と言葉上・下』東京大学出版会、一九八九年。このほかにも、「文化接触」と「文化変容」の思想史の試みの主なものとしては、渡辺浩『近世日本社会と宋学』東京大学出版会、一九八五年、松沢弘陽『近代日本の形成と西洋経験』岩波書店、一九九三年、宮村治雄『開国経験の思想史―兆民と時代精神』東京大学出版会、一九九六年などがある。また、山室信一『法制官僚の時代―国家の設計と知の歴程―』木鐸社、一九八四年も、同様の問題意識に基づく著作の一つに挙げられよう。

（三一）京極純一『日本の政治』東京大学出版会、一九八三年。

（三二）柳父章『翻訳語成立事情』、岩波新書、一九八二年。

（三三）石田前掲書、上。なお、同様の視点から「自由」の観念を論じた先行研究に、山田洸『言葉の思想史西欧近代との出会い』、花伝社、一九八九年がある。

（三四）柳父前掲書、一八〇頁以下。石田前掲書、三四―三六頁。

（三五）冨田・神谷編前掲書、所収。

（三六）柳父前掲書、一七五頁。

（三七）同上、一八八―一八九頁。

（三八）石田前掲書、五九―六〇頁。

（三九）Isaiah Berlin, *Four Essays on liberty*, Oxford, University Press, 1969, p122.
（四〇）柳父前掲書、一七八頁。
（四一）同上。
（四二）石田前掲書、三五頁。井上哲次郎『日本朱子学派之哲学』、冨山房、一九〇五年、二二六―二二七頁。
（四三）柳父前掲書、一八一―一八五頁。
（四四）石田前掲書、三四頁。『福沢諭吉全集』第一巻、岩波書店、一九五九年、二九〇頁。
（四五）柳父前掲書、一八六―一八七頁。
（四六）丸山『忠誠と反逆』、三四六頁。『集』⑩、五八頁。なお、これらの歌の作者は大伴旅人である。
（四七）石田前掲書、六三頁。
（四八）同上。
（四九）同上。
（五〇）同上。
（五一）京極前掲書、一六四―一六五頁及び一七六頁。
（五二）同上、一七一頁。
（五三）同上、一七四頁。
（五四）同上、一七六頁。
（五五）石田前掲書、四二―四三頁。西田長寿編『東洋自由新聞』復刻版、東京大学出版会、一九六四年、解題四頁。
（五六）同上、四三頁。
（五七）同上、四四頁。
（五八）松沢弘陽『日本政治思想史』、日本放送出版協会、一九八九年、二四頁。

（五九）小野梓「権理之賊」、『共存雑誌』第二号、明治八年二月号、『明治文学全集』第十二巻、『大井憲太郎・植木枝盛・馬場辰猪・小野梓集』、筑摩書房、一九七三年、三三三頁。
（六〇）拙稿「倫理的主体性の政治像―大山郁男の政治思想についての一考察―（一）―（四）」、関西学院大学法政学会『法と政治』第四〇巻第三号、一九八九年九月、第四一巻第二・三号、一九九〇年九月、第四二巻第一号、一九九一年三月、第四四巻第一号、一九九三年三月。
（六一）大山郁男「政治的機会均等主義」、『大山郁男著作集　第一巻』、岩波書店、一九八七年、一一三頁。なお、この言明の意味するところについては、拙稿「倫理的主体性の政治像（二）」、三二四頁以下を参照。
（六二）たとえば、渡辺治『企業支配と国家』、青木書店、一九九一年、など。
（六三）神島二郎『近代日本の精神構造』、岩波書店、一九六一年。
（六四）宇野邦一編『ドゥルーズ横断』、河出書房新社、一九九四年、二七四―二七五頁。

第四章　ポスト・モダニズムと丸山眞男

丸山眞男の一周忌を目前にひかえた一九九七年八月一一日付の『朝日新聞』夕刊は、「戦後思想の運命尽きない『市民社会と丸山真男』論」と銘うつ記事を掲載した。この記事では、「丸山は市民社会の再建なんて言わなかった。市民社会とは同質的な市民、その意味でブルジョア社会の市民が他を排除して作ったソサエティーであり、そんなものを丸山は無条件に支持した訳ではない」という一九九七年二月の国民文化会議の「丸山真男と市民社会」という討論会における石田雄の発言が紹介される一方で、丸山没後に目立ってきた「もうひとつの丸山批判論」として、酒井直樹、姜尚中らによる丸山を「市民主義」というより「国民主義」と見て批判する傾向が紹介されている。もっとも、後者は、すでに雑誌『現代思想　第二二巻一号』（一九九四年一月）の特集において展開されていた一連の「日本のポスト・モダニスト」による丸山批判の部分的な再論というべきものであり（酒井も姜も、ともにこの特集に論考を寄せている）、特に目新しいものではないといえるかもしれない。ただ、死去一年を経て、丸山の思想の再評価に関心がもたれはじめていること、そして、その中心に、丸山の追求した「近代」と、具体的な歴史的近代としての西欧近代社会との関係がいかなるものであったのかという問題が依然として存在し、これをめぐって、酒井や姜らのそれにとどまらず、「日本のポスト・モダニスト」による丸山批判がさらに浮上してくるに違いないということは確かなようである。

さて、丸山の思想の再評価という問題については、これまでも本書の中で、筆者なりの見解を提示してきた。それは第一に、筆者が本書第一章において、笹倉秀夫の『丸山真男論ノート』(一)を手がかりとしながら論じたように、丸山の追求した「近代的意識」とは、民主主義原理と自由主義原理とのアンチノミーの自覚を内容とする内面的に緊張した意識だったのであり、そうした「近代的意識」に支えられる「永久革命」としての民主主義こそが、丸山の理念的「近代」像にほかならなかったという点である。そして、次章において論じるように、こうした丸山の「近代」像が、いわば、ハーバーマスの「未完のプロジェクト」としての「近代」像と共鳴しあうものなのではないかという問題である。もちろん、ハーバーマスがポスト・モダニズムの批判する西欧近代の独話的理性に対置するものが、間主観的な対話的理性であるのに対して、丸山の求めるものが、あくまでも諸個人の主観的内面における内面的緊張＝「主体的緊張の弁証法」にほかならないということは確かである。そして、ここにこそ両者を決定的に隔てるものがあるという異論も成り立ち得よう。しかし、本書第二章で論じたように、丸山は、社会的規模における民主化の結社と自立化の結社の緊張関係、各結社内部における組織性と自発性の緊張関係、結社を構成する諸個人の主観的内面における民主主義原理と自由主義原理の緊張関係を重層的な連関の中でとらえていたのであり、そうであるとすれば、丸山とハーバーマスとの相違は、それほど大きなものでないとも考えられる。そして、この点は、冒頭に触れた『朝日』の記事で紹介されている住谷一彦や高畠通敏らの「公共空間の中で相互にコミュニケーションするというハーバーマスの市民概念として広くとれば、丸山の思想のなかに『市民』の考えはある」という立場とも通じあうものであるとも言えよう。

　しかし他方で、筆者は、こうした論点とは一見矛盾するかに見える第二の論点を提起しなければならないとも考えている。それは、本書第三章において、日本のドゥルーズ研究者(二)の言明を引きながら論じた点であり、丸山の「古層＝執拗低音」論が、いわゆる「近代」＝「モダンなるもの」に対するスタンスの外見上の違いにもかかわらず、自文化における無意識的な構造の自覚化と、それによる無意識的構造からの解放を志向する点で、フーコーやドゥルーズらのポスト構造主義と相通ずるものなのではないかという論点である。すなわち、丸山の「古層＝執拗低音」論は、むしろ西欧近代の自己批判としてのポスト構造主義に対する非西欧世界でのカウンターパートとして位置づけられるべきものなのではないかということである。

ただ、この点についてては、第三章では、必ずしも十分な展開をおこなうことができず、単なる示唆にとどまるものでしかなかった。それ故、「ポスト・モダニズムと丸山眞男」と題された本章においては、この後者の論点を正面から取扱い、「日本のポスト・モダニスト」たちからの丸山批判の問題設定とは異質な視点からのアプローチ、すなわち、西欧のポスト・モダニズムと丸山の思想とのある種の共鳴関係を明らかにする試みに取り組んでみたいと考える。以下の本論では、まず、先に触れた『現代思想』誌における「日本のポスト・モダニスト」からの丸山批判のいくつかを批判的に検討したうえで、西欧におけるポスト・モダニズムの思想と日本における丸山のそれとのある種の共鳴関係を、（イ）第二次世界大戦という人類の残虐性が余すところなく示された事態を受けて展開されたという思想としての同時代性、（ロ）自文化の特種性の自覚とその無意識的構造の発見と克服への志向、また、（ハ）その議論の内容における欲望・権力・自由のトリアーデへの共通の関心、といった論点に即して検討してみることとしたい。

第一節　「日本のポスト・モダニスト」による丸山批判

本節では、先に触れた『現代思想』誌の特集に見られる「日本のポスト・モダニスト」による一連の丸山批判の中から、いくつかの特徴的なものに注目し、その批判を通じて、本章における筆者なりの視座を確認していくこととしたい。もっとも、同誌の特集には、十数名の論考が寄せられており、総じて丸山に対する批判的なスタンスに貫かれているものの、J・コシュマン、H・ハルトゥーニアンらの海外の論者も含め、論者たちの専門も立場も多様であって、その論点はあまりにも多岐にわたっている。それ故、本章における同誌の特集の扱い方は、きわめて限定的なものにならざるを得ない。

さて、「日本のポスト・モダニスト」による丸山批判を問題とする上で、最初に注意を払わなければならない点は、それらが何による何への批判なのかということである。

同特集に「フェミニズムから見た丸山真男の『近代』」という論考を寄稿している江原由美子は、その論考のなかで、次のように論じている。

> しかし日本のフェミニズムにおいては、上に挙げたような「近代」への批判的観点を提起することは、奇妙なねじれを帰結してしまう。日本は西欧ではないからだ。西欧に自己を位置づける限りにおいては、ポストモダンという立場は、同時に自社会・自文化を批判的に検討することに連なっている。けれども自己を日本に位置づける限り、同じ様にはいかない。……日本における「近代」とは「西欧」のことであり、その観点から見れば、「近代」の「相対化」とは、日本の「近代」の「相対化」ではなく、「西欧」の「相対化」ということになる。その意味では、「近代」を相対化することは、自社会や自文化への批判的検討にただちに連なるわけでなく、かえって日本という社会や文化を再評価し肯定する主張にもなりうるのである。[三]

この問題は、たとえば竹内芳郎が『ポスト＝モダンと天皇教の現在』において、「最近わが国で流行しているポスト＝モダン思想の大半が欧米とりわけフランスで彼ら自身の自己批判としてうち出された思想……のオウム返しでしかないこと、……しかもそのことによって、彼の地では深刻な自己批判だったものがこの地ではいとも安易な自己肯定にまですっかり変質してしまい、しかもそのことに無自覚でいるということだ」[四]と激しく論難している点にほかならない。(もっとも、江原がこのように論じる意図は、「日本のポスト・モダニズム」にこのようなねじれをもたらすものこそ、丸山に代表される日本の「近代化論者」「市民社会論者」の「近代」という概念自体が孕む「知」のしかけにほかならないことを批判するためだったのだが(五))。

しかし、こうした江原の指摘にもかかわらず、『現代思想』誌上における「日本のポスト・モダニスト」の丸山批判の中には、安易な自己肯定という意味での単純な日本主義への傾斜ではないにしても、ある種のねじれの存在が窺われるのである。

「日本のポスト・モダニスト」の「近代主義」批判

問題は、同誌上における丸山批判が、なによりも、「日本のポスト・モダニスト」による西欧のポスト・モダニズムの論理に依拠した、日本の「近代主義」への批判として展開されていることである。

たとえば、子安宣邦の『「近代」主義の錯誤と陥穽』は、M・ホルクハイマーとT・アドルノの『啓蒙の弁証法(六)』と丸山の『日本政治思想史研究(七)』とを対比して、「近代啓蒙の神話への逆行を眼前に増殖する国家主義的神話にではなく、『近代』を規定する啓蒙的理性そのものに理由を求めて、理性の歴史を遡行して追求するアドルノたちに対して、丸山は増殖し猛威をふるう天皇制国家の神話に『近代』国家権力の主権性の理念をもって対しようとする。野蛮へと退行しつつある『近代』理性の立場を、啓蒙的理性そのものに理由を求めて追求するアドルノたちに対して丸山は、野蛮なファシズムの横行に『近代』に執着することで抵抗しようとするのである(八)」と論ずるところからはじまる。子安はつづけて、「『近代の超克』の主張に敵対的な言説を見て、『近代』が擁護され、『近代』が積極的に主張される。『近代』の主張とは同時に日本における『近代』の未成熟の指摘である。その際、丸山は『近代』を問うことをほとんど『近代的思惟』を問うことに還元しているのである」(九)として、丸山の「近代」主義的言説を「近代の超克」的言説への抗争的ディスクールとして形成されたもの(一〇)と位置づけ、同時に、「近代」への問いを、「近代的思惟」の問題に置き換えることで、京都学派らの「近代の超克」論が超克しようとした「近代」、すなわち、近代的世界秩序としての「近代」、そして、総力戦を遂行している、あるいは遂行したこの近代日本国家の「近代」を問い、告発し、分析する視角をもち得なくなったものとして批判し去ろうとするのである。

子安におけるねじれは、二つの方向で現れている。それは、第一に、西欧近代への他者批判であると同時に、日本への自己肯定の論理と言説にほかならなかった「近代の超克」論の亡霊を、西欧近代の自己批判としてのアドルノらの啓蒙的理性批判に仮託して喚び出そうとしているかに見える点であり、丸山が「近代の超克」論への敵対者であったが故に、まさに「近代主義」者として批判されているように思われる点である。こうした議論の流れに竹内の言う「いとも安易な自己肯定」への危うさを見てとることは、不当だとされるであろうか。

「日本のポスト・モダニスト」の「近代主義」批判は、西欧近代の自己批判としての「近代」批判の論理を、「近代主義」ないしは「近代主義者」=丸山眞男の「近代性」を批判する他者批判の論理へと横滑りさせたものにすぎない。それは、丸山の思想を日本への自己批判として――すなわち、西欧への自己批判としてのポスト・モダニズムと、自文化への自己批判という共鳴性を持つものとして――扱うのではなく、もっぱら、「近代」の擁護者、肯定者としてのみ扱うことによって、批判の対象とする。そして、それによって、決してストレートな自己肯定とはなっていないとしても、少なくとも「批判者への批判」という媒介された形態において、日本への自己批判という契機を否定しようとするのである。

第二のねじれは、丸山における「近代日本国家の『近代』」への問いと告発の視角の欠如という批判の仕方にあらわれている。子安は、こうした批判を通して、自らを日本近代への真の批判者として描き出すとともに、丸山による日本への自己批判に対して、その無効性を宣告しようとしているのである。こうした丸山批判の手法は、子安だけのものではなく、同誌上の他の論者によっても採用されている。

たとえば、中野敏男の「近代日本の躓きの石としての『啓蒙』」は、鶴見俊輔の「日本という国家宗教」の「顕教」と「密教」という議論を援用しつつ、大学とそれに並ぶ高等教育における「ヨーロッパを模範とする教育方針の採用」という密教の部分の存在を指摘し、「反省的に総括しなければならないのは、単に皇国史観という神話的な世界観に基づく『顕教』の部分についてだけではなく、むしろ、『顕教』と『密教』という構成をもった近代化のこのプロジェクト全体についてでなければなるまい」として、つづけて、「丸山真男の福沢論における日本近代化の原点への探求は、……この『使い分け』の思想の問題性に無自覚であるばかりか、むしろ、この路線を正確に踏襲するもののように、われわれには思われる」(一一)と非難するのである。

しかし、総力戦を遂行し得たといった歴史的事実――それらが事実であるかどうかということすらがすでに問題なのであり、丸山の『現代政治の思想と行動』(一二)に収録された一連の日本ファシズム批判こそ、それを問うものであったはずなのだが――や、当時の日本の科学技術水準なり、国家官僚や軍部幕僚たちの教育水準の高さ等をもって、当時の日本に西欧近代――それは、まさに啓蒙的理性への批判が自己批判として提起されざるを得ない近代だったのだが――と同等な「近代」を見いだし、そうしたものとしてこそ、日本を問い、告発することは、果たして可能なのであろうか。

実は、子安らは、西欧のポスト・モダニズムが提起した西欧近代の普遍化の否定とその特種性の自覚という論点に反して、明らかに「普遍的近代」＝「近代一般」といったものを想定してしまっているのである。そして、こうした想定こそは、西欧のポスト・モダニズムが、特種なものとしての西欧近代への自己批判であったということと、その深刻さに対する感受性の欠如のあらわれにほかならないのである。そして、それは同時に、丸山による日本への自己批判の深刻さをも受けとめ得ず、日本への自己批判を、「近代一般」への批判に安易に横滑りさせることを可能とするものでもあったのである。

もちろん、酒井直樹が「丸山真男と忠誠」で論じるように、「批判の対象と歴史的実践の標的となるのは、『西洋』にあって『日本』にないものだけでもなければ、『西洋』になくて『日本』にあるものだけでもなく、『西洋』と『日本』が共に抱え込んでしまったもの、例えば、人種主義や帝国主義の遺制、そして排他的国民主義といったものも当然含まれなければならない」(一三)ということは確かであろう。しかし、それは、日本近代の「近代一般」への還元によってではなく、あくまでも日本への自己批判の一環としてこそなされなければならないのではないだろうか。

日本批判と「批判的国民主義」

さて、『現代思想』誌上の丸山批判には、これまで論じてきた「近代主義」批判とは、異なった視角によるものも含まれている。それは、丸山を「近代主義者」としてではなく、日本への批判者として扱いつつ、こうした日本へのこだわりをこそ、丸山の「近代」性と見なして批判する議論である。

先にも触れた酒井直樹の「丸山真男と忠誠」は、『朝日』の記事が取り上げた丸山を「国民主義」者と見て批判する立場をすでに明らかにした論考であるが、そこで酒井は、「しばしば丸山教授の議論は西欧近代を一般的に理想とし日本の現状を批判し啓蒙するものであるという非難がなされますが、私が読みえたかぎりでは、それは第一義的には当たっていないと言わざるを得ません。……彼の知的な闘争はあらかじめ日本の国民共同体の内部に設定された視座から構想されており、日本の社会の内在的な批判として展開されています」[一四]と論じる。

しかし、酒井によれば、感性的に内面化された権力関係の制度において、劣位にあるものが、もっとも鋭く存在被拘束性を意識できるのであり、存在被拘束性は常に対照項との関係で規定され、近代世界では、多くの場合参照されるのは「西洋」であったため、丸山の場合も、日本の知識人としての存在被拘束性の自覚は、もっぱら「西洋」との関係でもたらされざるを得なかったとし[一五]、丸山の場合、学問を通じた歴史的実践が、日本人知識人としての存在被拘束性をほとんど非合理的に引きうけるところから出発するように仕組まれており、丸山は終始「国民主義」者として仕事をしてきたのだという[一六]。そして、こうした「国民主義」こそが、彼の批判の俎上に載せられるのである。

酒井によれば、問題は、他である「西洋」に対照されて定立される自が全く無規定に「日本」として与えられてしまっている[一七]ことにあるという。それ故に、「日本」を対照的に捉えるためには、対照される二つの項の間の区分を維持しなければならず、「両者の重なったり連続している点を過少評価せざるを得ないという方法的要請」[一八]によって、西洋の知識人に多く見られる「西洋」への固執を陽画とすれば、その陰画にあたる、丸山の「日本的なもの」への「奇妙な固執」[一九]が生ずるのだというのである。そして、こうした「奇妙な固執」は、（イ）あくまで日本と西洋を区分し、近代的なものと前近代的なものというそもそも歴史期区分であるものを東洋と西洋と言った地政的な区分に重ね合わせようとする態度と（ロ）中世の西ヨーロッパの考察が現在の西ヨーロッパの考察へ、また、近世の日本の考察が現在の日本の考察に連続的に連結され、同一の民族的共同体がその同一性そのものは変えずに、連続的に自己展開するような発想という、日本と西洋の近代における共約性の発想を禁ずる「二つの知的禁忌」によって支えられているのだとされ[二〇]、かくして酒井は、「彼（丸山）の日本社会批判が、『西洋』を日本における不在として仮設することで可能になったこと」と「日本には不在の『西洋』を提示することで、日本の主体的な自己構成が可能になってきた点（二一）」から、丸山にとって批判は「批判的国民主義」として展開せざるを得ず、「国民主義的でない批判すなわち非国民主義的批判の可能性は摘み取られてしまったのです（二二）」と結論づけるのである。

酒井は、こうした丸山の「批判的国民主義」に対して、それが民族といった共同性の像が国民共同体のあるいは近代世界の成立の効果ではないかという問いをあらかじめ排除していることや、フランス革命や合州国の独立の建国神話もまた神話に過ぎないという点、明治憲法下の建国神話の基礎となっている連続史観そのものの近代性などを見逃したり、無視したりする点をあげて批判するとともに（二三）、さらにヨリ決定的な問題として、一九七〇年代以降、「日本の『遅れ』や後進性の感覚が霧消し、しかも進歩するものとしての歴史や日本の文化的同一性という前提がそのまま温存され」るなかで展開してきた「批判意識と社会的現実に能動的に働きかける能力をもたない現在の日本の現実に単純に満足した人間」の横溢や、「不景気が二三年も続けば吹き飛んでしまうようなオポチュニスティックな自己賛美の議論の横行」、「こうした議論を許すような達成感と批判力を欠いた国民主義」に直面して、「西洋」の理念化された先進性への信仰に依拠する丸山の「批判的国民主義」は、もはやその批判力を喪失したのだと宣告する（二四）。

酒井が丸山の「批判的国民主義」に対置する「非国民主義的批判」がいかなるものなのかは必ずしも明かではない。ただ、その「批判の対象と歴史的実践の標的となるのは、『西洋』にあって『日本』にないものだけでもなければ、『西洋』になくて『日本』にあるものだけでもなく、『西洋』と『日本』が共に抱え込んでしまったもの、例えば、人種主義や帝国主義の遺制、そして排他的国民主義といったものも当然含まれなければならない（二五）」ということ、そして、「『西洋』や『日本』という主体が充全に自己構成することは不可能であって、『西洋人』はかならず『西洋人』になりそこない『日本人』が正真の『日本人』であることはな」いという「この不可能性にこそ歴史的実践の倫理があると考えられるべき」(二六)だとされるのみである。いずれにせよ、こうした酒井の批判もまた、「日本のポスト・モダニズム」からの丸山批判の一環を構成するものと考えるべきものではあろう。

しかし、興味深いことに、こうした酒井の丸山批判もまた、前出の江原由美子の論考において論じられていた、かの奇妙なねじれを体現するものにほかならないのである。江原は、あたかも酒井の議論を要約するかのように、「日本／西欧という『差異』をどう把握するかに関連」するひとつの「ポスト・モダン」的議論を提示し、それをむしろ「普遍主義」「近代主義」に似通ってしまうものとして批判しているのである。すなわち、

ポストモダン的思想において、「差異」とは「本質的」なものではなく、様々な言語的社会的実践が「構成」していくものである。すなわち、「差異」が存在するのではなく、「差異化の実践」が存在するのだ。ここから考えれば、日本／西欧という「差異」を生出すのは、その「差異」を強調し対立させそこに何らかの政治的意味をもたせようという実践ということになる。そうであるならば、ポストモダンという立場において「日本主義」を批判することは、日本を良しとする思想のみを批判することで足りるわけではない。たとえ日本を批判的に考察しているとしても、日本／西欧という「差異」を前提とし、その「差異」を強調し、日本／西欧という対立軸を特権化するような思想もまた、「日本主義」なのである。この立場からは、「日本的特質」を立てるような図式そのものが批判の対象になる。けれども、このような立場は、あたかも日本／西欧という「差異」が存在しないように振る舞う「普遍主義」「近代主義」に似通っている。そして、「日本的特質」を立てること自体を否定するとするならば、それは、自社会・自文化への批判的考察そのものを抑制しかねない(傍点は引用者)。(二七)

丸山の中に、あくまで日本と西洋を区分し、近代的なものと前近代的なものというそもそも歴史期区分であるものを東洋と西洋と言った地政的な区分に重ね合わせようとする態度を見い出し、批判する酒井の議論が、「普遍主義」「近代主義」（この場合「近代主義」というよりは「近代化論」といったほうがよいであろう）に似通ったものになっていることは、もはや論ずるまでもなかろう。そして、その批判には、江原のそれを対置することで十分であろう。ただ、同じく「日本におけるポスト・モダニスト」でありながら、江原と酒井を隔てるものは、西欧のポスト・モダニズムの自己批判としての深刻さの受けとめ方の違い、そして、日本における自社会・自文化への批判的考察を求める切実さの違いなのではないか、とだけ述べておくにとどめることにしよう。

「近代」という「知」のしかけ

最後に、江原由美子の丸山批判、すなわち、丸山に代表される日本の「近代化論者」「市民社会論者」の「近代」という概念自体が孕む「知」のしかけへの批判という問題に立ち入らなくてはならないだろう。

江原は、先に引用した部分に続けて、返す刀で、自社会・自文化への批判的考察や「近代」そのものが孕む「重層性」の発見こそポストモダンであるとする立場からの、「（日本の）ポストモダニズムには自らの文化的風土に対する対決、葛藤が欠落している。これは……日本のポストモダン論者の通弊であって、彼等は既存の文化パラダイムの相対化というポストモダニズムの基本精神が分かっていない。彼等にとって、それはたんなる欧米近代への批判にすぎないのである。だが、既存の文化風土への批判的観点がないかぎり、日本流ポストモダンは反動的な観念遊戯に終わるしかない」（二八）という大越愛子の議論を引いて、こうした立場は、「奇妙にも、『西欧近代』を理念型とし、その理念型によって日本社会の『前近代性』を指摘した丸山の『近代化論』に、似通ってしまう」(二九)と批判する。江原によれば、先にみた酒井のような議論だけでなく、それに対立する大越のような議論もまた問題だとされるのである。

すでに見たように、江原は、西欧のポスト・モダニズムの自社会・自文化への自己批判性に対する受けとめにおいても、日本における自社会・自文化への批判的考察を求める切実さにおいても、子安や酒井などの他の論者とは明らかに異なっている。にもかかわらず、大越のような立場（それは、先に触れた竹内芳郎や筆者自身の立場とも通ずるのだが）をも否定するのであり、それは、後者もまた、次のような丸山に代表される日本の「近代化論者」「市民社会論者」の「近代」という概念自体が孕む「知」のしかけに絡めとられているからだというのである。すなわち、

丸山政治学における「近代」は、日本において未だ不在のものを示すための枠組みであり、すなわち、それは現在の社会を否定するために用いられている枠組みなのだ。丸山における「近代」がそのような「不在」の基準点であったために、それは、「西欧近代という理念」に、純粋化・形式化されてしまう。ヨーロッパの近代社会そのものは、「非常に多面的で重層的な社会」であるのに、丸山の「近代」は、それらを捨象したところに置かれてしまう。その結果、日本社会に発見される様々な政治的言説の、抽象化された「西欧近代という理念」に不適合な要素は、「日本社会の前近代性」の表れとして、否定的に語られることになる。近代―前近代という進歩史観を前提とし、その軸に即して西欧と日本を配置することにより、「近代」という時間軸的に後世に位置づけられる抽象化された「西欧近代という理念」が、現在の日本の政治的諸実践を否定するための「根拠」として使用されるのである。しかし、同時に日本において「未不在」である「近代」は、「日本が獲得するべき普遍性」として置かれているため、それはまた、等置されるべきものとして、位置づけら

れる。対立させられまた等置される「日本」と「近代」。この二重性は、「近代」が「女」に強いた二重性とまさに同じである。[三〇]

江原の言う「知」のしかけとは、つまりは、対立させられまた等置される「日本」と「近代」という二重性のことなのであり、この二重性こそが、酒井と大越に代表されるような「日本のポスト・モダニズム」内の対立と両者それぞれの形態における「近代主義」への接近という奇妙なねじれを生み出すのだと主張されているわけである。

しかし、江原の議論には、少なくとも次の二点について、疑問を禁じ得ない。すなわち、第一に、丸山の追求した「近代」とは、果たして江原が言うような「西洋近代という理念」であったのかという点と、第二に、江原の言う「知」のしかけとは、丸山たち自身がしかけたものなのではなく、むしろ、丸山たちの議論をも変容し通俗化してしまう日本的なるもの自体の「知」のしかけではなかったのかという点である。

第一の点についていえば、江原は、丸山の「近代」＝「西欧近代という理念」という固定観念、ステロタイプ化した丸山＝「近代主義」者という構図をあいもかわらず引き継いでいるのであり、そのかぎりでは、江原と子安の隔たりは大きなものではないと言わざるを得ない。

たしかに、子安たちがもっぱら丸山＝「近代主義」者という像を描き出すためにもちいている『日本政治思想史研究』には、「いかなる磐石のような体制もそれ自身に崩壊の内在的な必然性をもつことを徳川時代について……実証することは、当時の環境においてはそれ自体、大げさにいえば魂の救いであった」[三一]と、丸山自身が回想するような超学問的動機に基づく徂徠学や宣長学の「近代性」に対する過剰な評価や、ヘーゲルに依拠したアジアの停滞性の過度の強調など、後に丸山自身の自己批判を招くこととなる問題が含まれていた。また、丸山による日本への自己批判が、ときに西欧近代への他者肯定へと横滑りしがちな点も多く見いだし得ることは否定し得ないだろう。

　しかし、先にも触れた日本のドゥルーズ研究者が、丸山の抽出した歴史意識の「古層＝執拗低音」が、一見するとドゥルーズ哲学のある面に似通っていることに注意を喚起し、「欧米の文脈では異端であるドゥルーズ哲学が、日本の文脈では『日本的なもの』の古層と共鳴する面があるというべきであろうか」と自問しながら、「けれども、欧米に支配的な超越論的文脈から脱出するために引き合いに出された『東洋的なもの』と、日本の文脈での『東洋的なもの』は意味も機能も異なる(三二)」と論じているように、西欧のポスト・モダニズムにも、丸山の「近代主義」の陰画のようなオリエンタリズムが見られるのであり、自社会・自文化への批判的考察が他者肯定に横滑りしてしまう危険性は、決して丸山のみに見られることではない。

　しかも、丸山が、弁証法的全体主義を市民社会の制約を受けている国家構造に対置した最初期の論文「政治学に於ける国家の概念」以来一貫して追求してきた「近代」とは、まさに永続する民主化のプロセスにほかならないのであり、決して具体的な歴史的近代としての西欧近代と同一化されるべきものなどではなかったのである。この点については、本書第一章で、すでに論じたとおりである。

　さらに、古代以来の日本歴史の展開を文化接触と文化変容の歴史として描き出そうとする「開国」や「日本の思想」以後の方法論の転回によって、丸山は、幕末・維新期および戦後期の「開国」の歴史過程を、一方では、西欧近代という理念が主旋律としてその表層に全面的に展開されつつ、他方では、それが「つぎつぎ」と日本的に変容されていく過程として対象化し、日本における自社会・自文化への批判的考察を展開していく地平に立ったのであり、それは、もはや、「近代」と日本を単純に対立させつつ等置するような枠組みなどではないということは明かであろう。

そして、第二の点は、こうした文化接触と文化変容という丸山の自社会・自文化への批判的考察の方法を前提とすれば、次のように言えるのではないかということである。すなわち、近代―前近代という進歩史観に基づき、その軸に即して西欧と日本を配置することによって、「西欧近代」という時間軸的に後世に位置づけられる抽象化された理念を、現在の日本の政治的諸実践を否定するための「根拠」として使用する――まさに「近代主義」と呼ぶべき――思想的立場を成立させ、さらに、丸山の思想があたかもそれを代表するものであるかのように受けとめさせてきたものこそ、実は、「西欧近代」という理念の変容と日本化の過程にほかならなかったのではあるまいか。そして、この日本化された「西欧近代」という理念こそが、酒井の述べる「不景気が二三年も続けば吹き飛んでしまうようなオポチュニスティックな自己賛美の議論」を許すような「達成感と批判力を欠いた国民主義」の横行をもたらしてきたのではあるまいか、と。

言い換えれば、対立させられまた等置される「日本」と「近代」の二重性という「知」のしかけは、江原が言うように丸山らによってしかけられたものなどではなく、西欧近代との文化接触の中で、日本自体にしかけられた文化変容と日本化の「知」のしかけだったのではないかということであり、そして、こうしたしかけを見破る上でも、丸山の自社会・自文化への批判的考察の方法に有効性が認められるべきなのではないかということである。

さらにいえば、西欧のポスト・モダニズムの思想が、竹内芳郎が非難するように「彼の地では深刻な自己批判だったものがこの地ではいとも安易な自己肯定にまですっかり変質してしまい、しかもそのことに無自覚」でいるような「日本のポスト・モダニズム」へと変容されてしまうということ自体もまた、丸山の提起した文化接触と文化変容の思想史という方法によって、その受容と変容の問題として、対象化されなければならないものなのであろう。

以上、『現代思想』誌上における「日本のポスト・モダニスト」たちによる丸山批判を批判的に検討してきたが、同誌上には、この他にも、米谷匡史の「丸山真男の日本批判」をはじめ、批判的検討に価する論考がいくつか含まれている。とりわけ米谷論文は、丸山の「古層＝執拗低音」論に対する重要な批判的論点を提示するものであって、充分な検討が必要とされよう。しかし、紙幅の都合もあり、その検討作業は他日に期したい。

第二節　丸山眞男とポスト・モダニズム

南京とアウシュヴィッツ

細見和之は、その著書『アドルノ　非同一性の哲学』(三三)において、アドルノの「アウシュヴィッツのあとで詩を書くことは野蛮である」あるいは「アウシュヴィッツ以降すべての文化は、当の文化への切実な批判を含めて、ゴミ屑だ」(『否定弁証法』)という激烈な言葉を引いて、アドルノがその半生をあげて戦うことになる「敵」の正体がアウシュヴィッツに象徴されるものにほかならなかったことを明らかにし、しかも、「もちろん、ユダヤ人や同性愛者、『障害者』、ロム……、小数民族ら数百万人が殺戮されたという事実の衝撃は圧倒的である。しかしアドルノにとって決定的だったのは、その殺戮のたんなる『野蛮さ』ではなく、そのプロセスに体現されている『合理性』だった。あるいはもっと正確には、その合理性と野蛮の結託ぶりだった」(三四)と論じた。

「死の工場」あるいは「死のベルトコンベアー」とも呼ぶべき絶滅収容所において合理的な計算に基づき、組織的、計画的に遂行されたナチのホロコーストこそ、アメリカによる広島・長崎への原爆投下とともに、「高度な知によって媒介された」[三五]二〇世紀の大量殺戮の悲惨さと野蛮さを体現するものだったのであり、――実際にはこれらの事実が明らかになる以前にすでに仕上げられていた――「何故に人類は、真に人間的な状態に踏み入っていく代りに、一種の新しい野蛮状態に落ち込んでいくのか」[三六]という『啓蒙の弁証法』におけるアドルノらの問いの重さを途方もない規模で確証し、[三七]アドルノらの後半生を西欧的理性ないしは近代的合理性への自己批判へと駆り立てていったのである。

アドルノだけでなく他の西欧のポスト・モダニズムの思想家たちにとっても、ナチズムないしはファシズムの経験と第二次世界大戦の経験が、その思想展開において決定的な契機となったことは言うまでもない。バタイユは、反ファシスト的な革命的知識人の同盟であるコントル・アタックの結成（一九三五年）など実践的な抵抗を試みる一方で、同質性と異質性という概念と、異質的エレメントの抑制、同化、排除によって形成される社会の同質性の維持のための最大の力としての「至高であるかのごとく信じられる審級」という概念を駆使しながら、近代市民革命によっていったん衰退したかに見えた「至高であるかのごとき審級を頭部に戴く制度」への信仰が、鋭く再活性化した運動として、ファシズムの（コミンテルン的な共産主義にも共通する）独特の心的構造を解明し、その総体を理解しようとする論考「ファシズムの心理構造」（一九三四年）を著しており、この論考は、「時代の動向にバタイユがどう対峙しようとしたかを知るうえでも、また以後の彼の思想的展開を理解するうえでも、きわめて重要」なものだとされている。[三八]

また、戦時中、ユダヤ人やジプシー（と呼ばれた人々）の強制収容所のあったポワティエの町で少年時代を送ったというフーコーもまた、戦争という「歴史的な大事件によって、その子供時代の基盤を固められている」と述べるとともに、「それは、私たちの個人的な生への脅威だったのです。私が、歴史と、私たちが巻き込まれている出来事や個人的な経験との関係に魅了されているのは、おそらくこうした理由からでしょう。私は思うので

すが、そこにこそ理論的欲求の核となる部分があるのですよ」と回想するのである。(三九)

西欧のポスト・モダニズムの思想は、西欧近代の近代的理性や近代的合理性、さらには理性的で自己同一的な主体性等への、そして、そうした理性的な主体によって構成される同質的な近代市民社会なるものへの徹底した自己批判として展開されるのだが、こうした自己批判の背景にあるのは、アドルノやホルクハイマーらの思想の展開に最も典型的に示されているように、アウシュヴィッツに象徴される歴史的経験によって西欧近代に突きつけられた近代合理性の恐るべき野蛮さへの転化、あるいは近代合理性そのものに内包された恐るべき野蛮さという問題への自覚にほかならなかったのである。

ところで、興味深いことに、ファシズムが近代市民社会の産物にほかならないのではないかという認識は、実は、すでに弱冠二二才の学生・丸山にも存在していたのだった。丸山は、「政治学に於ける国家の概念」において、「今や全体主義国家の観念は世界を風靡してゐる。しかし、その核心を極めればそれが表面上排撃しつつある個人主義的国家観の究極の発展形態にほかならない」(四〇)と指摘していた。丸山もまた、アドルノらのそれとは比較すべくもないにしても、ファシズム批判を、西欧近代批判、もしくは個人主義的国家観批判として、さらに展開していく可能性をも秘めていたのである。

しかし、丸山が、その一〇年後、「超国家主義の論理と心理」によって批判したものは、もはや個人主義的国家観の究極の発展形態としてのファシズムではなく、まさに南京大虐殺に象徴される――その時点で丸山が南京の歴史的事実をどこまで正確に把握し得ていたかは別にして――日本軍の大量殺戮行為を生み出した超国家主義の精神構造にほかならなかった。そして、この南京に象徴される日本の残虐性と野蛮さは、あたかもアウシュヴィッツとは対照的に、非合理的で、非計画的で、非組織的な大量殺戮のそれだったのである。

上海から南京までの約三〇〇キロの道のりを、後方補給をまったく無視して急進した日本軍は、その間食糧のほとんどを現地での徴発でまかなった。徴発とはいうものの、それは行くさきざきの部落を荒らして、略奪することであった。略奪には、暴行・強姦・殺害をともなった。上海での激戦の経験で血に狂い、飢えた日本軍が荒しまわった上海・南京間のひろい地域は、イナゴの大群が通りすぎた跡のような惨状をしめした。……一二月一三日、日本軍は南京を占領し、ひきつづいて城内を掃討した。この間に大量の捕虜を集団虐殺したのをはじめ、一般市民の殺害、婦女の強姦、放火、略奪などの残虐行為がくりかえされ、その〝狂宴〟は占領後二ヵ月間もつづけられた。……こうした略奪・強姦・虐殺をつづけてきた軍隊が、南京に殺到したため、混乱をおそれた中支那方面軍司令部は一二月七日、南京城攻略要項を示達し、入城はとくに選抜した部隊のみによることとした。ところが、実際には統制がとれず、命令されていない部隊までもが市内に乱入し、無抵抗の一般市民にたいして暴行・虐殺のかぎりをつくした。(四二)

歴史学者が描くこうした「南京アトロシティーズ」の現実は、同時代の洋の東西において展開された大量殺戮でありながら、アドルノにその合理性と野蛮の結託において決定的な衝撃をあたえたアウシュヴィッツとは、かくも異質なものだったのである。丸山が直面し、その批判的考察の対象としたものは、――彼自身が被爆している以上、もちろんヒロシマでもあり得たのだが――なによりも、こうした南京に象徴される残虐と野蛮をもたらした超国家主義でなければならなかったのであり、また、超国家主義を現出させた日本でなければならなかったのである。論文「超国家主義の論理と心理」が描き出した、倫理と権力の相互移入、権力(者)の矮小性、独善意識とセクショナリズム、無責任の体系、抑圧移譲による精神的均衡といった病理的な心理構造の解明と、自由なる主体的意識＝内面的規範の欠如という日本の歴史的な問題性の指摘が、こうした課題にこそ応えようとするものであったことは、もはや周知のこととして、論ずる必要もないであろう。

ただ、筆者がここで確認しておきたかったことは、西欧のポスト・モダニズムの思想家たちと日本における丸山とは、洋の東西において、ファシズムと世界大戦、大量殺戮に象徴されるような、まさに同時代を生き、そして、その時代が西欧近代と日本に突きつけた問題に直面したが故に、西欧近代の自己批判と日本の自己批判という別々の思想的課題を引き受けなければならなかったということなのであり、そこに両者の差異を見いだし、ポスト・モダニズムの高みから丸山の「近代性」を——丸山が求める内面的規範こそは、他方では西欧のポスト・モダニストの批判する近代的主体にほかならないとして——批判する以上に、両者の思想的かまえの間に響く共鳴性に耳を傾けるべきなのではないかということなのである。

無意識的構造の自覚化とそこから離脱

西欧近代の近代的合理性あるいは啓蒙的理性への自己批判としてアドルノらによって開始された西欧のポスト・モダニズムは、レヴィ＝ストロースらの構造主義と構造主義人類学から、（イ）社会制度や文化の基底において、それらを無意識のレベルで秩序づける組織原理としての構造——それはヨリ抽象的には、「要素と要素間の関係とからなる全体であって、この関係は一連の変形過程を通じて不変の特性を保持する」とも定義されるのだが(四二)——への注目と、（ロ）他者＝異文化の理解と評価を試みる構造主義人類学の文化相対主義の立場から導かれた自文化＝西欧近代の非特権化と相対化という視点を継承することによって、いわゆるポスト構造主義の思想へと展開していくこととなる。

バタイユ、アルチュセール、フーコー、ドゥルーズ、デリダ等多彩な思想家たちによって担われてきたポスト構造主義の思想的展開の特質を簡単に表現することはほとんど不可能なことだと思われるのだか、過度な単純化を恐れずにあえて一言でいえば、それは、相対化され非特権化された西欧近代における自文化の特種な無意識的構造を自覚化し、こうした自覚化による自文化の構造からの離脱ないしは解放を求める思想であるということができよう。ポスト構造主義者たちは、西欧近代の構造を自覚化するために、ニーチェによるキリスト教道徳や近代合理性への批判や、ハイデガーによるアリストテレス以来の形而上学への批判をはじめとする思想的先駆者たちの思索にも依拠しながら、西欧近代の合理性や近代的理性、あるいは、私の同一性や主体性といった諸要素を導き出す構造を明らかにし、そこからの離脱と解放の可能性をさまざまに探ろうとしてきたのである。

たとえば、フーコーは、近代的理性のつむぎだす権力構造をつぎつぎと暴露することを通じて、こうした課題に取り組んできた。彼は、『狂気の歴史』(四三)において、近代社会が非理性的なものを「狂気」として排除することによってはじめて成立し得たことを明らかにするとともに、「狂気」を「精神病」とみなして治療の対象とし、隔離しようとする精神医学のあり方に「知＝権力」の構造を見いだしたのにつづいて、『監獄の誕生』(四四)において、犯罪者を監視し規律化する近代の監獄のあり方とその一望監視システム（パノプティコン）の解明を通じて、学校、工場、病院など社会全体において展開する監視の社会の権力の自動化と「規律＝権力」の構造を明らかにした。そして、さらに、『性の歴史』では、その第一巻『知への意志』(四五)において、性的欲望（セクシャリテ）を自己制御し自己規律する近代的主体にこそ権力を見いだすとともに、性的欲望を権力装置として作動させる性科学の「知＝権力」や、告悔を通じて行使される牧人司祭権力を伴って展開する「主体（＝臣下）＝権力」の構造を解明し、第二巻以降(四六)では、「主体（＝臣下）＝権力」という近代的主体とは異質な主体の可能性を探るために、古代ギリシャや古代ローマにおける性的禁欲の世界へと踏み込んで行ったのである。

さて、西欧のポスト・モダニズムの展開におけるポスト構造主義の意義をこのようなものとしてとらえたとき、日本における丸山の思想との間に、どのような共鳴関係を聞き取ることができるのであろうか。「日本国民を永きにわたつて隷属的境涯に押しつけ、また世界に対して今次の戦争を駆りたてたところのイデオロギー的要因は……その実体はどのようなものであるかという事については未だ十分に究明されていないようである。いま主として問題になつているのはそうした超国家主義の社会的・経済的背景であつて、超国家主義の思想構造乃至心理的基盤の分析は我が国でも外国でも本格的に取り上げられていないかに見える」と説き起こされた論文「超国家主義の論理と心理」が、すでに、先に触れたバタイユの「ファシズムの心理構造」と共通した問題意識によって導かれていることは見やすいことである。丸山による日本への自己批判の作業は、こうした思想構造ないしは心理構造の分析によって開始されたのだった。[四七]

しかし、この時点の丸山にとって、「超国家主義の論理と心理」における思想構造の分析から導き出された内面的規範の欠如という問題は、「問題は決して単なる大衆の感覚的解放ではなくして、どこまでも新らしき規範意識をいかに大衆が獲得するかということにかかつている」とされた民主主義革命の完遂という課題の達成によって直接的に克服され得るものと考えられていたことは否定できないように思われる。実際、敗戦直後から六〇年安保闘争に至るまでの丸山の言論活動と政治的実践は、民主主義革命の完遂という課題の達成に正面から取り組んだものだったといってもよいであろう。[四八]

しかし、その一方で、五〇年代半ばから開始された高度経済成長の中で、民主主義革命が、大衆による新らしき規範意識の獲得ではなく、まさに単なる大衆の感覚的解放にとどまる形で挫折しようとしていたことも事実なのであって、こうした挫折への予感が、丸山をして、日本の自社会・自文化に対する新たな構造分析へと向かわせたのだと思われる。そして、これこそが、「日本の思想」（一九五七年）と「開国」（一九五九年）とによってはじめられた日本の思想的過去の構造化の試みと、文化接触と文化変容という契機を思想史の方法に導入するという丸山の方法論の転回だったのである。

もっとも、丸山の構造分析が、レヴィ＝ストロースの神話分析の手法を記紀神話の分析に応用した大林太良の『日本神話の構造』（四九）や古田敦彦の『日本神話の特色』（五〇）、またＦ・マセの『古事記神話の構造』（五一）――筆者の見るかぎり、特にマセの分析は非常に興味深いものだと思われるのだが――等の試みや、あるいは、構造主義人類学によるアフリカ社会分析を日本に応用しようとする山口昌男らの試みとは、まったく異質なものであったことは言うまでもあるまい。

それは、まず日本の思想的過去を「日本にいろいろな個別的思想の座標軸の役割を果たすような思想的伝統が形成されなかったという問題と、およそ千年をへだてる昔から現代にいたるまでの世界の重要な思想的産物は、ほとんど日本思想史のなかにストックとしてあるという事実」（五二）によって示される無構造の「伝統」として構造的に把握しようとすることからはじまり、さらに進んで、全体構造としての日本精神史における「個体性」を、外来文化の圧倒的な影響といわゆる「日本的なもの」の執拗な残存という「矛盾した二つの要素の統一」として把握し（五三）、「日本における多少とも体系的な思想や教義を内容的に構成」する外来思想が、日本に入ってきたときにかなり大幅な修正という形で受ける一定の変容のパターンの「おどろくほど共通した特徴」（五四）に着目するものへと展開していったのである。

かくして、丸山は、「歴史意識の『古層』」（五五）において、この文化変容の執拗に繰り返されるパターンをもたらすものを日本神話から消去法によって抽出しようとする作業を試み、歴史意識（あるいはコスモスの意識）における「つぎつぎなりゆくいきほひ」という「古層＝執拗低音」を抽出して見せるとともに、さらに倫理意識における「キヨキココロ・アカキココロ」、政治意識における「ツカヘマツル」等、他の領域における「古層＝執拗低音」の存在をも示唆したのである。

さて、こうした「古層＝執拗低音」について、丸山は、「（こうした）諸範疇はどの時代でも歴史的思考の主旋律をなしてはいなかった。むしろ支配的な主旋律として前面に出てきたのは、――歴史的思考だけでなく、他の世界像一般についてもそうであるが――儒・仏・老荘など大陸渡来の諸観念であり、また維新以降は西欧世界からの輸入思想であった。ただ、右のような基底範疇は、こうして『つぎつぎ』と摂取された諸観念に微妙な修飾をあたえ、ときには、ほとんどわれわれの意識をこえて、旋律全体のひびきを『日本的』に変容させてしまう。そこに執拗低音としての役割があった」(五六)と特徴づける。筆者には、こうした「古層＝執拗低音」の存在と、それによる文化変容の執拗に繰り返されるパターンこそが、社会制度や文化の基底において、それらを「無意識のレベル」で秩序づける「組織原理」であるとともに、要素と要素間の関係とからなる全体であって、この関係は一連の変形過程を通じて不変の特性を保持するものとして、独特の文化接触と文化変容の歴史を重ねてきた日本における構造そのものだったのではないかと思われるのである。

丸山は、こうした構造を、構造主義人類学が試みたように、異文化のそれ――あるいは、異文化としての過去のそれ――として理解しようとしたのではなく、まさに自文化としての日本の個体性の問題として自覚化しようとしたのだといえよう。しかも、『日本の思想』の「あとがき」において述べられているように、(五七)この自覚化は、無意識的なものの自覚化によるその統御と克服を求める丸山の戦略的意図(五八)によるものにはかならなかったのである。

筆者には、こうした点にこそ、西欧のポスト・モダニズムの思想と丸山のそれとの共鳴関係を見いだすべきなのではないかと思われるのである。

欲望・権力・自由のトリアーデ

最後に、西欧のポスト・モダニズムの思想と丸山のそれとの内容上の共鳴関係を、両者がともに欲望・権力・自由のトリアーデというテーマをめぐって、あたかも陽画と陰画のごとき関係で議論を展開している点に求めてみたい。

筆者は、すでに拙稿「『欲望』『権力』『自由』の近代思想史」（五九）において、西欧近代政治思想史の展開を欲望・権力・自由のトリアーデという視点から素描する試みを行った。すなわち、西欧近代政治思想は、共同体からの諸個人の解放と、それに伴う諸個人の欲望の解放という事態と向き合うことからはじまり、欲望の解放によってもたらされる「万人の万人に対する戦争状態」と、この戦争状態の回避のために人々を外在的に威圧する権力＝リヴァイアサンとの双方から逃れる道として、（イ）自己規律と自己統治による欲望の制御によって、国家権力の介入し得ない領域を確保し、拡大しようとする「国家からの自由」（＝ロック的自由）と、（ロ）自発的・自覚的な共同性の再構築によって欲望に駆られる諸個人を支配し、欲望からの解放を実現しようとする「欲望からの自由」（＝ルソー的自由）という二つの自由の系譜を生みだし、この両者の交錯によって展開してきたというものである。

拙稿でも若干触れたように、西欧のポスト・モダニズムが真正面から自己批判の対象としているものは、とりわけ（イ）の自己規律による欲望の制御としての自由の系譜なのであり、近代的理性によって欲望を自己規律し制御する合理的で自由な近代的主体性こそが、彼らの解体しようとする最大の標的なのである。

こうした理性的な主体は、ヴェーバーが『プロテスタンティズムの倫理と資本主義の精神』において描き出したように絶対的な超越神と各人が一対一で向き合うという、西欧の特種な信仰形態によって課せられたものともいえようが、西欧のポスト・モダニストたちは、それ以外にも、あるいはデカルト的なコギトの明証性に、あるいはアリストテレス以来の形而上学と存在論にと、さまざまにその端源をさぐりつつ、それらを解体し、そこからの離脱をはかろうとするのである。

なぜならば、フーコーが論ずるように、こうした近代的で理性的な主体こそが、非理性をはじめとする異質性＝他者を排除し、監視を内面化し自動化された権力そのものにほかならないからであり、また、こうした内面における抑圧こそが、逆に権力装置としての欲望を際限なく生産するからなのである。そしてまた、アドルノが論じるように理性による自らの「内なる自然」（＝欲望）の支配は、同時に、「外なる自然」（自然環境だけでなく異質性をもった他者をも含んだ）の暴力的な支配と一体不可分だからである。

しかし、逆に内面的規範による欲望の自己規律という契機を解体しさえすれば、果たして問題は解決され得るのであろうか。丸山の日本への自己批判は、実は、こうした陰画のような問いにこそ向けられていたのである。

丸山が論文「超国家主義の論理と心理」で描き出そうとしたものは、内容的価値の実体たることにどこまでも自己の支配根拠を置き、倫理的実体として価値内容の独占的決定者たろうとする国家と、「滅私奉公」の名のもとに諸個人の主観的内面性が否定され、「私事」の倫理性が内部に存せずして国家的なるものとの合一化に存するような、自由な主体的意識の欠如とによって構造化された超国家主義の論理と心理であった。そして、そこに展開したものは、「私事」＝悪というオモテの論理とは裏腹に、国家的なるものの内部へ私的利害が無制限に侵入することによってもたらされるグロテスクな病理現象の数々なのであった。すでに触れた南京大虐殺に象徴される日本軍の暴虐な振舞いもまた、こうした病理現象、とりわけ抑圧移譲の原理によるものだったのである。

「国内では『卑しい』人民であり、営内では二等兵でも一たび外地に赴けば、皇軍として究極的価値と連なることによつて限りなき優越的地位に立つ。市民生活に於てまた軍隊生活に於て、圧迫を移譲すべき場所を持たない大衆が、一たび優位的地位に立つとき、己れにのしかかっていた全重圧から一挙に解放されんと爆発的な衝動に駆り立てられたのは怪しむに足りない。彼らの蛮行はそうした乱舞の悲しい記念碑ではなかつたか（六〇）」という叙述において、そのクライマックスを迎える超国家主義の心理構造の分析は、内面的規範の欠如が、一方では、「滅私奉公」の論理によって私的な欲望の追求を徹底的に禁じつつも、他方で、ひとたび国家の名において行為し得る機会が与えられれば、そうした私的な欲望を何者にも制限されることなく爆発させることを許すという恐るべき帰結をもたらすのだということを明らかにしたのである。

しかも、こうした超国家主義の心理構造は、まさに「古層＝執拗低音」による文化変容によって、日本の思想的過去において繰り返し現れる（イ）諸個人の内面性に媒介されぬ外在的な公的＝政治的規範と、（ロ）人間の自然的心情の解放としての規範なき内面性との分裂から帰結した病理にほかならなかったのである。そして、「古層＝執拗低音」論の提起に至るまでの丸山が、さまざまな主題を通して析出していたものは、実は、こうした分裂の執拗に繰り返されるパターンだったのである。

すなわち、『日本政治思想史研究』が描き出した朱子学的思惟様式の崩壊過程は、実は、――丸山の超学問的動機による「近代性」への過剰なバイアスを差し引いて読めば――「前期的な近代的意識」の展開であったというよりは、むしろ朱子学という外来思想の変容の過程だったのであり、それは、（イ）一方において、自然の理＝天道から切断され、「聖人たる先王の治国平天下の道」として聖人の作為とされた政道を、公的＝政治的なものとして昇華して、個人道徳に立ち入ることのないものとして外在化した徂徠学と、（ロ）他方において、こうした道の外在化によって私的内面的生活をリゴリズムから解放し、人間の自然的性情を容認した徂徠学を、道の内容を全く異にしながら道の根拠づけにおいて同じ思惟方法をとりつつ、思惟の体系化の中心を私的領域たる内面的心情におくという形で転倒的に継承し、一切の規範なきところにこそ道を見いだした宣長学との分裂をもたらすものだったと読むことができるのである。

そして、同様の分裂の過程は、幕末・維新期の「開国」過程における西欧近代との文化接触と文化変容の過程にもあらわれる。すなわち、この過程は、論文「明治国家の思想」においては、「政治的な底辺への拡がりによつて、下から支えられたところのナショナリズムが、上からの官僚的な国家主義によつて吸収されてしまうということになると、国民を国民として内面から把握するところの思想というものは最早ない訳であります。したがつて国民思想は一方には個人的内面性に媒介されないところの国家主義と、他方には全く非政治的な、つまり星や菫花を詠い、感覚的本能的生活の解放に向かうところの個人主義という二者に分裂して相互が無媒介に併存する様になる[六一]」と描き出され、また、後の論文「開国」においては、上からの法律革命の下降現象と自由の名による官能性のアナーキーとの分裂として描き出されたのである。また、『日本の思想』が描き出した理論信仰と実感信仰との対立も、こうした分裂の一つのバリエーションであったと言えよう。

だからこそ、丸山は、後に「第三の開国」と位置づけられることになる戦後期の民主主義革命の課題を「単なる大衆の感覚的解放ではなくして、どこまでも新しき規範意識をいかに大衆が獲得するかということにかかつている[六二]」と見なしたのであり、そして、戦後民主主義革命の過程が、まさに、高度経済成長による単なる大衆の感覚的解放に終わろうとしていたからこそ、こうした執拗に繰り返されるパターンへの注目と、それをもたらす「つぎつぎなりゆくいきほひ」、「キヨキココロ・アカキココロ」という「古層＝執拗低音」の自覚化、そして、その自覚化による制御と克服を求めていくこととなったのである。

丸山が、「古層＝執拗低音」を本居宣長に依拠しながら抽出したことも、――子安宣邦や米谷匡史らはそれを激しく非難するのだが[六三]――故なしとすべきではないのであって、それは、一切の規範なきところに道を見いだし、人間の自然的性情を肯定する宣長学こそが、「古層＝執拗低音」の極めて明確な隆起を表現していると考えたからにほかならなかったのであろう。

いずれにせよ、丸山が、その方法論の転回にもかかわらず、終始一貫して問題にし続けたものは、西欧のポスト・モダニストたちが、その解体を求めようとした欲望を自己規律する内面的規範の、日本における欠如だったのである。その欠如は、人間の欲望を自然的性情として肯定し、感覚的本能的生活の解放や自由の名による官能性のアナーキーをもたらすだけでなく、その病理的極限において、超国家主義の心理構造をも現出させるものなのであり、そして、この欠如をもたらすものこそ、「古層＝執拗低音」にほかならなかったのである。

西欧のポスト・モダニズムと丸山とのこうした対比は、一方がその解体を求めているものを、他方がその欠如をこそ問題としているという点で、「日本のポスト・モダニスト」の「近代主義」批判を正当化するように見えるかもしれない。しかし、西欧のポスト・モダニズムに対して、自己規律的な主体の解体による欲望の全面的解放を求める官能性のアナーキズムではないかとする批判――残念ながら、こうした批判の仕方が存在することも確かだが――を行うことがまったく不当であるように、西欧のポスト・モダニストと丸山とを対立の構図においてのみ捉えることは決して生産的ではないであろう。むしろ、欲望・権力・自由のトリアーデという共通の問題をめぐる陽画と陰画のような相互補完的な議論として、両者の共鳴関係を重視するほうがヨリ生産的なのではないかと、筆者には思われる。

最晩年のフーコーが『性の歴史』において、「主体（＝臣下）＝権力」としての近代的主体とは異質な禁欲的主体を、古代ギリシャや古代ローマの貴族たちの「生存の美学」に探ろうとしていたことと、[六四]他方で、丸山が、現代における「生の非合理性」にとって外在的なものではない合理性をつくり出すことを求め、「型」をみがき洗練することにより全体の文化体系を完成した社会として江戸時代を高く評価するとともに、[六五]「現代日本の知的世界に切実に不足し、もっとも要求されるのは、ラディカル（根底的）な精神的貴族主義がラディカルな民主主義と内面的にむすびつくことではないか」（六六）として、あえて精神的貴族主義による自立化を主張したことを鑑みるならば、両者の間に、西欧と日本の構造を離脱しようとする方向において、一定の共鳴関係を見いだすこともまた、決して不当ではないように思われるのである。

「開かれた社会」への道を求めて

本章では、西欧のポスト・モダニズムの思想と丸山眞男のそれとの共鳴関係を聞き取る作業を行ってきたが、その主旨は、決してこの両者を同質の思想として描き出すことではなかった。むしろ、両者は、（西欧と日本という）洋の東西において、同時代的な問題に直面しつつ、自社会・自文化への自己批判的考察を展開した思想として、しかも、ある面では陽画と陰画のごとき関係にさえ立っているものとして、相互補完的な関係に位置づけられるべきだと思われるのである。

それ故、一方を他方の高みから批判することは、――それが丸山への「近代主義」批判であろうと、西欧のポスト・モダニズムへのオリエンタリズム批判であろうと――決して生産的なことではなく、むしろ、両者の自己批判的考察に耳を傾けつつ、これらを西欧近代的なるものでも日本的なるもの（あるいは、アジア的なるもの）でもない、真に「開かれた社会」への道を探るための糧として真摯に受けとめていくことが必要なのだと思われる。

七〇年代の丸山は、「眼を『西欧的』世界に転ずると、『神は死んだ』とニーチェがくちばしってから一世紀たって、そこでの様相はどうやら右のような日本の情景にますます似て来ているように見える。もしかすると、われわれの歴史意識を特徴づける『変化の持続』は、その面においても、現代日本を世界の最先進国に位置づける要因になっているかもしれない。このパラドックスを世界史における『理性の狡知』のもう一つの現われとみるべきか、それとも、それは急速に終幕に向かっているコメディアなのか（六七）」と、「歴史意識の『古層』」を締めくくったが、西欧は、この四半世紀の間に、ポスト・モダニズムによる自己批判を受けとめながら、エコロジカルな価値の確実な定着や、欧州統合の動きにもまして、国境を越えて行動するＮＧＯの活動にも示される国民国家の相対化など、新たな道を実践的にも探り始めているように思われる。

しかし、日本に眼を転ずれば、そこでは、藤田省三が「現代日本の精神（六八）」で指摘したような自己批判能力の決定的な欠如のもとで、奇しくも酒井直樹が提示したあの「批判意識と社会的現実に能動的に働きかける能力をもたない現在の日本の現実に単純に満足した人間」の横溢や、「不景気が二三年も続けば吹き飛んでしまうようなオポチュニスティックな自己賛美の議論」が横行するばかりであった。そして、「こうした議論を許すような達成感と批判力を欠いた国民主義」が舞い踊ったバブルの時代を経験し、それが崩壊したいま、自由な競争を激しく喚起する叫びの喧噪と、藤田によって「『安楽』への全体主義（六九）」と呼ばれたもののさらなる蔓延とシステム化が、ある種の堪えがたい閉塞感を醸し出し続けている。

丸山が生涯を通じて展開しようとした日本への自己批判的考察は、「未完のプロジェクト」として、現代の日本に生きる我々にいまなお課せられ続けているのではないかと、筆者には思われるのである。

【註】

（一）　笹倉前掲書。
（二）　宇野編前掲書、二七四頁、の「丸山真男は、……ドゥルーズの『地層学』に類似する観点から、歴史意識の『古層』あるいは『執拗低音』を紀記神話に遡って抽出した。外来思想の主旋律を変容・修正してしまう執拗低音の研究は、私たちを無意識の裡に拘束しているものを対象化することによって足元をすくわれないようにするために是非ともやらなければならない作業である」という言明。
（三）　『現代思想』第二二巻一号、二二二頁。
（四）　竹内、筑摩書房、一九八九年、一〇九頁。
（五）　前掲『現代思想』、二二四頁。
（六）　ホルクハイマー／アドルノ、邦訳『啓蒙の弁証法―哲学的断章―』徳永恂訳、岩波書店、一九九〇年。
（七）　丸山、東京大学出版会、一九五二年。
（八）　前掲『現代思想』、八二―八三頁。
（九）　同、八四頁。
（一〇）同、八九頁。
（一一）同、一〇一頁。
（一二）丸山、未来社、一九六四年。
（一三）前掲『現代思想』、一八九頁。
（一四）同、一八三―一八四頁。
（一五）同、一八四頁。

（一六）同前。
（一七）同前。
（一八）同、一八五頁。
（一九）同、一八七頁。
（二〇）同前。
（二一）同、一八八頁。
（二二）同、一八九頁。
（二三）同、一八五頁。
（二四）同、一八八頁。
（二五）同、一八九頁。
（二六）同前。
（二七）同、二一三頁。
（二八）同前。
（二九）同前。
（三〇）同、二一四―二一五頁。
（三一）丸山『日本政治思想史研究』、三七二頁。『集』⑤、二九〇頁。
（三二）宇野編前掲書、二七五頁。
（三三）細見、講談社、一九九六年。
（三四）同、二七頁。
（三五）同、一三四頁。

(三六)ホルクハイマー/アドルノ、前掲邦訳書、ix頁。
(三七)細見前掲書、一三三頁。
(三八)湯浅博雄『バタイユ　消尽』講談社、一九九七年、一八一一九頁。
(三九)桜井哲夫『フーコー　知と権力』講談社、一九九六年、三六一三七頁。
(四〇)丸山『戦中と戦後の間』、三二一頁。『集』①、三二一頁。
(四一)藤原彰『新版南京大虐殺』岩波書店、一九八九年、八一九頁、四二頁。
(四二)渡辺公三『レヴィ=ストロース　構造』講談社、一九九六年、一二頁。
(四三)フーコー、邦訳『狂気の歴史―古典主義時代における―』田村俶訳、新潮社、一九七五年。
(四四)同、邦訳『監獄の誕生―監視と処罰―』田村俶訳、新潮社、一九七七年。
(四五)同、邦訳『性の歴史Ⅰ知への意志』渡辺守章訳、新潮社、一九八六年。
(四六)同、邦訳『性の歴史Ⅱ快楽の活用』田村俶訳、新潮社、一九八七年、及び『性の歴史Ⅲ自己への配慮』田村俶訳、新潮社、一九八七年。
(四七)丸山『現代政治の思想と行動』、一二頁。『集』③、一七頁。
(四八)同『戦中と戦後の間』、三〇五頁。『集』③、一六一頁。
(四九)大林、弘文堂、一九七五年。
(五〇)古田、青土社、一九八九年。
(五一)フランソワ・マセ、中央公論社、一九八九年。
(五二)丸山『日本の思想』、一八七頁。『集』⑨、一一四頁。
(五三)丸山「原型・古層・執拗低音―日本思想史方法論についての私の歩み」、武田清子編『日本文化のかくれた形』岩波書店、一九八四年、一二九―一三〇頁。『集』⑫、一三八頁。

（五四）同、一三九頁。『集』⑫、一四六頁。
（五五）丸山『忠誠と反逆』所収。『集』⑩所収。
（五六）同、三三四頁。『集』⑩、四五頁。
（五七）同『日本の思想』、一八七頁、『集』⑨、一一四―一一五頁、における「私自身としてはこうして現在からして日本の思想的過去の構造化を試みたことで、はじめて従来より『身軽』になり、これまでいわば背中にズルズルとひきずっていた『伝統』を前に引き据えて、将来に向っての可能性をそのなかから『自由』に探って行ける地点に立ったように思われた」という言明。
（五八）笹倉前掲書、二六〇―二六一頁。
（五九）拙稿、冨田宏治・神谷章生編『〈自由―社会〉主義の政治学』晃洋書房、一九九七年、所収。
（六〇）丸山『現代政治の思想と行動』、二六頁。『集』③、三三―三四頁。
（六一）同『戦中と戦後の間』、二三四―二三五頁。『集』④、八一頁。
（六二）同、三〇五頁。『集』③、一六一頁。
（六三）子安宣邦「『古層』論への懐疑」、『現代の理論』一九八六年七月号、及び米谷「丸山真男の日本批判」、前掲『現代思想』、一五四頁以下。
（六四）フーコーの「生存の美学」に関しては、宮原浩二郎『貴人論―思想の現在あるいは源氏物語』新曜社、一九九二年、参照。
（六五）笹倉前掲書、二九二頁。
（六六）丸山『日本の思想』、一七九頁。『集』⑧、四四頁。
（六七）同『忠誠と反逆』、三五一頁。『集』⑩、六四頁。
（六八）藤田『全体主義の時代経験』みすず書房、一九九五年。

（六九）同前。

第五章　「自己内対話」と「近代的主体」

丸山眞男の没後、丸山の多岐にわたる「読書、抄録、談話要約、発想、告白、体験、社会批判、感想、省察、その他などを含む覚書メモ」（一）が収められた三冊のノートが発見された。これらのノートは、小尾俊人の手によって編集され、一九九八年二月に、『自己内対話』と題された一巻の書物として刊行された。編者の小尾がその「あとがき」で述べているように、これらのノートには、丸山の「生前に執筆されたものには殆ど表現されていない多くの覚書や感想が収められて」おり、「公と私・法と倫理・外的規範と内部規律などをめぐっての矛盾・逆説・アンビバレンスの提示があ」り、まさに「自己内対話」の世界が展開されている。（二）

これらのノートは、丸山の思想と学問への内在的な理解と批判の一層の深化を志す者にとって、重要な導きの糸となるであろうことは言うまでもなく、すでに、これらのノートに導かれるように間宮陽介が『丸山眞男――近代日本における公と私』（三）を刊行している。

また、このノートには、たとえば、

> 祭祀行事と文学（的）情念の日本における政治的なるものとの関連。この二つからのアプローチが日本の政治を解く鍵であり、それは古代天皇制から三派全学連にまで共通する特質である。私のこれまでの日本政治の歴史研究にしろ、現状分析にしろ、この二つの面からのアプローチにおいてははなはだ不十分であったことを、私は自認せざるをえない。……むろん私は「現代流行の」柳田民俗学へのもたれかかりを依然とし

て拒否するだろう。しかし、少くも民俗学から素材として、中央と地方の祭祀の社会学的構造と精神構造を学び、方法的には、比較的考察――たとえばクーランジュから構造主義にいたるまでの「未開社会」研究――にとりくまなければ、古代についても現代についても私が数年来講義で言及して来た日本思想の「原型」の問題は、これ以上進まないであろう。それは気の遠くなるような課題だ。[四]

といった覚書に見られるように、丸山が果たすべくして果たしえず、それ故に我々後進の誰かが引き継がなければならないであろう学問的・思想的課題も提示されている。

　しかし、これまで本書で、丸山の政治思想の射程と今日的意義を問題としてきた筆者にとって、何よりもまず注目しなければならないのは、これらのノートを一巻の書物にまとめた小尾が、この書物の題名に冠した「自己内対話」という概念であり、また、この書名の出典となった以下のような丸山の覚書であろう。すなわち、

　国際交流よりも国内交流を、国内交流よりも、人格内交流を！　自己自身のなかで対話をもたぬ者がどうしてコミュニケーションによる進歩を信じられるのか。

○

　俺はコーヒーがすきだという主張と俺は紅茶がすきだという主張との間にはコーヒーと紅茶の優劣についてのディスカッションの成立する余地はない。論争がしばしば無意味で不毛なのは、論争者がただもっともらしいレトリックで自己の嗜好を相互にぶつけ合っているからである。自己内対話は、自分のきらいなものを自分の精神のなかに位置づけ、あたかもそれがすきであるかのような自分を想定し、その立場に立って自然的自我と対話することである。他在において認識するとはそういうことだ。[五]

ヨーロッパの書物や雑誌で見る論争と、日本のそれとの一つの顕著なちがいは、前者では、論争相手の主張が――多くの場合非常に長い引用で紹介されるので、相手が大体何をいかにのべているのかが反対者の文章を通じてでも見当がつく。日本の場合には、相手はもっぱら不道徳な存在か、そうでなければ愚劣な矮小化された形でしか現われて来ないので、もとの文章を読まないでは、相手の論理をほとんど理解することができない。マンハイムが学問的自由とは知的好奇心にほかならず、ヘーゲル的なコトバでいえば、他者を他在において理解することなのだといっていることが思い出される。ここでマンハイムはナチ世界の学問的不毛性と退廃の根源をまさにそうした知的好奇心の欠如に見出しているのだ。(六)

小尾が「自己内対話」の世界を「公と私・法と倫理・外的規範と内部規律などをめぐっての矛盾・逆説・アンビバレンスの提示」に見出しているように、丸山の言うこの「自己内対話」が、笹倉秀夫が『丸山真男論ノート』で析出し、「主体的緊張の弁証法」と名づけた(七)丸山の思考方法(八)に深く関わっていることは言うまでもあるまい。すでに筆者は、こうした「主体的緊張の弁証法」は、笹倉の言うような丸山自身の思考方法を特徴づけるものに留まるものではなく、丸山の追求してやまなかった「近代的意識」の内実もまた、自由主義的原理と民主主義的原理とのアンチノミーの自覚によってこそ構成されていたのであり、また、こうしたアンチノミーの自覚により緊張した主体こそが、丸山の追求した「近代的主体」のあり方ではなかったのかと、本書の各所でくり返し示唆してきた。

先に引用した「自己内対話」をめぐる断片的な覚書は、こうした筆者の示唆を裏付けるものであるように思われる。同時に、ここでの丸山がコミュニケーションと他者を他在において理解することをひときわ強く打ち出している点に注目する時、そこにはまた、丸山の追求した「近代的主体」の意味を再確認し、再評価していくための重要な手掛かりが新たに提示されているようにも思われる。

もちろん、先に引用した断章的な覚書は、三派全学連の名がくり返し現われることにも明らかなように、いわゆる「東大紛争」の渦中にあった丸山が、具体的な諸事件に直面しながら、それらとの関係で書き記したものであるという側面も持っている。それ故、これらの覚書を、一九六八年の東大という特殊な状況のもとで、丸山が何を考え、何を問題としていたのかという視点から取り扱うことも、きわめて興味深い作業となるかもしれない。

しかし、筆者は、これらの断章的覚書を本書がこれまで問題としてきた丸山の「近代主義」の射程を問い直すという作業の中に位置づけながら取り扱っていきたいと思う。すなわち、本章の課題は、こうした「自己内対話」をめぐる丸山の覚書を手掛かりに、丸山の追求してやまなかった「近代的意識」「近代的主体」そして「近代」の意義の再確認と再評価の作業を、筆者なりにあらためて試みることなのである。

第一節　「近代的意識」と「自己内対話」

筆者はすでに、本書第一章及び第二章において、丸山の追求してやまなかった「近代的意識」の意義と、それを実現しようとする丸山の政治戦略に関して、次のような見解を提示してきた。すなわちそれは、

①丸山の追求した「近代的意識」とは、主体的個人と民主国家との民主主義的自己同一性（＝民主主義原理）と個人の個体的存在としての自立性・尊厳性（＝自由主義原理）という両極の追求と、その相互対立と緊張関係についての自覚（＝アンチノミーの自覚）を内容とする意識だったのではないかということ。

②丸山の求める「近代」とは、こうした内面的緊張をともなう「近代的意識」によって支えられた永続する民

主化のプロセス（＝「永久革命」としての民主主義）のことにほかならなかったのではないかということ。

③丸山の学問的営為が、初期の『日本政治思想史研究』から一九七〇年代以降の「古層＝執拗低音」論に至るまで一貫して、具体的・歴史的な意味での近代日本において、この「近代的意識」が、内面性に媒介されぬ外在的な公的＝政治的規範と、人間の自然的心情の解放としての規範なき内面性との分裂によって未形成のまま今日に至っている事実と、その分裂を繰り返しもたらしつづけた要因とを明らかにすることに向けられつづけたのだということ。

④実践的には、丸山の政治戦略の基本が、自立化した人々の（同時に人々を自立化させる）非政治的自発的結社（たとえば精神的貴族主義によって自立化した知識人の結社）と、民主化した人々の（同時に人々を民主化させる）純政治的自発的結社（たとえば、典型的には階級的前衛政党やその指導下にある大衆運動など）との両者の社会的規模での形成と、それら両者による社会的規模での均衡状態と緊張関係の形成とに置かれていたのであり、こうした均衡と緊張によって、社会全体の永続する民主化のプロセスとしての「近代」が展開すると展望されていたのだということ、であった。（九）

さらに筆者は、本書第二章において、（a）民主化の結社と自立化の結社との緊張関係の社会的規模での確立と展開という丸山の政治戦略と、（b）諸個人の内面における自由主義原理及び民主主義原理の内面的緊張を内容とする「近代的意識」の獲得という問題（すなわち、丸山にとっての「近代的主体」形成の問題）とを媒介する契機が、（c）自発的結社内部における自発性と組織性の緊張関係にあるとされているのではないかと指摘し、個々の自発的結社が自発的結社であるかぎり不可避的に直面せざるを得ないその内部における自発性と組織性との緊張関係は、言い換えれば、結社内部における自由主義原理と民主主義原理との緊張関係にほかならないのであり、自発的結社の構成員は、こうした結社の自発的な構成員である限り、その結社との関係において、この両原理の緊張関係に不断にさらされることになる。そうであるがゆえに、社会的規模での民主化の結社と自立化の結社との緊張関係を、不断に自らの問題として内面化し、自由主義原理と民主主義原理との内面的緊張を内容とする近代的意識を獲得するチャネルが開かれることとなるのだと論じてきた。(一〇)

しかし、先に引用した「自己内対話」をめぐる丸山の断章的覚書には、丸山の追求しつづけた「近代的意識」を獲得した主体、すなわち丸山の求めた「近代的主体」の形成という問題が、「自己内対話」する主体の形成という問題として、筆者が提示してきた個人と自発的結社及び自発的結社と自発的結社の関係という政治戦略レヴェルにおいてのみならず、自己と他者との関係というヨリ原理的なレヴェルにおいても捉え直されるべきものであることが提示されているように思われる。

すなわち、「自己内対話」する主体として措定された丸山の「近代的主体」とは、自由主義原理と民主主義原理のアンチノミーの自覚による内面的な緊張関係を孕んだ主体として提示されていたのみではなく、決して自己完結的な「閉じた主体」としてではなく、他者を他在において理解するとともに、「自分のきらいなものを自分の精神のなかに位置づけ、あたかもそれがすきであるかのような自分を想定し、その立場に立って自然的自我と対話する」ような、換言すれば、他者を不断に内面化することによって、自己の内面の緊張関係を不断に更新しつづけるような「開かれている主体」として提示されていたのではないかということである。さらに言えば、「自己内対話」する主体としての「近代的主体」がこのような「開かれている主体」として措定されていたからこそ、丸山は——筆者が理解したように——自発的結社内部の自発性と組織性との緊張関係や自立化の結社と民主化の結社という自発的結社間の緊張関係が「近代的主体」によって不断に内面化され、主体内部の緊張関係が更新・維持され続けると想定し得たのであり、また、それゆえにこそ「近代」を永続する民主化のプロセス(=「永久革命」としての民主主義)として構想し得たのではないかと思われるのである。

丸山は、「自分がすでに開けていると思うことによって、実は閉じた精神に転化」している「開けた精神」と区別して、「開かれている精神」を「自らをも他をも開く作用をいとなむ」ものだと語っている（一一）。『自己内対話』に触発されて『丸山眞男―日本近代における公と私』を著した間宮陽介も、丸山の思想の核心がこの「開かれている精神」にあることに注目している。

間宮は、丸山は決して俗にいう意味での「近代主義」者ではないとし、「彼の思想を前近代、近代、脱近代といった思想の時代区分のなかに押し込めることは不可能だし、進歩主義や啓蒙合理主義といったイデオロギーで象ることもできない（一二）」と述べ、つづいて次のように論じる。

> どのような思想にも思想家の生理のようなものが投影されているものであるが、丸山の場合には、それはナルシズムへの嫌悪である。自己を一つの小宇宙に仕立て上げてその小宇宙に自閉しようとする。そしてその自閉状態を苦痛に感じるどころか、その居心地のよさに安住しようとする。それがナルシズムである。このナルシズムの観点からみたとき、丸山の目には、「前近代」主義も「近代」主義も、そして「脱近代」主義もまったく同列だと映った。俗流に解釈された進歩主義や啓蒙主義にしても同様である。彼のみるところ、啓蒙ほんらいの「開かれている精神」は、外界（西洋）に向けて目をキョロキョロさせるだけの「開けた精神」と化している。「開けた精神」によって愚昧な大衆を教化できると信じている世の啓蒙主義者の精神はじつは「閉じた精神」である。……前近代の伝統も、近代の理性も、そして脱近代の感性も、自己の外部に開くよりはむしろ自己を閉ざす殻となっている。丸山は折に触れて、日本人の「他者感覚」の欠如について語っている。他者を他者＝他在として認識するには自己を自閉の殻から解放しなければならない、というのがその主張である。自己を開かなければ、伝統主義は「ズルズルべったり」の共同体主義になり、啓蒙合理

主義は理性や知性の専制主義に、ポスト・モダニズムは「処置なしのロマン主義」に変色してしまうだろう。モダニズムだポスト・モダニズムだといいながら、これらのイズムがえてして同類異種のイズムになりやすいのは、彼らの精神が閉じている点では共通しているからである。（一三）

青年時代にファシズムを体験し戦後になって近代化の意味を考え抜こうとした丸山もまた、デカルトに端を発する問題に直面することとなった。近代化を遂行し近代社会の担い手になるのが自律的人間である。それはいい。だが自律的人間はややもすれば私化した自閉的人間となりやすい。……開かれた精神と開けた精神とは違う。開けた精神はたんなるのぞき見的な好奇心、新しもの好きの精神であって、自己は閉ざされたままである。それは異質なものと対決することによって自己を改変する可能性をもたない。これに対して、開かれた精神は自己の外部に向かって開かれているとともに、自己の内部に向けても開かれている。（一四）

長い引用となったが、以上のような間宮の議論は、丸山の思想の核心を見事に把握したものと言ってよい。間宮が『自己内対話』から読み取った「開かれている精神」は、笹倉秀夫が『丸山真男論ノート』で指摘した「主体的緊張の弁証法」とともに、丸山自身の思想の核心を見事に把握したものと考えてよいだろう。

そして、この「開かれている精神」は同時に、丸山がその形成を追求してやまなかった「近代的主体」を構成する不可欠の要素だったのであり、こうした「開かれている精神」を有した「自己内対話」する主体としての「近代的主体」によって担われてこそ、「近代」は永続する民主化のプロセス（＝「永久革命」としての民主主義）として展開すると構想され得たのであろう。「開かれている精神」による他者（自発的結社の内と外とで批判的に共同する他者）との不断のコミュニケーションと、その不断の内面化による主体内部での緊張関係の維持・更新と「自己内対話」の永続的な展開、これこそが、コミュニケーションによる進歩を信ずる丸山の永続する民主化のプロセス（＝「永久革命」としての民主主義）としての「近代」の構想にほかならなかったのである。

ここで注目すべき点は、「開かれている精神」により「自己内対話」する主体をこそ「近代的主体」として措定する丸山の立場からすれば、間宮が指摘するように、西欧近代的な主体とその啓蒙的理性や啓蒙的合理主義も、それが「自己の外部に開くよりはむしろ自己を閉ざす殻」となって、理性や知性の専制主義をもたらすものとなる限り、批判の対象へと転じざるを得ないものなのであり、その点では、丸山の立場とポスト・モダニズムのそれとは、軌を一にする可能性を持っているということである。

もっとも、啓蒙的理性を厳しく否定するポスト・モダニズムのイズムさえも、それがもし自己を閉ざす殻となって「処置なしのロマン主義」へと変色したり、また、「日本のポスト・モダニスト」にしばしば見られるように、西欧の地では深刻な自己批判だったものが、日本ではいとも安易な自己肯定に変質してしまい、しかもそのことに無自覚でいる限り、(一五)これもまた、丸山の立場から批判されるべき対象とならざるを得ないということとなるであろう。間宮の言う通り、「閉じた精神」を共有する限り、「ナショナリティーの脱構築を唱えるポスト・モダン派が、ある日、突然、ナショナリストに変貌しないと」は、誰も保証できないからである。(一六)

いずれにせよ、本書の各所でくり返し示唆してきたように、「近代的主体」と「近代」をめぐる丸山の思想は、ポスト・モダニズムによって西欧近代合理主義への根源的な批判が提起されて久しい今日においても、「近代主義」というステロタイプ的批判によって、単純に捨て去られるべきものなどではないのである。このことは、「開かれている精神」と「自己内対話」という論点においても、あらためて確認されるべきであろう。

第二節 「自己内対話」と「対話的理性」

ポスト・モダニズムによる近代合理性批判――すなわち、啓蒙合理主義の理性や知性の専制主義への転化、あるいは啓蒙的理性の野蛮への転化の暴露とそれへの根源的な批判――を経た今日の思想状況のもとで、先に述べたような丸山の「近代的主体」像と「近代」像には、いったいいかなる思想的意義が認められるのであろうか。丸山の追求する「近代的主体」は、自分がすでに開けていると思うことによって、実は閉じた精神に転化している「開けた精神」ではなく、自らをも他をも開く作用をいとなむような「開かれている精神」を有するものとして措定されていた。そして、丸山にとって、「近代」とは、このような「近代的主体」によるコミュニケーションと「自己内対話」によって展開する永続する民主化のプロセス（＝「永久革命」としての民主主義）にほかならなかった。

こうした丸山の「近代的主体」像と「近代」像が、たとえば、ポスト構造主義の理性批判の挑戦を受け止めつつ、生活世界の合理化とコミュニケーション的合理性の増大を「近代」のポテンシャルとして救い出し、ポスト・モダニストたちの批判する「主体中心的理性」に対して「対話的理性」を対置するとともに、この「対話的理性」に依拠することによって、システム（市場経済＝経済システムと行政国家＝国家装置という相互に機能的にかみ合う二つのサブシステムからなる）による生活世界の侵蝕（植民地化）の解消を目指そうとするハーバーマスの「未完のプロジェクト」としての「近代」像との間に、なにがしかの共鳴関係を有していることは明らかであろう。

ハーバーマスは、第二次世界大戦後に展開した社会国家的プロジェクトの実現によって、国家の積極的な活動がたんに経済の循環過程に干渉するだけに限らず、その市民の生活の循環過程にまで干渉の手を延ばすこととなり、社会国家的プログラムを転換させる法的―行政的手段が、受動的なメディアではなくなり、むしろ、事態を個々に分散させ、正常にし、そして管理するための実践がこのメディアと結びつくようになっていることを指摘した上で、「フーコーが、日常のコミュニケーションの微細な枝葉に至るまで、追及していったのが、この実践による物象化と主体化の権力であった。たしかに生活世界が規則化され、分解され、コントロールされ、そして監視される形で行われる生活世界の変形は、たしかに物質的搾取や窮乏化という露骨な形式に比べれば、より洗練された方法である。しかし、心的なものと身体的なものに押しつけられ、内面化された社会的コンノリクトは、それゆえにこそ少なからず破壊的である」(一七)と、フーコーの問題提起を真摯に受け止める。

しかし、「たしかに、管理された世界に関するアドルノの理論や、権力に関するフーコーの理論は、ハイデガーのように技術を『組立（Gestell）』と規定して事細かに論じたり、デリダのように政治的なるものの本質を全体主義的と見て長々と弁じたりするのに比べれば、得る所が多く、理屈抜きに色々な知識を提供してくれる。しかし、彼らのだれも、文化的近代と社会的近代がもっているきわめて両義的な内容を鋭敏に感じとることはできない」(一八)として、フーコーらの行なう理性の全面批判に対しては不同意を表明するのである。なぜなら「一切が管理・計算・支配される世界の、平板で色褪せた光景のなかに、コントラストや陰影、その両義的な色合いといったものを見てとることは、理性の全面批判には、もはや不可能となる」(一九)からである。

こうした理性の全面批判に対して、ハーバーマスは、「主観中心的理性」の限界を乗り超えたものとして、日常の実践に内在している理性の潜在力から獲得されうるものであると同時に、この潜在力にもとづいてその正しさが立証されるものとしての「対話的理性」の概念を対置する。(二〇)そして、この理性概念を再建するには、自己言及的な理性批判がはらむパラドクスや、対立や差異をならして見えなくしてしまうそのやり口から手を引かなければならず、同時に、システム論というそれに対立するアプローチより優れたアプローチでなければならないとし、この両側面において、主観中心的な思考の陥穽に再び落ち込まないように用心しなければならないとするのである。というのも、「主観を中心に据えた思考では、自己の周囲にあるすべてのものとともに自己自身をも対象化してしまう道具的理性の全体主義的傾向からも、すべてのものを自己のなかに併合し、最後にはありとあらゆる差異を超えた統一性として勝利の声をあげる包括的理性の統合化傾向からも、理性の強制なき強制を解放することができない」からである。(一一)

ハーバーマスが、こうした「対話的理性」を「主観中心的理性」の限界を乗り超えたものとして提起できるのは、彼が、「近代」すなわち文化的近代と社会的近代を生活世界の合理化の過程としても把握するからにほかならない。ハーバーマスによれば、「近代」においては、「文化においては、伝統がますます流動化され、反省化されて、不断の修正に曝されるようになる。また、社会においては、秩序の正当性が、規範の設定と根拠づけの形式的な手続きに依存するようになり、最後には討議による手続きに依存するようになる。さらにまたパーソナリティーにおいては、きわめて抽象的な自我のアイデンティティが、不断の危機に曝されながらもみずからの手で調整されるようになる。確実だとみなされた知が批判的な解体に曝され、普遍化された価値と規範が設定され、……みずからの手で調整された個人化が行われるようになる――このような傾向に導く構造的な強制が生じてくる」からである。(一二) そして、文化の反省化・価値や規範の普遍化・社会化された主体の個人化の高まりが達成され、批判的な意識、自律的な意志形成、個性化が拡大され、したがって、以前は主体の実践に帰せられていた合理性の諸契機が、強められるようになるのは、言語によって産出される相互主観性のネットワークの拡大と緻密化のためであり、生活世界の合理化とは、差異化と稠密化を意味しているのであって、「ここでいう稠密化とは、相互主体性の糸から編み出される織物の織り地が稠密になることを意味するのであって、この織物が、分化の傾向をますます強める文化、社会、パーソナリティーという構成要素を、同時に結びつけるのである」とするので

ある。（一三）

こうしたハーバーマスの「対話的理性」の提起は、彼の大著『コミュニケーション的行為の理論』においてなされたとされるコミュニケーション論的転回によってもたらされたものである。

『ハーバーマスを読む』（一四）の共著者である水野邦彦によれば、意識哲学からコミュニケーション論へという転換を正当化するハーバーマスの意識哲学への批判の核心のひとつは、「意識一般が個々の世界定立的モナドの複数性に分解してしまうと、たちまち、そのような見地ではそのたびに一つの相互主観的世界がどのように構成されうるのかという問題が生じてくる」（一五）という言明に見られるように、モナドのように孤立した個々の主観を前提とした主観哲学ないしは意識哲学に存する根本的欠陥に向けられていたとされる。（一六）すなわち、

主観―客観図式において認識主観を体現する人間は、さしあたり自分ひとりである。自分と自分が認識する外界とが、そこで表象される対立項である。そこでは主観は単数でしかない。ほかの主観はそこでは捨象される。ところが、じっさいには自分と同様の主観を有する人間、つまりは他者が存在する。そこで人は、意識主体である自分に対する意識をもつだけでなく、他者に対する意識をもつ存在となる。これが対他存在であり、そこから他者との相克がはじまる。……他者の存在を認めた主観は、その他者の主観と共存してゆかなければならない。そこで相互主観的世界が生まれる。人間関係とは、資格として対等な主観の相互関係である。この相互主観的関係をハーバーマスはコミュニケーションとして把握する。コミュニケーションとはいわば人間の社会的関係の総体をあらわす概念である。（一七）

他者を他在として理解することのできる「開かれている精神」を有した「自己内対話」する主体。丸山の求め

る「近代的主体」と、ハーバーマスのいう差異化と稠密化を意味する生活世界の合理化、すなわち言語によって産出される相互主観性のネットワークの拡大と緻密化ないしは相互主体性の糸から編み出される織物の稠密化によって、個性化と分化の傾向をますます強めると同時に結びつけられる「対話的理性」の担い手としての「社会的主体」とは、明らかにオーバーラップしているのである。

もちろん、哲学における言語論的転換こそがコミュニケーション的行為のなかで体現された理性を分析するための概念的手段を用意したという見地から、コミュニケーションにおける言語的媒介に焦点をしぼって、コミュニケーション的行為の理論を展開するハーバーマスの理論的・思想的営為と、丸山のそれとを同一視することは毛頭できるものではない。ただ、ポスト・モダニズムによる理性の全面批判から理性と「近代」のポテンシャルを救い出し、「近代」を「未完のプロジェクト」として追求しつづけるハーバーマスと、永続する民主化のプロセス（＝「永久革命」としての民主主義）としての「近代」を追い求める丸山との接近は、決して偶然のものではないのである。（二八）

丸山とハーバーマスとの接近は、より具体的なエピソードとして、一九八九年秋以降のソ連・東欧の社会主義体制の崩壊に際して、両者がともにこれまでになく積極的かつ肯定的に彼らなりの社会主義を語ろうとした点にもうかがうことができよう。

豊泉周治は、「『社会主義の終焉』が既成事実となったこの時代にあって、じつにハーバーマスは『社会主義者』としての面目躍如たるものがある。かつてハーバーマスが今日ほど積極的に『社会主義』を語ったことがあったであろうか。皮肉にもソ連・東欧諸国における社会主義体制の崩壊が、ハーバーマスの批判理論に対して、『社会主義』の再認識を迫ったことはまちがいないように思われる。もとよりその場合に『社会主義』が何を意味するかが問題だが、……まぎれもなくそれは、ハーバーマスの構築した批判理論の、とりわけ『コミュニケーシヨン論的転回』……以降の到達点であり、この時代における批判理論の自己確認の所産であった」(二九)とし、そこにおけるハーバーマスの社会主義の理念とは、ラディカルな民主主義的意見形成・意志形成による資本主義の社会的制約を意味する資本主義社会のラディカルな改良主義的自己批判という概念であって(三〇)、そこでは、従来の「国家」社会主義に対して、国家と経済のシステムから区分された「社会」＝生活世界の領域に、社会主義の資源がもとめられているのだと述べている(三一)。

他方、丸山は、その最晩年（一九九五年）の座談会「夜店と本店と―丸山眞男氏に聞く―」で、個人主義と国家主義の双方を否定しつつ、「残るは社会主義だけということになる。まあ社会連帯主義といってもいい」とのべ、「この頃、いよいよ本当の社会主義を擁護する時代になったなあ、という気がしてるんですよ」と語っていた(三二)。この時点での丸山の社会主義像がいかなるものであったのかは、必ずしも明らかではないものの、『自己内対話』には、以下のような丸山の社会主義像が描かれている。

私はどのような意味で社会主義者であるか、もしくはありたいか。第一に、国家主義――国家が社会と個人を併どんするようないかなる傾向にも反対だからである。社会主義は本質的にインターナショナルであり、それはいわゆる社会主義国家をもこえた原理でなければならない。インターナショナルは民族の連帯よりはむしろ世界市民の連帯である。

第二に、現代のテクノロジーと組織の肥大化及びその社会的相互連関の複雑化はもはやブルジョワ個人主義によって処理できなくなったからである。生産の社会化という現実を無責任なまた根本的な利潤追求原理に委ねないためには、生産と分配の計画化を欠くことはできない。ブルジョワ個人主義は国家（官僚）のフォーマルな組織化には敏感であるが、社会の中に成長する組織悪には鈍感である。近代巨大産業はまさに全体主義的で、指導者原理に依拠している。それは組織内部において全く権威主義的でありながら、他の社会に対しては無責任な自由を要求する。

けれども、第二の要求は第一の要求に従属する。したがって、この立場からは国家＝社会主義は個人主義よりもなお危険である。どこまでも個人＝社会主義でなければならない。計画化は個人個人の尊厳に奉仕する限りにおいてのみ是認される。(三三)

社会主義を「社会連帯主義」といってもいいと述べる晩年の丸山の社会主義像が、この覚書から大きく変化していたようには思われない。丸山とハーバーマスの二つの社会主義像の間には、もちろん大きな隔たりを見ることもできよう。しかし、そこにある共通のトーンが響いていることもまた明らかである。これもまた、「近代的主体」と「対話的理性」をめぐる両者の接近と無縁なものではないのであるまいか。

第三節　「自己内対話」と「根源的かつ多元的な民主主義」

丸山の求める「近代」が、永続する民主化のプロセス（＝「永久革命」としての民主主義）として、個人＝社会主義の方向へと展開していくものと展望されているのだとすれば、それは、根源的かつ多元的な民主主義（radical and pluralistic democracy）の発展と自由主義的社会主義の課題を次のように論ずるシャンタル・ムフの構想とも深く共鳴するものであるのかもしれない。

社会主義的な思想の伝統がいまだに重要な役割を果たすことができるのは、個人主義を問い直し、個人性への新たなアプローチ――それは、個人を単なる有機体的全体の構成要素に矮小化することなしに、個人の社会的性格を復興させるものである――を定式化するのに貢献することにおいてなのである。もしも私が信じるように、非個人主義的な個人の概念を磨き上げることが――普遍的なものと個別的なものとの新たな関係を可能にするための――最も喫緊の課題の一つであるならば、普遍主義と個人主義という障害から政治的自由主義を解放しなければならない。そして、社会主義の伝統は、そのような作業のために有用な洞察を提供できる。したがって私の考えでは、社会主義と政治的自由主義の節合は、自由民主主義によって作られた多元主義的な進歩を豊かにし、深化させることができ、根源的かつ多元的な民主主義の発展に求められる枠組みを作り出すのに役立ち得るのである。まさにこうした枠組みこそ民主的な闘争の多様性を十分に考慮する自由主義的社会主義が追求しなければならないものなのである。[三四]

一九六〇年代中葉にアルチュセールの下で学び、彼とフーコーの理論に決定的な影響を受けつつ、エルネスト・ラクラウとの共著『ポスト・マルクス主義と政治―根源的民主主義のために』（原題：*Hegemony and Socialist Strategy*,1985）[三五]において、言説理論的アプローチを駆使して、ポスト・マルクス主義と根源的で自由至上主義的かつ多元的な民主主義（radical,libertarian and plural democracy）の構想を提起したベルギー生まれの女性政治理論家であるシャンタル・ムフは、欧米の政治理論の領域では、チャールズ・テイラーやマイケル・ウォルツァーの次の世代のなかで最も注目されている一人であるとされている。[三六]

ムフは「社会主義の理想に関して問題だと思われているのは、近代のプロジェクトと密接に関連している進歩の理念そのものである。この点では、それまで文化に照準を合わせていたポストモダンに関する討議は一種の政治的転回を果たしたといえよう」として、ポスト・モダニズムの思想的意義を承認する。しかし、そのポスト・

モダニズムをめぐる議論が「あまりに早く一連の単純かつ不毛な固定的対立に行き着いてしまった」ことを批判するムフは、啓蒙の普遍主義的理想を批判するすべての人々の立場を保守主義のかどで非難するハーバーマスと、アウシュヴィッツ以後、近代のプロジェクトは廃棄されたと情熱をもって宣言するリオタールの双方を批判しつつ、「自己決定」(self-assertion／政治的プロジェクトと同一視され得るもの)と「自己の基礎づけ」(self-foundation／認識論的プロジェクト)との間には必然的関係が存在しないという前提を承認しさえすれば、「啓蒙の一定の特殊な合理性の形態に依拠せねばならないとの考えを放棄しながらも、同時に啓蒙の政治的プロジェクトを擁護することが可能となる」と主張するのである。(三七)

ムフが提示する根源的かつ多元的な民主主義のプロジェクトは、近代的でありながらも、同時にポストモダン的でもあると規定できるものである。それは「『近代の未完のプロジェクト』を追求するが、しかしこのプロジェクトにあっては、ハーバーマスと異なって、啓蒙の認識論的視座が果たす役割はもはや存在」しないとされるものであり、そこにおいては、非本質主義的視座から接近していくことが不可欠であるとされている。こうしてムフは、「哲学においてポストモダニズムと呼ばれる異なった系譜のなかで展開された諸種の理論的道具を使用し、また合理主義と主体主義へのそれらの批判を摂取していくことが、必要になってくる」とするのである。(三八)すなわち、

合理主義とヒューマニズムへの挑戦は、近代の全面的拒否を言い表すものではけっしてなく、ただ近代のなかの一つの特定のプロジェクトの危機を含意するものでしかない。同時にそのことはまた、われわれが、万人の平等と自由とを成就していった近代の政治的プロジェクトを放棄しなければならないということを含意するものではない。民主主義革命のこの局面をさらに追求し掘り下げていくためには、現代の民主的闘争

の全体的な拡がりと具体的固有性とを、十分に配慮していくことが必要である。いわゆるポストモダニズムの批判が一定の寄与をなし得るのは、まさにこの点においてである。(三九)

「民主主義は、その実現の契機そのもののなかに、それ自身の崩壊の端緒をもつ」ものにほかならず、「民主主義とは、完全には実現できないものである限りで、善きものとしてとどまる」(四〇)と論ずるムフの根源的かつ多元的な民主主義というプロジェクトは、「近代」の「未完のプロジェクト」であると同時に、永続する民主化のプロセスであり、まさに「永久革命」としての民主主義にほかならない。こうしたムフのプロジェクトの構想を支える非本質主義的視座とはいかなるものなのであろうか。

『政治的なるものの再興』の訳者たちによる訳注によれば、「認識論上の『本質主義的』アプローチは、人間の本性や事物の性質に関して、固定的かつ不変的、永続的かつ静態的、普遍的かつ一般的な『本質』を認めて、その『本質』を絶対的な構造と認識して、人間や事物を理解していく方法である。これは近代合理主義を含む従来の形而上学や哲学や認識方法の多くに共有されていた認識論的前提であった。これに対してムフは、一面哲学的ポストモダニズムの影響下に、『反本質主義』の認識論的立場に立脚する。この観点によれば、人間や事物には絶対不変の『本質』や『構造』といったものがなく、したがって多様な可能性、潜在力、動態性がそこには存在すると見なされる」(四一)とされているが、こうした非本質主義的ないしは反本質主義的な視座からすれば、主体は次のように、脱中心化され脱全体化された行為者として理解されることになる。

われわれは、今日、政治について考察するにあたり、これらの新しい闘争の性質と、民主主義革命が今後取り組まざるを得ない多様な社会関係とを、十分に理解しなければならない。そのために不可欠なのは、主体を、脱中心化され脱全体化された行為者として理解していく理論である。この理論にしたがえば、主体は、多種多様な主体位置の結節点において構築され、これら種々の主体位置については、何ら先験的ないし必然的関係は一切なく、それらの節合は、ひとり支配的な慣習の帰結にほかならない。その結果いかなるアイデンティティも決定的な仕方で確立されているということはない。むしろそこには、複数の異なる主体位置の節合のされ方に即した仕方で、つねにある程度の開放性と曖昧性が存在するのである。ここに現れつつあるのは、政治的行為にむけてのまったく新しい視座なのである。こうした新しい視座は、自分自身の利益を追求するだけの個人観を背景にもつ自由主義においても、またあらゆる主体位置を階級のそれに還元してしまうマルクス主義にあっても、容認不可能なものであり、ましてや想定することなど、絶対不可能な種類のものである。(四二)

そして、こうした主体の理解からは、たとえば、丸山の「近代的主体」像と深く共鳴するような次のような主体像が現れる。すなわち、

　個人と市民とのあいだの区別と同じように、私(個人の自由)と公(「レス・プブリカ」)とのあいだの区別も維持されるが、しかしそれらは、別個独立の領域にそれぞれ対応するわけではない。……これら二つのアイデンティティは、けっして調停され得ない永続的な緊張関係にある。しかし、この緊張関係は、近代民主主義を特徴づける自由と平等とのあいだの緊張関係にほかならない。自由民主主義体制を破滅に導くことのできるものがあるとすれば、それは自由民主主義体制の活力そのものであり、そして完全な調和をもたらそうとする試み、「真の」民主主義を実現しようとする試み以外にはあり得ない。そして、そうであればこ

そ、根源的で多元的な民主主義のプロジェクトは、民主主義を完全な形で実現し、政治共同体を究極的な形で完成させることは不可能であることを認めるのである。(四三)

同一性の論理と差異の論理とのあいだに存在する緊張関係は、われわれにとって、悲嘆すべき事柄ではなく、むしろ恩恵とすべき事象なのだといえよう。われわれは、そうした認識に立って、この種の緊張関係を、消去すべき対象として捉えるのではなく、擁護すべき事象として見なさねばならない。実際われわれの「個人としてのアイデンティティ」と「市民としてのアイデンティティ」の緊張関係や、あるいは自由の原理と平等の原理の緊張関係を解明してくれるのも、さらにはまた近代民主主義のプロジェクトを存続させ、そこに多元主義を定位させるための最善の保証を構成しているのも、まさに多元主義的民主主義に内在する、同質性／等価性の論理と差異の論理との緊張関係にほかならない。そうした緊張関係を解消してしまおうと望むことは、政治的なるものを消去して、民主主義を破壊してしまうことにしかなり得ないであろう。(四四)

むろん、筆者には、アルチュセールやフーコーの直接的な影響下で思想形成・学問形成を行ない、アントニオ・グラムシとノルベルト・ボッビオから多大なインスピレーションを得ながら、今日のアメリカにおけるリバタリアンとコミュニタリアンの論争に介入しつつ、あくまでも、根源的かつ多元的な民主主義の構想によって今日の左翼のプロジェクトを再構築しようとするムフの議論と、丸山のそれとを同一視しようとする意図などはさらさらない。「近代」という「未完のプロジェクト」が、ポスト・モダニズムの挑戦によって新たな段階へと発展しつつある現代西欧の思想的・政治的状況に果敢に挑むムフの思想的・理論的営為と、「永久革命」としての民主主義の端緒にすら至っていない日本において、「閉じた社会」と「古層＝執拗低音」に対する格闘を演じつづけた丸山のそれとでは、そもそも問題設定が大きく異なるからである。しかし、それにも関わらず、丸山の追求した「近代」と「近代的主体」の射程は、明らかにハーバーマスやさらにはムフのそれに到達しうる可能性さえをも秘めていたのではないかと思われる。筆者が本書第四章で指摘した「日本のポスト・モダニスト」たちのステロタイプ的丸山批判の不毛さは、こうした点からも再確認されなければならないのであろう。

第四節　他者感覚の欠如

丸山自身が、そしてわれわれが直面している課題は、ハーバーマスが「近代」のポテンシャルとして救い出そうとしたもの、あるいは、ムフが悲嘆すべき事柄ではなく、むしろ恩恵とすべき事象とした同一性の論理と差異の論理とのあいだに存在する緊張関係が、日本においては、いまだにその形成すら果たされぬままにとどまっているということであった。

　日本の啓蒙の失敗は、「開けた精神」によって愚昧な大衆を教化できると信じた点にあった。そうして、第二の開国であった敗戦後のデモクラシイにおいては、未曾有の国民的経験から出発しているにもかかわらず、「開けた精神」（マルクス主義もふくめて）の洪水にくらべて、「開かれている精神」の声はあまりにも弱かったことが、今こそ反省されなければならない。(四五)

丸山は、一九五九年の論文「開国」を「無数の閉じた社会の障壁をとりはらったところに生まれたダイナミックな諸要素をまさに天皇制国家という一つの閉じた社会の集合的なエネルギーに切りかえて行ったところに『万邦無比』の日本帝国が形成される歴史的秘密があった。……しかし、その体験から何をひき出すかはどこまでも『第三の開国』に直面している私達の自由な選択と行動の問題である」(四六)と結んでいたが、それから一〇年を経た『自己内対話』のこの覚書には、敗戦と戦後民主改革という「第三の開国」における日本の啓蒙の失敗が、他には見られない明快さで表明されている。「開国」とは、巨大な文化接触を意味すると同時に、「閉じた社会」を「開かれた社会」へと開くことでもあった。しかし、それは、さらに「開かれている精神」を有した「近代的主体」の形成をも意味していたのである。すでに本書第一章及び第三章で論じたように、丸山は、こうした「第三の開国」における日本の啓蒙の失敗の要因を探ることによって、「古層＝執拗低音」論に到達するのであるが、『自己内対話』における丸山は、具体的・歴史的な近代日本社会において、「開かれている精神」によって「自己内対話」する主体としての「近代的主体」の形成が妨げられてきた要因を、異質者としての他者に対する他者感覚の欠如という視点から探りだそうとしていたことがうかがわれる。それは、先に引用した論争をめぐる覚書にも垣間見られるが、丸山は『自己内対話』において、次のように論じている。

「他者」は自分にこういう振舞いかた（サーヴィス）をするのが当然である、という暗黙の前提が実に多くあるから、それだけ、「他者」から期待された態度を示されないことから来る欲求不満が多くなる。もし社会が異質の他者と他者からなるという前提から出発するならば、考え方はすべて逆になる。他者への期待はミニマムになり、むしろ自分の行為が他者の権利や自由の侵害をした結果、責任をとらざるをえなくなることへの注意と配慮がマキシマムになる。(四七)

「社会が異質の他者と他者からなるという前提」が欠如している社会、つまりは「劃一的な平等社会――砂のように平坦で、他者とのけじめがつかない等質的な社会」というのが、丸山が戦後日本に見出したものなのであった。すなわち、

たんに身分的なるものの否定からは、劃一的な平等社会――砂のように平坦で、他者とのけじめがつかない等質的な社会しか生まれない。近代市民社会は、「職業に貴賤なし」の原則によって、各職業にパティキュラスティックな名誉感を培養することによって、または、他者とのけじめを身分ではなしに、文字通り一人一人の「かけがえのない個性」に分解することによって（つまりジンメルのいうIndividualismusder Einzigkeit)、右のような砂漠の出現をくいとめようとして来たのである。しかも、やはりトクヴィルによれば、量的個人ではなく、「個性」のトリデとなるのは、身分=自主的集団（ゲマインデ）であった。(四八)

他者を他在において把握する能力の衰退と欠如のうちに、マンハイムはナチズムの精神史的背景をみた。こうした自己中心的な世界像が、あたかも「自我意識」の目覚めであるかのように錯覚されているのが、戦後の日本である。三派全学連とその追随者たちに共通した「客観性」や概念的定義や「コミュニケーション」への軽蔑――自己の情念の燃焼のみに生きがいを見出す精神的態度は、どんなに「イデオロギー」においてはなれているように見えても、奥深い時代精神の鉱脈においてナチズムに通じている。(四九)

したがって、丸山が論文「歴史意識の『古層』」で、「われわれの『くに』が領域・民族・言語・水稲生産様式およびそれと結びついた聚落と祭儀の形態などの点で、世界の『文明国』のなかで比較すればまったく例外的と

いえるほどの等質性を、遅くとも後期古墳時代から千数百年にわたって引き続き保持して来たというあの重たい歴史的現実が横たわっている」(五〇)と論じたことも、故なしとは言えないのである。

丸山のこの言明は、日本の近代国民国家形成過程における沖縄やアイヌなどの差別を背負った人々の問題や、日本国家が台湾・朝鮮などを植民地化し、これら植民地の民衆を暴力的に統合しようとした事実を無視するものだとして轟々たる非難をうけてきたし、丸山の愛弟子の一人である石田雄さえもが、「それにしてもこの一節は、近代日本における、つくられた伝統としての等質性の神話というものを後期古墳時代まで溯らせたという点で、明らかに丸山にとって勇み足であったと私は思います」(五一)と批判するに至ったものではある。(五二)

しかし、丸山のいう等質性とは、沖縄、アイヌ、在日韓国・朝鮮人の人々といったマイノリティーの存在や現実の日本社会におけるこうした人々への差別と排除の存在を無視した議論などでは決してない。それはむしろ、こうした本来ならば異質な他者であるはずの存在を、異質な他者として、すなわち他者を他在として理解しようとは決してせず、むしろ等質な存在として、すなわち暗黙の期待が許される存在として期待し、その期待に応えないものを、冷酷に排除しようとするような等質性にほかならないのである。すなわち、

「蜜蜂の集団」と「グループの寄合世帯による統合」とが、大日本帝国とその社会の構造についてのヒュー・バイアスの観察であった。……これはいわば望遠的に見た日本であるが、ズーム・レンズをつかって、これに接近して社会的人間関係を見ると、それは「もちつもたれつ社会」、といえる。「こっくりさん」の社会である。誰もが自立せずに、他者にそれぞれ寄りかゝっている。“going my way”という生き方が、それだけ困難な社会である。それを心理的に表現すれば、他者への暗黙の期待がおそろしく肥大している社会である。その期待に答えないものは、「冷酷」で「不親切」で「官僚的」とされる。(五三)

すなわち、マイノリティーとしての異質な他者が現に存在するにもかかわらず、これらの人々を異質の他者として、すなわち他者を他在として理解することなく、おそろしく肥大した他者への暗黙の期待を以て接し、ひとたび期待が裏切られるや否や、彼らを徹底的に冷酷に差別し、排除しようとするような「閉じた精神」と「閉じた社会」。ここでは、こうしたものこそが問題とされているのであり、現実の日本社会においてマイノリティーの人々が置かれている状況や大日本帝国の植民地の民衆の強制的な統合は、むしろ近代日本の「閉じた精神」と「閉じた社会」の問題としてこそ捉えられるべきものとされていたように思われるのである。

むろん、こうした日本の「閉じた社会」は、たしかに等質的ではあったとしても、決して一元的な社会ではない。丸山は、派閥の存在こそが、日本社会の構造を解く鍵であるとものべている。すなわち、

福沢の精神的孤独性（ニヒリズムとすれすれの「独立自尊」！）は、彼が「派閥」と無縁だったことにもっともよく象徴されている。「派閥」はたんに意気投合集団ではないし、たんに利害集団でもない。いわんやイデオロギー集団からはもっとも遠い。「左」の集団に派閥が容易に形成されること、あらゆる「制度的」なものを嫌悪した日本の新左翼、あるいは全共闘的なノンセクト・ラヂカルが社会的な場では極端に「コネ」の人事に陥ることは日本のカルチュアの悲喜劇である。げに、一人の日本人は利口である。二人の日本人はひとの噂をする。三人の日本人は派閥をつくる。（血縁集団や宗族集団と無縁な派閥形成という点で、それは中国や朝鮮の、一見類似した派閥習慣とも著しく異なっている。）「派閥」の分析なしには、日本の社会の分析はありえないだろう。

福沢のいう日本の共時的特性としての「権力の偏重」は「派閥形成」の第二次的な結果ではないか。「権

力の偏重」からは、日本の集団形成におけるホリゾンタルな契機は直接には導き出せない。「はじめに派閥ありき」で、その維持のためにボスとサブボスが自然発生的に生まれ、したがってその間の「権力の偏重」もまた必然的に発生する。日本における「平等」の要素と「権力の偏重」（むろん社会的に多元的な）の要素とを統一的にとらえる分析がはじめて日本社会の「構造」の核心に迫ることができる。(五四)

丸山は、こうした他者感覚の欠如した「閉じた社会」としての日本社会の構造分析へと向かおうとしていたのである。こうした構造分析への試みが、やがて丸山の「古層＝執拗低音」論へと結実していくことは、『自己内対話』の中に、こうした覚書とならんで、後に論文「歴史意識の『古層』」において、倫理意識の「古層」として抽出されている「キヨキココロ・アカキココロ」（なお、倫理意識の「古層」に関する丸山のまとまった論稿は未発表のままである）についての断章が含まれていることからもうかがうことができよう。(五五)

丸山にとって、「開かれている精神」によって「自己内対話」する主体としての「近代的主体」を形成し、永続する民主化のプロセスとしての「近代」という「未完のプロジェクト」を軌道に乗せていくという実践的課題と、他者感覚の欠如した他者を他在として理解し得ない等質的な「閉じた社会」としての日本社会の構造分析を行なっていくという学問的課題――それはやがて「古層＝執拗低音」論として結実するのだが――とは、このようにして不可分に結びついていたのである。

第五節　「第四の開国」のゆくえ

敗戦・占領・民主改革という「第三の開国」は、丸山の戦後民主主義革命への期待と実践的なコミットにも関わらず、「開かれている精神」により「自己内対話」する主体＝「近代的主体」の形成にはいたらず、日本における「永久革命」としての民主主義という「近代」のプロジェクトは、本格的な軌道に乗ることはなかった。丸山が言うように、敗戦と超国家主義の崩壊という未曾有の国民的経験から出発していたにもかかわらず、「第三の開国」が、他者を他在として理解しない等質的な「閉じた社会」の再来——筆者は、渡辺治らが描き出してきた「企業社会」という無数の「閉じた社会」の形成にそれを見たのだが——に終わったのだとしたら、日本における「近代」というプロジェクトの可能性はもはや永遠に閉ざされたままとなるのであろうか。

筆者は、本書第一章で、「企業社会」という「無数の閉じた社会」が展開してきた現代日本においてさまざまな矛盾が噴出しつづけてきたことを、そして他方では、環境・人口・食糧・資源といったグローバルで深刻な問題群が、感覚的解放と欲望自然主義に裏打ちされた経済大国・日本の「豊かさ」の背後にひたひたとせまっていることを指摘し、「第四の開国」がどのようなものであれ、それを新しき規範意識の獲得へとむかわせることができるのか否かは、すでに丸山をつうじて日本人の意識の奥深くに流れる「古層＝執拗低音」の存在と役割、そしてその存続の条件とを自覚したわれわれの自由な選択と行動の問題となろうと論じた。

筆者が第一章の原型となる論文を執筆したのは、一九九四年のことであったが、それからわずか数年の間にも、日本社会の現状は大きく変化したかに見える。九〇年代初頭のバブル経済の崩壊以降、いまだに立ち直ることのできない日本経済の低迷によって、かつての経済大国・日本の面影は遥か遠くへと霞んでしまった。他方で、九〇年代半ば以降本格的に展開し始めた「自由でグローバルな金融市場」のもとで、アジア通貨危機においてインドネシア・タイ・韓国などのアジア諸国の経済を一夜にして崩壊の危機に曝すという過酷な暴力性を伴いながら、アメリカンスタンダード（ないしはアングロサクソンスタンダード）をグローバルスタンダードとして喧伝する資本主義の「自由主義的再編」が急速に展開しつつあり、かつて七〇年代から八〇年代に確立したとされる日本型「企業社会」も、リストラの名のもとで、その重要な基盤であった終身雇用制や年功序列制の放棄をも余儀なくされ、その構造が大きく揺さぶられている。また、日本型「企業社会」を基盤とした「企業国家・日本」の成長政治と利益政治の枠組みも、膨大な財政赤字を積み残したまま破綻の危機に立たされており、「小さな政府」を求める大合唱と、景気回復のための財政出動の要請との間に引き裂かれて右往左往の混迷に陥っている。

だが、経済のグローバリゼーションが進行し、ヨーロッパではEUの統合がますます拡大・深化するなど、国民国家（nation state）という枠組み自体が急速に相対化されていこうとしているにもかかわらず、今日の日本においては、経済大国の地位から突然に引きずり下ろされたことによる自信喪失状況のなかで、日本人としての「誇り」の回復を声高に叫び、過去の戦争を美化してはばからぬ一層自閉的なナショナリズムが、特に若い世代の間に蔓延しようとしている。

そして、地球環境問題、人口爆発、南北問題、「民族浄化」を伴う民族紛争の多発、イスラム教とキリスト教との間の「文明の衝突」の兆しなど、相互に関連し合ったグローバルな諸問題が、その深刻さと危機的様相をますます強めながら、経済大国の地位を失ったにも関わらず、なおも「北」側の「豊かな社会」でありつづけている日本の足下にひたひたと迫り来ている。しかし、それにもかかわらず、ますます自閉化しつつあるかに見える日本では、こうした危機が危機として認識されないという危機的状況さえ克服することができていないように思われる。

たしかに、かつて筆者とともに『〈自由─社会主義〉の政治学─オルタナティブのための社会科学入門』(五六)を編んだ神谷章生が『新世紀市民社会論―ポスト福祉国家政治への課題』(五七)などにおいて論じるように、「資本主義の自由主義的再編によって深まる商品化社会の中から共生や男女の真の平等へ向かう萌芽が生まれつつある」(五八)という議論も存在し得よう。神谷は、グローバリゼーションの「開国効果」を指摘して、丸山が描き出した「古層＝執拗低音」という「隘路を突き破る可能性もまた現在のグローバリゼーションとその中で進行している資本主義の高度化、商品化社会の深化の中で現れつつあるのではないか」(五九)と論じ、「出入国管理統計年報」等のデータから日本経済の多国籍化によるグローバル化の中で生じてきている日本社会の「多民族化」の傾向を確認したうえで、次のように結論づける。すなわち、

グローバリゼーションの中で現れた日本社会の多民族化は、日本人の「執拗低音」を共有しない人々の日本社会への流入であり、彼らとの接触の中でいかなる「民主的関係」を生み出しうるかが課題となっていることは間違いない。もちろん、日本社会の行く末が楽観的で、夢想するような理想郷として「市民社会」を描くことは本意ではない。……私たちが描くのは「市民社会への必要条件」であり、加えれば「必要条件のための闘争」である。(六〇)

しかし、残念ながら筆者は神谷ほど楽観的にはなれない。たしかに、不法就労外国人の増加や過疎化する農漁村における外国人研修生の増加、あるいは大都市におけるタウンの形成など日本社会の「多民族化」ないしは「多国籍化」の進行は否定できないし、失敗に帰した「第三の開国」が占領・改革といういわば「上から」の「開国」だったのに対して、日常生活の場での外国人との文化接触は、いわば「下から」あるいは「内から」の「開国」として、これまでとは違った形での異質な他者との遭遇の機会を増加させるであろう。かつて八〇年代

後半の時点で、坂本義和も日本の異常さを自覚するうえでの第三世界体験の意味を指摘するとともに、「第三世界体験は、日本社会自体の国際化に伴い、日本そのものの内部でも起こるように、急速に変わっています。いままでは東南アジアに行ってショックを受けたといった体験を契機に、日本を考え直すことが多かったのですが、このごろは外国人労働者の問題などもあって、日本社会の中で、日本人や日本社会を逆照射し、日本のありようを考えさせられることが少なくないわけです[六二]」と語り、日常から世界への眼が開かれていく可能性に注目していた。

しかし、今日のようなきわめて厳しい出入国管理政策のもとでは、無権利な不法就労状態の外国人労働者や偽装結婚等による不法入国者が増加し定着したところで（彼らがいかに過疎の農漁村や人手不足の零細企業や、いわゆる「3K職場」で重宝されようとも）、また、日系外国人労働者の定住化がある程度進んでいったとしても、日本社会と日本人が彼らを等質的な日本社会の異質者として差別し排除することなく、対等で異質な他者＝他在として理解し、共生とコミュニケーションの関係を結んでいくなどということが容易に行われ得るとは考えにくい。

ただ、「第四の開国」への可能性が残されているとすれば、それは、少子・高齢化が深刻な問題となりつつある日本社会の維持と存続のために、日本人と日本社会がこれまでの血統主義的な日本人観を完全に放棄して、日本社会の完全に対等で同権的な構成員として、数千万人という規模で外国人労働力を受け入れていくということであろう。しかし、それとても「開かれた社会」のための必要条件にすぎない。問題は、やはりあくまでも丸山眞男という思想家をつうじて、日本人の意識の奥深くに流れる「古層＝執拗低音」の存在と役割、そしてその存続の条件とを自覚したわれわれの自由な選択と行動の問題となろう。丸山の次のような断章を引用して、本章のむすびにかえたいと思う。

不寛容に、特にファナティシズムによって増幅された不寛容に寛容を以てしてはならない。それは不寛容の側のためにならない。こういう場合には、不寛容に対するに不寛容を以て臨め！　こうしてはじめて相手方は痛切に「寛容」の意味を悟るだろう。日本的な「もの分かりのよさ」はある場合には罪悪である。(六二)

日本社会の少子・高齢化の進行は、日本社会に「第四の開国」をもたらし、他者を他在として理解することのできる「開かれている精神」と「自己内対話」する主体としての「近代的主体」を形成するための最後のチャンスを提供しつつあるのかも知れない。しかし、それとても「閉じた社会」の不寛容との激しい闘いを経ずしては不可能であろう。しかし、日本社会を「永久革命」としての民主主義の軌道へと確実に乗せていかない限り、日本社会は早晩、少子・高齢化の中で衰退することになるか、ひたひたと押し寄せるグローバルな危機に翻弄され、その解決のために共同する世界から孤立し、置き去りにされていくこととなるであろう。

丸山の提起した「近代」の射程は、きわめてロング・レンジではある。しかし、それをゆっくりとたどっていく余裕は、もはやわれわれには残されていないのではあるまいか。

【註】

（一）　丸山眞男『自己内対話』、みすず書房、一九九八年、ⅳ頁。
（二）　同、二七三頁。
（三）　間宮陽介『丸山眞男―近代日本における公と私』、筑摩書房、一九九九年。
（四）　丸山前掲書、一一九―一二〇頁。
（五）　同、二五二頁。
（六）　同、二五四頁。
（七）　笹倉前掲書、一九五頁。
（八）　同、一七三頁の「一つの事柄をその内部で相互に対立し合う諸モメントの関係に還元し、あるいは或る対象をそれに対立する別の対象に対置し、かくしてこれら複数のモメント・極（に対する認識）を相互反発と相互補足（相互の斥力と引力）から成る不断の緊張関係に置くこと（『アンチノミーの自覚』）によって、活性化させ、そのことによってそれらモメント・極（に対する認識）をそれぞれ内容的にヨリ高次のものへ高め、問題となる事柄や対象に対する精神的な独立と主体性を確保する」という丸山の思考方法。
（九）　本書第三章を参照。
（一〇）　本書、七一頁。
（一一）　丸山前掲書、八六頁。
（一二）　間宮前掲書、三七頁。
（一三）　同、三七―三八頁。
（一四）　同、四五―四六頁。

（一五）竹内前掲書、一〇九頁。なお、この点については、本書第四章を参照。
（一六）間宮前掲書、三八頁。
（一七）J・ハーバーマス『近代の哲学的ディスクルスⅡ』（三島憲一他訳）、岩波書店、一九九〇年、六一八―六二〇頁。
（一八）同、五八六―五八七頁。
（一九）同、五八六頁。
（二〇）同、五九〇頁。
（二一）同、五九〇―五九一頁。
（二二）同、五九六頁。
（二三）同、五九七頁。
（二四）吉田傑俊、尾関周二、渡辺憲正編、大月書店、一九九五年。
（二五）J・ハーバーマス『ポスト形而上学の思想』（藤沢賢一郎他訳）、未来社、一九九〇年、六〇頁。
（二六）吉田他編『ハーバーマスを読む』、一八四頁。
（二七）同前。
（二八）同、一八七頁。
（二九）同、一七―一八頁。
（三〇）同、二三頁。
（三一）同、三九頁。
（三二）雑誌『図書』岩波書店、一九九五年七月号。
（三三）丸山前掲書、二四七―二四八頁。
（三四）Ch・ムフ『政治的なるものの再興』（千葉眞他訳）、日本経済評論社、一九九八年、二〇〇頁。

（三五）山崎カヲル・石澤武訳、大村書店、一九九二年。
（三六）Ch・ムフ『政治的なるものの再興』、「訳者あとがき」、三一五頁。
（三七）同、二〇―二一頁。
（三八）同、二二頁。
（三九）同、二四頁。
（四〇）同、一六頁。
（四一）同、ii―iii頁。
（四二）同、二五―二六頁。
（四三）同、一四六頁。
（四四）同、二六七頁。
（四五）丸山前掲書、八六頁。
（四六）同『忠誠と反逆』、一九六頁。『集』⑧、八五―八六頁。
（四七）同『自己内対話』、一四八頁。
（四八）同、一五七頁。
（四九）同、二四二頁。
（五〇）同『忠誠と反逆』、二九八頁。『集』⑩、七頁。
（五一）石田雄、姜尚中『丸山眞男と市民社会』、世織書房、一九九七年、一九頁。
（五二）この点については、たとえば米谷匡史「丸山眞男の日本批判」（『現代思想』一九九四年一月、特集「丸山眞男」所収）、姜尚中「丸山眞男における〈国家理性〉の問題」（『歴史学研究』一九九七年九月）、石田・姜、前掲書などを参照。また、こうした議論への反批判としては、田口富久治「丸山眞男―プロス・アンド・コンス」（立命館大学政策科学部『政策科学』

第七巻第一号、一九九九年一一月)、井上勝博「『古層』論と丸山眞男のナショナリズム」(歴史と方法編集委員会編『方法としての丸山眞男』、青木書店、一九九八年)などを参照。

(五三)丸山『自己内対話』、一四七頁。

(五四)同、一五三―一五四頁。

(五五)同、一四五頁及び一七三頁。

(五六)冨田・神谷編、晃洋書房、一九九七年。

(五七)基礎経済科学研究所編、大月書店、一九九九年。

(五八)神谷「サイド・エフェクトとしての市民社会化―意図せざる革命としての市民社会への課題設定―」(基礎経済科学研究所『経済科学通信』第九一号、一九九九年一二月)、一二七頁。

(五九)同、三〇頁。

(六〇)同前。

(六一)坂本『新版 軍縮の政治学』、岩波新書、一九八八年、一二三七―一二三八頁。

(六二)丸山『自己内対話』、一六八頁。

終章　グローバリゼーションの渦中で

本書でもたびたび論じてきたように、一九九〇年代以降、ソ連・東欧の『国家社会主義』体制の崩壊による世界市場の拡大と情報通信革命（ＩＴ革命）とによってもたらされた「自由でグローバルな金融市場」の出現と展開によって、グローバリゼーションの動きは、急激に加速化されている。それは、「自由でグローバルな金融市場」の展開が、「自由な競争」と「自由な市場」を万能視するグローバルスタンダードに基づいた世界各国の政治・経済・社会の自由主義的再編を強烈な力で促しているからである。

現代フランスの代表的な社会学者、ピエール・ブルデューは、こうした資本主義の自由主義的再編の動きを「新しいタイプの保守革命」と呼び、それをつぎのように特徴づけている。

新しいタイプの保守革命は進歩、理性、科学（つまりは経済学）を根拠に復古を正当化し、進歩的な思想と行動を時代遅れのものと思い込ませようとするのです。それ固有の論理、いわゆる市場法則、つまり強者の論理に支配された経済世界の現実的基準をあらゆる人間活動の規範、つまり理想的ルールとしようとしているのです。新たな保守革命はいわゆる金融市場の支配を承認し歓迎します。最大利潤の法則以外の法を持たないラディカル資本主義への回帰を説いているのです。ブレーキ無し偽装無しの、しかし合理化された資本主義です。ビジネス・マネジメントのような近代的な支配形態とマーケット・リサーチとか広告とかいった人身操作の技術を導入することによって、その経済的効率の極限をきわめた資本主義です。（一）

日本社会もまた、こうした資本主義の自由主義的再編＝「新しいタイプの保守革命」の渦中にあることはいうまでもない。たとえば、「グローバリズムに基づく市場原理主義」の熱烈な批判者である金子勝は、今日の日本社会の状況をつぎのように描き出している。

> 日本全体が「グローバルスタンダード」という名のアメリカンスタンダードに塗り替えられようとしている。ペイオフ凍結解除や国際会計基準の導入に止まらず、それを軸にして、年金民営化や401k型企業年金の導入、市場原理に偏重した介護保険制度、土建業界最優先の定期借家権導入、労働者派遣法や労働基準法改悪、国立大学の独立行政法人化……等々と、その波は人々の生活のあらゆる領域に及んでいる。
>
> この「グローバリズム」という名の市場原理主義は、確実にこの社会を根本から腐らせてゆく。それは、セーフティーネットを媒介とした人々の「共同性」を切り裂いてゆくだけだからだ。……市場原理主義の暴走は、ますます労働力を切り売りさせようとするばかりでなく、それさえ超えて身体の領域にまで市場取引を及ぼそうとしている。公共空間を喪失した市場取引による「自己決定」は、限りなく自分固有の領域と他者の領域の区別を曖昧にする。身体の領域までもが市場取引に巻き込まれてゆけば、生活空間でさえ全て価格で交換可能な世界へと変貌してゆくからだ。そこで得られる「自由」は、全てが価格単位で表示される。もはや、こうした状況では「私生活主義」という概念でさえ厳密には成立しえない。(二二)

金子が指摘するように、「グローバリズムに基づく市場原理主義」による日本社会の自由主義的再編が、私生活主義という概念でさえ厳密には成立しえないような社会をもたらしつつあるのだとすれば、それはまさに、日本社会を根底から揺るがすものだといわなければなるまい。

なぜなら、すでに本書で論じてきたように、かつて丸山眞男の直面した戦後民主主義革命と「第三の開国」を挫折させたものが、一九六〇年代の高度経済成長による欲望自然主義的自由の展開と私生活主義の蔓延・定着にほかならなかったと思われるからであり、また、その後の石油ショックを契機とした高度経済成長の終焉による私生活主義の保守化＝保身化――すなわち、生活保守主義の蔓延と定着――こそが、減量経営・合理化の嵐と競争原理の導入による企業への忠誠競争の組織化を通じて、強固な「企業内秩序」＝「企業支配」の確立を可能にし、企業という無数の「閉じた社会」の集合体としての「日本型企業社会」を創出させたように思われるからである。(三)

あたかも、こうした「自由でグローバルな金融市場」と「グローバリズムに基づく市場原理主義」が、「第二の開国」における「黒船」のごとく、日本社会に「第四の開国」を迫り、「閉じた社会」の非流動性を破壊しようとしているかのようでもある。

しかし、それがたとえ事実だとしても、こうした日本社会の市場原理主義による再編が、日本社会を「開かれた社会」へと転換し、幕末・維新の「第二の開国」と敗戦・占領改革による「第三の開国」において、日本社会と日本人が果たすべくして果たし得なかった課題としての「新しき規範意識」の獲得や「開かれている精神」の形成、そして「永久革命」としての民主主義の軌道の確立をもたらすであろうと考えることは、あまりにも楽観的にすぎるであろう。「第二の開国」が、無数の「閉じた社会」の障壁をとりはらったところに生まれたダイナミックな諸要素を天皇制国家という一つの「閉じた社会」の集合的エネルギーに切りかえ、かの超国家主義をもたらすという帰結に至ったことを、そして、「第三の開国」が、欲望自然主義的自由と私生活主義に彩られた高度経済成長の時代を経て、「日本型企業社会」という無数の「閉じた社会」の集合体の確立と、バブルに踊った

「経済大国・日本」の到来と崩壊という結末に終わったことを、私たちは決して忘れてはならないのである。

丸山の論文「開国」の結語にならっていえば、「第二の開国」と「第三の開国」の体験から何を引き出すかは、どこまでも「第四の開国」に直面しようとしている私たちの自由な選択と行動の問題にほかならないのである。いや、金子勝がさらに踏み込んで主張するように、「いま何よりも求められているのは、グローバリズムに基づく市場原理主義に対抗する構想力である」(四)とさえいうべきなのかもしれない。

「はじめに」でも述べたように、本書は、こうした日本の現実を片目で睨みながら、「第四の開国」に直面しつつある私たちがとるべき思想的・実践的な「かまえ」を探るためになされた、丸山眞男の思想との筆者なりのささやかな対話の試みであった。

本書での議論を終えるにあたり、「グローバリズムに基づく市場原理主義」が席巻しつつある状況の渦中における、私たちの自由な選択と行動にかかわるであろういくつかの問題について、あらためて若干の考察を試みたいと思う。

第一節　グローバルスタンダードという陥穽

「普遍主義」の新たな形態

金子勝も批判するように、今日喧伝されているグローバルスタンダードとは、「グローバルスタンダード」という名のアメリカンスタンダードにほかならない。何故なら、ブルデューも指摘するように、「自由でグローバルな金融市場」を機軸としたグローバリゼーションとは、「少数の支配的な国々による制覇がすべての国の金融市場に拡大すること」にほかならないからである。

グローバリゼーションというのは一義的には正当化を目的とする神話です。しかしそれが現実に進行している部門があります。金融市場です。法的規制の一部が撤廃されたこと、また電子的コミュニケーション手段が進歩して通信コストが低下したことのお蔭で、単一金融市場（「単一市場」だからといって「均質市場」を意味するわけではありません）が形成されつつあります。この金融市場を支配するのは、いくつかの経済体制、つまりもっとも豊かな国々、特に、その通貨が国際準備通貨として使用されている、したがって、多くの金融市場に自由に介入する力を持った国です。金融市場は一つの界……であるわりですが、この界のなかで支配層（今の場合はアメリカ）は、大方、ゲームのルールを決めることができるような位置を占めているのです。支配的な位置を占める一部の国を中心に金融市場の単一化が進行した結果、各国の金融市場の自律性が縮小しました。……要するにグローバリゼーションは均質化ではありません。少数の支配的な国々による制覇がすべての国の金融市場に拡大することです。(五)

つまり、「ゲームのルールを決めることができるような位置」を占めているのがアメリカである以上、グローバルスタンダードは、「グローバルスタンダード」という名のアメリカンスタンダードにならざるを得ないというわけである。グローバルスタンダードが「グローバルスタンダード」という名のアメリカンスタンダードにすぎないのだとしたら、そして、それが「ゲームのルールを決めることができる」というアメリカの「自由でグローバルな金融市場」における支配的な位置に由来するにすぎないのだとしたら、それは、私たちに対してしかけられた危険な陥穽なのかもしれない。

少なくとも、グローバルスタンダードなるものが、西欧近代という特種な経験を、無条件に、あたかも普遍的なものであるかのように見なすようにしむけ、力関係のある一つの状態を自然的な必然性と思い込ませる働きをしてきた「近代精神に根をおろしている普遍主義」(六)の新たな、そして、粗野で粗暴な形態での展開であると見ることは可能なのではないかと思われる。

イマニュエル・ウォーラーステインによれば、こうした「普遍主義」には、三つの主要なタイプ——すなわち、①世界宗教から派生しているもの、②近代性の中心となってきた世俗的啓蒙思想（啓蒙主義的人文主義＝科学主義）から派生したもの、③自らの力が正義の行いであり、したがって、帝国主義的な力の伸長は美徳なのであって、悪徳ではないという基礎に立つ強者の感覚を表現したもの、の三つのタイプ——があるとされている。そして、ウォーラーステインは、①世界宗教の宗教的権威が、一貫して平和と寛容への力となってきたことが明白である一方で、一貫して暴力と不寛容への力となってきたことも同様に明白であること、②啓蒙主義的人文主義＝科学主義が、一方で、すべての人間が合理的であると見なすように命じつつ、他方では、より合理的な人びとの卓越性や政治的優先性を尊重するように命じてきたということ、③力は正義なりという命題に基礎付けられた「普遍主義」が、ナチズムに見られたような生物学的説明やその他の文化的説明に従って、二極分解していくヒエラルキーが、技能、知恵、徳の不均等な存在の帰結であり、また、そうあらざるを得ないと語ったことを指摘して、(七)つぎのように論じている。すなわち、

三つの普遍主義のそれぞれにとって、普遍主義とは、ひとつの頂点を目指して、互いに競合するレースのように思われていたわけである。このことは、二十世紀——人類の歴史において最も普遍化の進んだ世紀——が、同時に最も粗暴で、人類に対する破壊の大きかった世紀となったことの説明となるかもしれない。(八)

もちろん、こうした「普遍主義」のあり方は、ポスト・モダニズムという西欧における自己批判的な「知」の展開によって、すでに厳しい批判に曝されてきたものであるはずである。それにもかかわらず、「自由でグローバルな金融市場」の席巻と、「最大利潤の法則以外の法を持たないラディカル資本主義」「ブレーキ無し偽装無しの、しかし合理化された資本主義」への回帰の衝動が、近代精神に根をおろしている「普遍主義」を、ラディカルで偽装なしの粗野な形態で再び喚び起こしているのである。

「日本の資本主義に常につきまとう意識」

ところで、こうした「普遍主義」の粗野で新たな展開としてのグローバルスタンダードについてのある興味深い指摘を、グローバル資本主義を国ごとのシステムとして、すなわちナショナルな資本主義として、どのように形成するかが問われているのだとして、日本型システムの再生を主張する経済学者の宮本光晴が行っている。すなわち、宮本によれば、企業経営の方式から雇用や金融のシステムまで、日本の経済システムの改革が述べられるとき、グローバルスタンダードを採用すべきであるとか、そのように日本型システムを改革すべきであるということが自明のごとく提唱されるのだが、そこにあるのは、グローバル資本主義に対峙してどのように対応するのかという関心でも、グローバル資本主義を自らのシステムとしてどのように組み立てるのかという関心でもなくて、単にグローバル資本主義の現実に自らを合致させようとする姿勢でしかないというのである。(九)宮本は、グローバルという言葉にスタンダードという言葉が加わることは、ある種の同義反復であり、このような言葉が英語圏で使われることはなく、これは和製英語ではないのかといったことを指摘しつつ、(一〇)つぎのように論じている。

> このことは単にわれわれの言葉の使い方といった以上のことを意味している。すなわち、外部に広がるものを標準として採用すべき、これがグローバルスタンダードといった言葉に付着した意識であれば、それは日本の資本主義に常につきまとう意識でもある。……標準とは常に外部の世界のことであり、それがあるときには古典的と想定される一九世紀イギリスの資本主義であり、あるいは西欧や欧米と呼ばれる資本主義であり、あるいは二〇世紀のアメリカ資本主義であった。そして現在、それはグローバル資本主義のことだとされ、その勝者であるアメリカの資本主義のことだというのである。……このように、グローバリズムという言葉によって国ごとの資本主義の収斂が意識されるのであれば、それはすでに一九五〇年代そして六〇年代での現象でもあった。当時において唯一のグローバルな存在はアメリカの資本主義であり、その圧倒的な経済力を前にして、アメリカ資本主義へのキャッチアップがいわば自明の課題とみなされた。……現在、アメリカ型の資本主義への再度の収斂論が唱えられている。言うまでもなく、その理由は、九〇年代以降のアメリカの資本主義の繁栄にある。ここから再度のキャッチアップが唱えられ、グローバリズムという言葉とともに、アメリカンスタンダードの採用に邁進する、少なくともそのような「改革」を自明のごとく受け入れるのが、現在の日本の資本主義の姿でもある。（一二）

宮本の指摘が興味深いのは、日本全体が「グローバルスタンダード」という名のアメリカンスタンダードに塗り替えられつつあるといった状況をもたらしているものが、単に「自由でグローバルな金融市場」から受ける現実的な圧力のみではなく、むしろこうした圧力を著しく増幅させる「日本の資本主義に常につきまとう意識」なのではないかとしている点であろう。つまりは、グローバルスタンダードという粗野な「普遍主義」を受け止める私たちの側の意識のあり方こそが、問題だとされているのである。

そして、宮本は、こうした「日本の資本主義に常につきまとう意識」と、かつてのバブル経済と「経済大国」化の時代に、「もはや欧米に学ぶもの無し」「追いつけ追いこせの時代はもはや終わった」と勝利に酔いしれたような意識――すなわち、酒井直樹のいう「不景気が二三年も続けば吹き飛んでしまうようなオポチュニスティックな自己賛美の議論」を横行させ、「こうした議論を許すような達成感と批判力を欠いた国民主義」を横溢させた意識（一二）――とが、当然のこととして、コインの裏と表のような裏腹の関係にあるということにも注意をうながしている。宮本によれば、まさに問題なのは、「バブルの最中に見せつけたように『勝利』に酔いしれるやアロガントな態度を示し、『敗北』に陥るや卑屈の態度に終始する、このようなわれわれ自身の精神状態（一三）」だというのである。

日本の「近代」概念にはらまれた「知」のしかけ

「外部に広がるものを標準として採用すべき」だという「日本の資本主義に常につきまとう意識」をめぐる宮本の批判は、筆者が第四章で取り上げた江原由美子の日本における「近代」概念自体にはらまれる「知」のしかけをめぐる議論とも重なり合うものである。

江原が問題とした日本における「近代」概念自体にはらまれる「知」のしかけとは、対立させられまた等置される「日本」と「近代」との関係の二重性――すなわち、近代―前近代という進歩史観を前提として、抽象化された「西欧近代という理念」を現在の日本の政治的諸実践を否定するための「根拠」として使用する一方で、同時に、日本に「不在」である「近代」を「日本が獲得するべき普遍性」として置くことによって、等置されるべきものとして位置づけるという意味での対立と等置の二重性――によって、日本における「近代」概念自体にしかけられたものだとされていた。(一四)

すなわち、ここで両者が指摘しているのは、「外部に広がる標準」にしろ、抽象化された「西欧近代という理念」にしろ、自らの「普遍性」を主張するもの――すなわち、「近代精神に根をおろしている普遍主義」――に対するスタンスのあり方にかかわる、ある共通した問題性だったのである。

もっとも江原は、この「知」のしかけが、丸山をはじめとする「近代主義者」によってしかけられたものであると論難していたのであり、こうした非難の不当性については、すでに本書第四章において、筆者なりの批判を加えたところである。しかし、筆者がそこでも述べたように、江原の見いだした「知」のしかけそのものは、もちろん丸山によってしかけられたものではないにしても、西欧近代との文化接触と文化変容の中で、間違いなく日本社会と日本人に対してしかけられてきたものなのである。

宮本の指摘する「日本の資本主義に常につきまとう意識」――すなわち、金子が危惧するような、日本社会における「グローバリズムに基づく市場原理」の暴走を加速させている重要な要因としてのそれ――とは、まさにこうした日本にしかけられた文化接触と文化変容のあり方における「知」のしかけがもたらしてきたものなのではないだろうか。そうだとするならば、今日の日本における、グローバルスタンダートと「グローバリズムに基づく市場原理主義」の席巻は、こうした「知」のしかけがもたらした陥穽でもあるのかもしれないということになろう。

すなわち、グローバルスタンダードなるものには、実際にはそれが「自由でグローバルな金融市場」におけるアメリカの支配的な位置に由来する「普遍主義」の粗野で粗暴な再生にすぎないという意味においてだけでなく、こうした「普遍主義」へのスタンスの取り方をめぐって、日本社会と日本人にしかけられた「知」のしかけに絡め取られているのかもしれないという意味においても、二重の意味における陥穽が潜んでいるのではないかと思われるのである。

第四章で論じたように、西欧における自文化と自社会への自己批判的な「知」であったポスト・モダニズムの思想を、他者批判と自己肯定の思想として、「奇妙なねじれ」をともなって受容した、江原をはじめとする「日本のポスト・モダニスト」たちは、丸山眞男をこそ、こうした「普遍主義」の体現者と見なして、その批判の矛先を集中してきたのだった。たしかに、「日本のポスト・モダニスト」たちがいうように、丸山の思想が「普遍主義」を体現するものにほかならないのだとしたら、あるいは江原がいうように、丸山こそが、日本における「近代」概念にはらまれている「知」のしかけをしかけた張本人なのだとしたら、丸山の思想からは、今日の「グローバリズムに基づく市場原理主義に対抗する構想力」も、「第四の開国」に直面しつつある私たちが学ぶべき思想的・実践的な「かまえ」も、読みとることなど決してできないということになるであろう。

しかし、本書でたびたび指摘してきたように、丸山の思想は、日本における自文化と自社会への自己批判的な「知」だったのであり、幕末・維新の「第一の開国」と敗戦・占領改革という「第三の開国」の経験への自己批判的な思想的営為にほかならなかったのである。それ故、そこからは、たとえば、第五章でも触れた「開けた精神」と「開かれている精神」の区別や「開けた精神」による啓蒙の失敗という議論のように、「普遍主義」に対する私たちの側の思想的な「かまえ」のあり方にもかかわる重要な示唆を読みとることができるはずである。

第二節　「開けた精神」による啓蒙のプロジェクト

「開けた精神」と「開かれている精神」

丸山眞男は、『自己内対話』に収録された覚書のなかで、「開かれている精神」と「開けた精神」とを区別するとともに、「第二の開国」と「第三の開国」における啓蒙の失敗を、それがこの「開けた精神」によるものにすぎなかったという点に求めていた。その部分を再度引用することをお許し願いたい。すなわち、

> 日本の啓蒙の失敗は、「開けた精神」によって愚昧な大衆を教化できると信じた点にあった。そうして第二の開国であった敗戦後のデモクラシイにおいては、未曾有の国民的経験から出発しているにもかかわらず、「開けた精神」（マルクス主義もふくめて）の洪水にくらべて、「開かれている精神」の声はあまりにも弱かったことが、今こそ反省されなければならない。[二五]

すでに第五章でも論じたように、丸山によれば、「開かれている精神」が「自らをも他をも開く作用をいとなむ」ものであるのに対し、「開けた精神」は、「自分がすでに開けていると思うことによって、実は閉じた精神に転化」しているものだという。[二六]

宮本が「外部に広がるものを標準として採用すべき」とする「グローバルスタンダードといった言葉に付着した意識」、そして、「日本の資本主義に常につきまとう意識」として批判したものは、まさにこうした「開けた精神」にほかならなかったのではなかろうか。そして、今日の日本で展開しつつあるように見えるグローバルスタ

ンダードと「グローバリズムに基づく市場原理主義」の席巻は、幕末・維新の「第二の開国」と敗戦後の「第三の開国」と同様に、「開けた精神」によって、愚昧な大衆を教化できると信じる文字通りの「啓蒙」のプロジェクトにすぎないのではないかとも思われる。

敗戦直後の丸山が、「ただ近代的精神なるものがすこぶるノトーリアスで、恰もそれが現代諸悪の究極的根源であるかの様な言辞、或はそれ程でなくとも『近代』に単なる過去の歴史的役割を容認し、もはや――この国に於いてすら、いなこの国であるだけに――その『超克』のみが問題であるかの様な言辞が、我が尊敬すべき学者、文学者、評論家の間でも支配的であつた此数年の時代的雰囲気をば、ダグラス・マッカーサー元帥から近代文明ABCの手ほどきを受けてゐる現代日本とをひき比べて見ると、自ら悲惨さと滑稽さのうち交つた感慨がこみ上げて来るのを如何ともなし難い」(一七)と論じていたことはすでに見た。そして、こうした「悲惨さと滑稽さのうち交つた感慨」が、わずか十年ほど前のバブル経済に踊り「経済大国化」に酔いしれた日本型システム礼賛の議論と、今日のグローバルスタンダードをめぐる議論との落差を目の当たりにするときに、ひしひしと湧き上がってくるのを禁じ得ないのは、はたして筆者だけであろうか。

くり返せば、まさに問題は、「バブルの最中に見せつけたように『勝利』に酔いしれるやアロガントな態度を示し、『敗北』に陥るや卑屈の態度に終始する、このようなわれわれ自身の精神状態」なのであり、こうした精神状態を醸し出す「開けた精神」なのである。

しかし、こうした「開けた精神」による啓蒙のプロジェクトを、あなどることは決してできない。ブルデューもまた、つぎのように述べている。

社会的に正当化できないものを正当化するために金融市場の権威が伝家の宝刀として絶えず持ち出されま

すが、この金融市場の権威は、支配的思考様式を構成する用語・範疇・問題をつうじて人々のこころを捉えるまさに象徴的な影響力に基づくものなのです。これらネオ・リベラリズム教の常套句はいたるところで幅を利かせているからこそ普遍的であるかのように見えてくるのです。……世界中に流布している文化的生産物のうち、もっとも油断ならないのは体系的な体裁をとった理論（「歴史の終焉」とか「ポストモダニズム」とかの）ではなく、むしろ、いかにも理論的な響きを持った、個別的なあれこれの用語です。たとえば「弾力性」という概念です。この言葉はまるで政治的スローガンのように機能し、「小さい政府」、社会保障の削減を呼びかける働きをしています。人々が不安定就労を運命として、いやそれどころか、恩恵として受け容れることを訴える働きをしています。また「グローバリゼーション」というきわめて多義的な概念です。これは、国際的な力関係のある一つの状態を自然的な必然性と思い込ませる働きをしています。そのことによって、国家の弱体化と公共財の商品化を社会発展の不可避的帰結として記述することが可能となるのです。言語と思考の自動症に罹ったジャーナリストや評論家たちが広めて回るこうした用語をとおして、「ワシントン・コンセンサス」とも呼ばれることがあるものがまかり通ることになりました。(一八)

ブルデューのこうした言明は、「開けた精神」による啓蒙のプロジェクトが、決して日本だけに見られるものではないことを示すとともに、それが「象徴的な影響力」を行使する「もっとも油断ならない」ものとして流布されていることを教えてくれる。こうして、ブルデューは、金の力に対し文学・芸術・科学生産の独立を守ることとならんで、「市場の福音伝道者」と呼ばれるものたち、すなわち、ネオ・リベラリズムの世界観を受け継ぎ広めてまわるエッセイストやジャーナリストたちとたたかうことを、知識人の主要な任務にあげるのである。(一九)

「開けた精神」による啓蒙のプロジェクト

もっとも、日本においては、ブルデューが主敵とみなす「市場の福音伝道者」としてのエッセイストやジャーナリストのみならず、それらと戦うべきはずの有力な知識人までもが、グローバルスタンダードによる啓蒙のプロジェクトの先頭に立っているように見える。慶応義塾大学の教授で、経済戦略会議などのメンバーとして、政府にも多大な影響力を行使している竹中平蔵の活動などは、まさに文字通り「啓蒙」の名に相応しいものであろう。ベストセラーとなった『経済ってそういうことだったのか会議』[二〇]などは、電通出身で超売れっ子のテレビCMクリエイターでもある佐藤雅彦との共同作業による「啓蒙」のための福音伝道書の典型的な事例といってもよいであろう。そして、それはまた、ブルデューのいう「マーケット・リサーチとか広告とかいった人身操作の技術を導入することによって、その経済的効率の極限をきわめた資本主義」の啓蒙書たるにも相応しいものだったといえそうである。

「株や投資といったものに伴うあやしげな雰囲気や、安易なお金儲けをよしとする傾向を作り出すことに、経済学が加担しているように」思い、株とか投資とか税とかにも、「なるべく近寄らないようにしてきた」という役柄を与えられた佐藤――この本の内容を見る限り、実際には、相当の経済通としか思えないのだが――を相手に、「お金の正体」や「株の話」からはじまって、アメリカ経済や、グローバル経済の話へと進んでいく「会議」は、最後につぎのような議論で終わっている。

　まず、なぜ世界がこんな状態になったのか考えていくと、割と単純な数字で示せると思います。一〇年前、この地球上でいわゆる競争している人たち、市場経済の中にいる人間というのはだいたい二七億人だったんです。あとの人たちは壁の向こう側にいたんですね。……ところが東西冷戦が終わった。……これによって、壁の向こう側にいた人たちがどんどん同じマーケットの中に入って来たということなんですよね。……ふと気がついてみると、今この地球上で市場経済の人口というのは、五五億人になったのです。……これは純粋に考えたらチャンスなんです。マーケットが広がったんだから。たぶん、世界中こんなチャンスはないと思っている。だから今まで以上に競争をし始め、その圧力は高まっていったのです。……

マーケットが二倍になって可能性が広がったけれども、競争相手も二倍になったから、今までと同じことをやっていてはいけないだろうと考えるのがふつうですね。我々は地球の中の一員なんだから、この地球社会の動向から背を向けることはできない。……まず、今までの日本の社会は競争してたのか、それともしてなかったのかということを考えなきゃならないわけです。(二一)

日本人は、今までみんなと同じにやっていればよかったんですけど、今はその仕切直しをするときだと思います。本当は我々の社会や政治の中には、今のものを壊す仕組みというのを必ず持っておかなきゃ行けないんですね。ところが、日本のシステムというのは、それがないどころか逆に壊すまいとする非常に強固な仕組みがあります。今の体制を守る仕組みはたくさんあるんです。私たちは、場合によっては外圧をも味方につけて、それらを打破していかなくてはなりませんね。(二二)

しかし、皮肉にも、竹中がいう日本のシステムの「壊すまいとする非常に強固な仕組み」とは、自らが体現している「開けた精神」と、まさに同根のものにほかならない。丸山はつぎのように述べている。

日本が停滞的なのは、日本人があまりに時々刻々の変化を好むからである。日本にある種の伝統が根強いのは、日本人があまりにも新しがりだからである。日本人が新しがりなのは現在手にしているものにふくまれている可能性を利用する能力にとぼしいからである。目に見える対象のなかから新たなものを読み取っていく想像力が足りないからである。したがって変化は自発性と自然成長性にとぼしく、つねに上から、もしくは外部から課せられる。

　つまり、保守主義が根付かないところには、進歩主義は自分の外の世界に、「最新の動向」をキョロキョロとさがしまわる形でしか現れない（二三）。

「外圧をも味方につけて」でもと、グローバルスタンダードに基づく仕切り直しを主張する進歩主義者・竹中のこうした語り口に、今日の日本における「開けた精神」による啓蒙のプロジェクトの典型的事例を見いだすことは、はたして不当とされるであろうか。

　いま、私たちの目の前には、「第二の開国」と「第三の開国」における啓蒙の失敗の経験によく似た、「開国」のたびにくり返される日本社会にとってはお馴染みの風景が広がっているようにも見える。今回もまた、「開けた精神」の洪水の渦中に、「開かれている精神」の声は、弱々しくもかき消されてしまうことになるのであろうか。

　しかも、私たちが直面している問題は、実は、こうした「開けた精神」による啓蒙のプロジェクトの横行と、その「象徴的な影響力」や「マーケット・リサーチとか広告とかいった人身操作の技術」のあなどり難い強さといったことにはとどまらない。むしろ、こうした「開けた精神」による啓蒙の裏側で、その精神的基盤を共有しつつ、あたかもそれに対抗するものであるかのように展開することとなるであろう、「開けた精神」の「普遍主て立ち現れてくるはずだからである。

義」に対する「個別主義」の、そしてその一つの表現としての狭隘なナショナリズムの再出が、大きな問題とし

第三節　「現在の敗者の個別主義」と狭隘なナショナリズム

「普遍主義」の否定としての「個別主義」

「近代精神に根をおろしている普遍主義」の破壊性と抑圧性を厳しく批判したウォーラーステインは、「普遍主義」の否定としての「個別主義」の出現という問題を、一般論としてつぎのように論じている。

普遍主義が破壊や抑圧となると、人びとは個別主義へと逃げ込む。それは、すぐに目に付く防衛策であり、たいていの時代において、きわめて避けがたい防衛策である。さらに一定のところまでは、それでなんとかなるものである。個別主義は、定義上、普遍主義の否定である。それは実質的に、われわれは異なっており、異なっていることは美徳であるという主張である。あなたがたのルールは、わたしたちには当てはまらず、またわれわれにマイナスの影響をもたらすものであり、とりわけて言えば、われわれに害をなすべくつくられたものである。したがって、われわれはそれを修正し、断固として拒絶するのであり、すくなくとも、そのような拒絶は、あなたがたの普遍主義的ルールの主張に対して、道徳的に対等の地位を有しているのである。(二四)

もっとも、こうした「個別主義」を主張するスタンスには、いろいろなものがあり得るのであり、「個別主義の複数性の名においてなされた文化的主張は、実にさまざまに異なる文化的メッセージを担いうること」[二五]は明らかであると、ウォーラーステインは述べる。彼は、さしあたり五つ種類――すなわち、①現在、諸普遍主義間の競争において敗者になっている者が主張する個別主義、②没落しつつある中間層の個別主義、③底辺集団から起こってくる個別主義、④退廃したスノッブ、すなわち自らの高い文化を鼻にかけ、大衆の卑俗性を論難する人々の個別主義、⑤支配的エリートの個別主義――の「個別主義」を挙げているが[二六]、グローバルスタンダードという「普遍主義」の席巻を前に、「第二の敗戦」[二七]という議論すら横行している今日の日本の状況において、最初の「諸普遍主義間の競争において敗者になっているものが主張する個別主義」に関するつぎのような指摘が、ここでは重要であるように思われる。

> 現在、敗者になっているものたちとは、われわれが「マイノリティー」と名指している人びとの総称である。マイノリティーという概念の第一義は、量的なものではなく、社会的地位にかかわるものである。それは世界システムにおいて、その世界システムにおける制度的構造……において、あるいは、いたるところに見られる人種＝民族間の創られたヒエラルキーにおいて、支配的な集団とは（なんらかの特定な点で）異なると定義された人びとである。マイノリティーは、必ずしも、まず個別主義から主張しはじめるというわけではない。むしろ最初は、平等な権利を求めて、勝者の普遍主義的な規準に訴えようとすることがしばしばである。しかし、実によくあることとして、そのような規準は、結局のところ、彼らマイノリティーが敗者として適用されることになる。かくして彼らは、いわゆる多数派と対決する手段として、個別主義に転ず

るのである。

このような対決的個別主義のメカニズムは、まったくおなじみのものである。……それは、……普遍主義と称している規準は実際には個別主義者が唱えている規準と（良くも悪くも）全く同様に個別主義的であり、したがって上下関係の秩序は再び逆転する運命にあるという主張になったり……する。この種の個別主義において強調されていることは、つねに、現在支配的である集団に「追いつく」ことであり、さらに「追い越す」ことであることも、非常にしばしばである。(二八)

今日の日本社会において、ウォーラーステインのいう「現在の敗者の個別主義」が帰着する場は、いうまでもなく「ナショナルなもの」であり、こうした「個別主義」は、さまざまな形態を伴ったナショナリズムの主張として展開することとなる。今日の日本社会で、「グローバリズムに基づく市場原理主義」の席巻が、とりわけ、「ナショナルなもの」の再興を強く促進することとなる事情については、後の行論であらためて問題としたい。その前に、注意を促したいのは、こうした「現在の敗者の個別主義」としてのナショナリズムは、単に、後に問題とするような日本人の「誇り」の回復を声高に叫ぶような狭隘なナショナリズムという形態をとって展開するだけではなく、ウォーラーステインが述べる以上に、さらに屈折した形態においても展開しうるということである。

「普遍主義」を装った「個別主義」

すなわち、それは、先に論じた「開けた精神」による啓蒙のプロジェクトもまた、一見した上での「普遍主義」

の装いにもかかわらず、実のところ、「現在の敗者の個別主義」のひとつの形態にほかならないのではないかということである。丸山は、「開けた精神」を「自分がすでに開けていると思うことによって、実は閉じた精神に転化」してしまっているものとしていたが、まさに「開けた精神」とは、「普遍主義」を装った「個別主義」という「閉じた精神」にほかならないのである。

先に引用した竹中平蔵の言明を少し見ただけでも、そこに潜んでいるナショナリスティックな意識が透けて見えてくるではないか。

竹中は、外圧を味方につけてでも、今の体制を守る仕組みを打破して、「みんなと同じようにやっていればよかった」という、今までの日本人のあり方の「仕切直し」をしなければならないと主張していた。何故なのか。それは、「マーケットが二倍になって可能性が広がったけれども、競争相手も二倍になった」からであり、今までと同じことをやっていてはいけないからである。何故、今までと同じことをやっていてはいけないのか。それは、市場が二倍になったというチャンスを活かせないからであり、このままでは、日本が競争に負けることになってしまうからである。

竹中の議論は、暗黙のうちに、強者の論理に支配された経済世界の現実的基準をあらゆる人間活動の規範、つまり理想的ルールとしようとする「グローバリズムに基づく市場原理主義」の論理のもとで、日本と日本人に対して、「弱者になるな！　敗者になるな！」と主張しているのであり、「日本よ、強者たれ！　勝者たれ！」と言っているのである。つまり、竹中を駆り立てているのは、「グローバリズムに基づく市場原理主義」の全世界での確立そのものを推進しようとするようなグローバルで「普遍主義」的な使命感などでは決してなく、実際には、そのなかで、日本が、あるいは日本経済が、弱者として敗北を喫するべきではなく、強者として勝ち残るべきだという、ナショナリスティックで「個別主義」的な価値観にほかならないのである。

「開けた精神」による啓蒙のプロジェクトを企図するものは、一見たしかに、今までの日本の現状を、「普遍主義」的な基準に基づいて、厳しく断罪し、その変革をせまるであろう。しかし、それは、日本を強者とし、勝者とすることによって、ゲームのルールを決めることができるような支配的な位置に押し上げたいというナショナリスティックな衝動に駆り立てられているからにほかならない。

そして、江原由美子が論じていた、対立させられまた等置される「日本」と「近代」との関係の二重性に由来するとされる、あの日本における「近代」概念の「知」のしかけというものもまた、こうした「現在の敗者の個別主義」が「普遍主義」を装った「個別主義」として展開しうるということの陥穽を表現しようとするものではなかったのだろうか。

グローバルスタンダードが「グローバルスタンダード」という名のアメリカンスタンダードにすぎず、「現在の勝者の普遍主義」にすぎないのだとしたら、「現在の敗者の個別主義」は、このように「普遍主義」を装った「個別主義」として、すなわち、グローバリズムを装ったナショナリズムとしても展開されうるのである。そして、こうした「普遍主義」を装った「個別主義」が、強者と弱者、勝者と敗者という力関係に基づいた上下関係の秩序を前提とするものである限り、いつしか「現在の敗者」が敗者ではなくなったあかつきには、それは、一転して、「勝利」に酔いしれた「オポチュニスティックな自己賛美の議論」に変貌することとなるにちがいない。宮本が問題にした「バブルの最中に見せつけたように『勝利』に酔いしれるやアロガントな態度を示し、『敗北』に陥るや卑屈の態度に終始する、このようなわれわれ自身の精神状態」とは、こうした「普遍主義」を装った「個別主義」の問題にほかならなかったのである。

「ナショナルなもの」への帰着

もちろん、「現在の敗者の個別主義」は、このような「普遍主義」を装った「個別主義」という屈折した形態をとることなく、よりストレートな形態――すなわち、「われわれは異なっており、異なっていることは美徳である」と主張するようなそれ、あるいは、「あなたがたのルールは、わたしたちには当てはまらず、またわれわれにマイナスの影響をもたらすものであり、……われわれはそれを修正し、断固として拒絶する」と主張するようなそれ――をまとったものとしても展開することとなるであろう。

そして、その場合も、こうした「個別主義」の帰着する場は、「ナショナルなもの」となる。何故ならば、それは、金子勝が述べるように、「グローバリズムに基づく市場原理主義」のもとで、これまで「閉じた社会」としての「企業」が有していた――終身雇用制、年功序列制などの集団主義的要素によって支えられた――共同体的性格が解体の危機に瀕しているからである。すなわち、「グローバリズムによる企業という中間組織の持つ『共同体』的性格の『解体』を埋め合わせるために、今度はナショナリズムがやってくる」（二九）のである。

たとえば、この間たびたび引用した宮本光晴の「国ごと資本主義」＝ナショナルな資本主義をめぐる、つぎのような言明にさえ――彼のいう「日本の資本主義に常につきまとう意識」への、すなわち筆者のいう「開けた精神」による啓蒙のプロジェクトへの批判の妥当性にもかかわらず――穏健な形態ではあるにしても、「現在の敗者の個別主義」としてのナショナリズムの響きを明白に聴き取ることができるのである。

　グローバル資本主義によって国ごとの資本主義が否定されるわけではない。それはグローバル資本主義の撹乱にさらされるのであり、これにどう対処するのかということが、国ごとの資本主義の課題となる。…

：グローバル資本主義に対峙し、その撹乱にどのように対処し、対応するのか、これが国ごとの資本主義すなわちナショナルな資本主義の課題であったとしても、しかしこのことは、グローバル資本主義から切り離してナショナルな資本主義の成立を考えることを意味するものではない。グローバリズムであれ、グローバル資本主義であれ、それは不可避の現実であり、このようなものとしてグローバル資本主義を国ごとのシステムとしてどのように形成するかが問われている。(三〇)

金子勝が「グローバリズムに対する情緒的反発を利用しながら、戦争論に行き着き、国旗国家法やガイドライン法などを影から支える役割を果している」というかどで、佐伯啓思をはじめとする「徳や伝統や共同体を強調する保守的コミュニタリアン」たちを告発する(三一)一方で、宮本が、その著書『変貌する資本主義―市場原理を超えて』の「あとがき」で、「本書の構想の過程で佐伯啓思氏（京都大学）には喫茶店での雑談につきあっていただいた」(三二)と謝辞を呈しているのも、必ずしも奇異とするにはあたらない。「たしかに日本型システムは市場を『歪める』ものである。しかしそれは資本主義をガバナンスするためのものである。……資本主義はガバナンスされる必要がある、このような問題設定にとっては、そのようなガバナンスの一つとして日本型システムがあるのだと理解できる」(三三)と論じる宮本と佐伯との距離は、必ずしも遠いものではなかったということである。

しかし、こうした「保守的コミュニタリアン」のそれ以上の影響力をもって、今日の日本社会における「現在の敗者の個別主義」の極致として展開しているものが、いわゆる「自由主義史観」を標榜する人びとの唱える狭隘なナショナリズムにほかならないことは、あえて言うまでもないであろう。

「自由主義史観」と狭隘なナショナリズム

藤岡信勝をはじめとする「自由主義史観」を標榜する人びとは、この史観の特徴を、①健全なナショナリズム、②究極的に日本という国家と国民の生存と繁栄を最高の目的とする「戦略論」の見地に立ったリアリズム、③あらゆるイデオロギーからの自由、④軍国主義を官僚主義の極端な形態とみなす立場からの官僚主義批判の四点に整理している。(三四)

彼らが、自らのナショナリズムに「健全な」という修飾語を附した理由は、「ナショナリズム」の語が民族排外主義という否定的なニュアンスで使われることが多いからだとされる。たしかに彼らは、つぎのように論じることで、民族排外主義から免れているようにも見える。

日本人による自国史とは、例えば戦争の要因について、日本は少しも悪くなかったとし、戦前の日本の国家行動を全面的に肯定する「大東亜戦争肯定史観」のようなものになるべきでしょうか。それは日本を善玉として歴史を解釈するもので、日本を悪玉にした反日史観の裏返しにすぎません。両者は「善玉・悪玉史観」という共通性をもっています。

私たちは日本人ですから、まず日本の立場、日本の国益に立ってものを考えるのは当然で、出発点としての自国の生存権や国益追求の権利をハッキリと認めるべきです。しかし、そうだとすれば、他国もまた同じ権利を持っていることを認めなければなりません。そこで、再び日本としてどのような政策をとることが、自国の国益にもかなない他者をも生かす道になるかを考えることです。(三五)

「私たちは日本人である」ということから、なぜストレートに「日本の立場、日本の国益に立ってものを考える」ことが当然であるという帰結が引き出されるのか、という本来問われなければならないはずの問いが、藤岡の議論から完全に欠落していることはいうまでもない。あるいは「国家と国民の生存と繁栄を最高の目的」とするとされているのであろうと思われる国益（national interests）というものについても、それがはたして自明のものといえるのか、あるいは国家の利益と国民の利益が常に両立するものなのか、といった基本的な問いも、藤岡の議論には見られない。それゆえ、藤岡には、日本人であっても日本の立場、日本の国益に立ってものを考えることのない、自分とは異なる立場と価値観があり得るということも、ましてや他者である他国の人びとが、自国の生存権や国益追求の権利を自分たちと同じように追求するとは限らないのではないかということも、まったく視野にはいらないのである。こうした藤岡の精神が、典型的な「閉じた精神」にほかならないということはいうまでもあるまい。

こうして藤岡は、歴史を、「国家と国民の生存と繁栄を最高の目的」とするとされる国益（national interests）をめぐって、強者と弱者、勝者と敗者が織り成す力関係に基づく上下関係の秩序の展開過程へと還元してしまう。それこそが、「善玉・悪玉史観」を乗り越えた、藤岡の「戦略論」の見地に立った「リアリズム」にほかならない。残された官僚主義批判もまた、官僚主義の極端な形態としての軍国主義を軍事一般と区別することによって、こうした国益をめぐる力関係の最重要な要素としての軍事一般を救い出すためのものでしかない。

しかし、藤岡たちの「リアリズム」の眼からしても、今日の日本と日本人は「現在の敗者」にほかならない。そこから自国への「誇り」の回復が最も緊要な課題であるという叫びが立ち現れてくるのは、至極当然の展開であるといえよう。

私たち日本人が心の底では、自国の歴史に誇りを持ちたい、私たちの父母や近い祖先が懸命に生きてきた歩みを、敬愛のまなざしをもって受け止めたい、語りたい、そういう欲求を隠し持っていたからだと思います。事実、明治維新に始まる日本の近現代史は、一時的な失敗があったとはいえ、世界のどの国の歴史と比べてもひけを取らないほどのすばらしいものです。……ところが、日本の国内では、「自国の歴史に誇りをもつ」と言っただけで、危険な考えでもあるかのように非難する人たちがいます。……誇りを失った人が尊敬されないように、自国に誇りをもたない国民は、世界から尊敬されることはありません。(三六)

自国の歴史への「誇り」が強調されるのは、自国のいまが、「現在の敗者」としての屈辱にまみれているという意識によって、導き出され、増幅されているものなのではあるまいか。自社会と自文化への自己批判的態度のことごとくを、「自虐的」であるとして、エキセントリックに攻撃しようとする狭隘なナショナリズムは、「現在の敗者の個別主義」の極致として、このようにして展開することとなるのである。

「開けた精神」による啓蒙のプロジェクトの席巻と狭隘なナショナリズムの横行とは、一見対立的に見えようとも、実は、「現在の敗者の個別主義」という共通の基盤の上に展開する同根の現象だったのである。

第四節　社会ダーウィニズムと「古層＝執拗低音」

「市場原理主義」と社会ダーウィニズム

合理化された偽装無しのラディカルな資本主義への回帰を求める「グローバリズムに基づく市場原理主義」が、「自由な市場」における「自由な競争」による弱者・敗者の淘汰と、ルールを決めることができるような位置にいる強者・勝者の支配を正当化するものであるのだとすれば、ブルデューのつぎのような指摘を待つまでもなく、それはまさに、ある種の社会ダーウィニズムの新たな展開であるともいわねばなるまい。

実は、ネオ・リベラリズムのイデオロギーの力はある種のネオ社会ダーウィニズムに依拠している点にあります。ハーバード大学で使われる表現を使って言えば、勝利するのは「ザ・ブライテスト・アンド・ザ・ベスト」……だというわけです（ノーベル経済学賞の受賞者ベッカーは、ダーウィニズムは経済主体が備えている合理的計算能力の土台であるという説を展開しました）。支配階層のインターナショナルの世界観の背後には一つの能力哲学が隠されているのです。この哲学によると、統治するのは、仕事があるのは、もっとも能力のある者、したがって、仕事がないのは能力のない者、ということになります。「ウイナーズ」（勝ち組）と「ルーザー」（負け組）がいるということです。私が「国家貴族」と呼んでいる貴族が存在するのです。（三七）

こうした社会ダーウィニズムの論理は、今日の日本社会における「現在の敗者の個別主義」としてのナショナリズム――とりわけ、「開けた精神」による啓蒙のプロジェクトという「普遍主義」装ったナショナリズム――の展開において、諸個人間（あるいは諸企業間）の生存競争・優勝劣敗の法則に基づく社会進化の論理としてだけではなく、諸国民（nations）間ないしは諸国民国家（nation states）間のそれとしても唱道されることとならざるを得ない。《国内の「構造改革」によって、より激しい市場での競争を！それこそ日本が国際的競争を勝ち抜き生き残る力となるのだ！》というように。すなわち、社会ダーウィニズム的論理は、今日の日本社会においては、「ナショナルなもの」を起点として、その対内的側面と対外的側面との双方において、重層化され、いっそう増幅されたものとならざるを得ないということになろう。

しかも、その傍らには、「国家と国民の生存と繁栄を最高の目的」として掲げ、自国の生存権と国益追求の権利を正面から主張することによって、強者と弱者、勝者と敗者の力関係が織りなす上下関係の秩序に挑もうとする、対外的な側面における社会ダーウィニズムの論理が、先に見た「自由主義史観」をはじめとする狭隘なナショナリズムとして展開することともなるのである。

しかし、ここで問題としたいのは、こうした社会ダーウィニズム的論理は、これまでの日本社会と日本人にとって、決してなじみの薄いものではなかったのだという点である。とりわけ、幕末・維新以降の「第二の開国」の時代において、ハーバート・スペンサーの社会進化論が、自由民権の思想と運動に対しても、さらには、それに対抗する政府の側からの思想的反攻の展開に対しても、決定的な影響力を与えていたことは、たとえば山下重一の研究(三八)等を通じて周知のこととなっている。

スペンサーの *Social Statics*（1851）の訳書である『社会平権論』（松島剛訳、一八八一――一八八三年刊）が、「民権の教科書」とよばれて、自由民権運動を鼓舞するうえで大きな役割を果したことはよく知られているし、また、若き徳富蘇峰の「平民主義」も、スペンサーの社会進化論を「宇内ノ体勢」と信じ、そこから「平民社会」の実現を確信するものにほかならなかった。しかし他方で、『人権新説』（一八八二年）によって、「天賦ノ人権」の擁護者から一転して、その攻撃者へと転向した加藤弘之が、その経緯を「余は英国の開化史の大家バックルの著書を読て所謂形而上学なるものの殆ど荒唐無稽なることを感じて、それからダーキンの進化論やスペンサーやヘッケル其他の進化哲学の類を読むこととなつて余の宇宙観人生観が全く変化したためである」（三九）と述べているように、社会進化論は、自由民権の思想と運動に対抗する論理としても重要な役割を果したのである。やがて『強者の権利の競争』（一八九三年）や『進化学より観察したる日露の運命』（一九〇四年）等において、日本の帝国主義的膨張を正当化する論理として展開されることとなった加藤の社会進化論的主張は、「平民主義」から転じて『大日本膨張論』（一八九四年）等を著すにいたった徳富蘇峰のそれとともに、日露戦争を目前にして急速に支配的となっていく「帝国膨張論」の重要な一翼を担うものともなっていったのである。

「古層＝執拗低音」の隆起

石田雄は、明治期の日本社会における社会進化論のこのような展開に、西欧から受容された社会進化論の考え方と、日本に伝統的な「生成のアニミズム的信仰」との結合を見ているのだが（四〇）、それはまさに、丸山のいう「古層＝執拗低音」にかかわる問題なのかもしれないのである。

丸山眞男は、論文「歴史意識の『古層』」において、つぎのように論じていた。

規範としての「復古主義」をなじみにくくする「古層」の構造は、他面で、言葉の厳密な意味での「進歩史観」とも摩擦をおこす。なぜなら、十八世紀の古典的な進歩の観念は、いわば世俗化された摂理史観であって、その発展段階論は、ある未来の理想社会を目標として、そこから逆算されるという性格を多少とも帯びている。進歩史観がどんなに人類の「限りない」進歩を雄弁に語っていても、歴史の論理としてはそれは一つの完結した体系として現れるのは、そのためである。ところが「つぎつぎになりゆくいきほひ」の歴史的オプティミズムはどこまでも（生成増殖の）線形な継起であって、ここにはおよそ究極目標などというものはない。まさにそれゆえに、この古層は、進歩とではなくて、生物学をモデルとした無限の適応過程としての――しかも個体の目的意識的行動の産物ではない――進化（evolution）の表象とは、奇妙にも相性が合うことになる。ダーウィニズムが中国においては永遠不易の「道」の伝統の強靱な抵抗に遭遇し、それだけ革命的な役割を担ったのに対し、日本では明治初期にそれが輸入されると間もなく「進歩」観を併呑して無人の野をゆくように蔓延し、在朝・在野を問わず、国体論者から「主義者」までを吸引したという彼我のコントラストを解明する一つの鍵は、おそらく右の点にあるだろう。日本の社会主義は「ユートピアから科学へ」ではなくて、進化論から唯物史観への途を辿ったこと、人の知るとおりである。(四一)

「つぎつぎになりゆくいきほひ」という「古層＝執拗低音」が進化（evolution）の表象との奇妙な相性のよさを醸し出す精神的土壌の上に、そして、すでに「第二の開国」の時代に社会進化論の無人の野をゆくような蔓延を経験したことのある思想的伝統の上に、新たに押し寄せる「グローバリズムに基づく市場原理主義」の社会ダーウィニズム的論理は、これを「現在の敗者」のナショナリズムの立場から受容する「開けた精神」によってますます増幅されながら、今日の日本社会を席巻しつつあるのかもしれない。

「自由な市場」と「自由な競争」の叫びの背後に、「古層＝執拗低音」の響きがまたしても執拗にこだましていることを、私たちは慎重に聴きとり、これを自覚化し、意識の前に引き出していかなければならないのである。

そのとき同時に、本書第三章で問題としたように、「自由な市場」、「自由な競争」、さらには「自由主義史観」という形をとって跋扈する「自由」という言葉の意味にはらまれた「古層＝執拗低音」による変容に対しても、私たちはまた自覚的であらねばならないだろう。

「開けた精神」による啓蒙のプロジェクトの強力な推進者の一人である竹中平蔵が述べるように、「グローバルスタンダード」という名のアメリカンスタンダードがモデルとする人間像は、「ホモ・エコノミクス」としてのそれである。

> そこで想定されている人間は「ホモ・エコノミクス」と言われます。要するに感情も愛情も何もなくて、一円を支払う苦痛と、一円で得られる満足だけを考えている、欲望の塊みたいな人間なんです。人間がすべて「ホモ・エコノミクス」であると想定して、経済学というのはどんどん議論を精緻化していきます。だからアメリカで経済を語るときは、徹底的に欲望の塊みたいな人間を想定して、それでいいじゃないかというような議論があるわけです。[四二]

こうした人間像は、仮にその徹底した合理性という側面を捨象して、これを日本人的な情緒性に置き換えてみれば、日本社会と日本人にとっては、あまりに馴染みの深い、欲望を自然的性情の発露として無条件に肯定する「欲望自然主義」的なそれと、どこかで通じあうものであるといってもよいであろう。「自由な市場」、「自由な競争」の「自由」とは、日本社会においては何よりも、すでにお馴染みの「欲望自然主義的自由」として受け止められることとなろう。ここにも、「市場原理主義」と「古層＝古層執拗低音」との、奇妙な相性のよさを見出すことができるのかもしれない。

いずれにせよ、「第二の開国」と「第三の開国」の轍を踏まないためにこそ、丸山による「古層＝執拗低音」の抽出という学問的・思想的営為があったのだということを、いまこそあらためて想起すべきなのであろう。

第五節　「開かれている精神」にむかって

「第四の開国」の課題

「自由でグローバルな金融市場」の展開を機軸としたグローバリゼーションの動きは、「グローバリズムに基づく市場原理主義」による日本社会の自由主義的再編の展開によって、これまでの「企業社会」という「閉じた社会」の非流動性を打ち壊そうとしており、その意味では、外に対してと同時に内においても「開かれた社会」がもたらされつつあること、すなわち、「第四の開国」の時代がはじまりつつあることは、もはや否定できないことのようにも思われる。

しかし、こうした動きを推進しているものが、本章で検討を加えてきたような「開けた精神」による啓蒙のプロジェクト＝「普遍主義」を装った「現在の敗者」のナショナリズムにすぎないのだとしたら、「第四の開国」は、「第二の開国」および「第三の開国」と同様に、「開かれている精神」の形成と展開に至らぬまま、狭隘なナショナリズムの叫びのなかで、「閉じた社会」の再確立へと暗転していく恐れなしとはしえないだろう。

現に、「開けた精神」による啓蒙のプロジェクトの声高な叫びにもかかわらず、新たな世紀を迎えた日本の現実は、グローバルスタンダードに基づく「構造改革」の必要を求める声と、既得権益の擁護と財政出動による景気対策の必要に固執する勢力との拮抗のなかで、右往左往、右顧左眄の様相を呈し、政治の無能と将来への不安、さらに追い討ちをかけるがごとくつぎつぎに露呈する政治的スキャンダルによって、政治不信がますます拡大し、気の滅入るような閉塞感が蔓延するに至っている。こうしたなかで、狭隘なナショナリズムの主唱者に現状打破のカリスマを期待する論調さえ、確実に強まりつつあるようにも見える。

「第四の開国」という新たなチャンスを、「第二の開国」と「第三の開国」の帰結のごとく、「閉じた社会」の再確立というそれへと導くことなく、過去の「開国」によっては、果されるべくして果しえなかった課題――「新しき規範意識」の獲得、「開かれている精神」の形成、そして、「永久革命」としての民主主義の軌道の確立――の実現へと向かわせていくためには、「開けた精神」による啓蒙のプロジェクトを乗り越えるとともに、狭隘なナショナリズムの蔓延をも打破するような、思想的・実践的な構想力が切実に求められているのであろう。

こうした「開かれている精神」と「開かれた社会」の形成への試金石が、グローバリゼーションの展開と日本社会の少子・高齢化の進行とによって、不可避的に進展せざるを得ない日本社会の「多国籍化」「多民族化」と、これへの対応のあり方に懸かっているのではないかという点は、本書第五章ですでに指摘したとおりである。

同時に忘れてはならないことは、日本社会における「開かれている精神」と「開かれた社会」の形成の課題は、「市場原理主義」というラディカルな資本主義の回帰によってますます激化せざるを得ない「南北問題」や、「人口爆発」、「地球環境問題」等々といった地球規模の危機を克服するためのグローバルな共同の発展という課題とも結びついていかなければならないだろうということである。まさに、「第四の開国」とは、このような意味においてこそ、「開国」でなければならないといえるだろう。

こうしたグローバルな共同の発展という課題については、本章において度々言及したブルデューやウォーラーステインの主張するところでもある。

たとえばブルデューは、労働組合、知識人、そしてヨーロッパの一般市民のあいだの「新しいインターナショナリズム」[四三]の創出を呼びかけて、つぎのように論じている。

　ソビエト帝国主義によってハイジャックされてしまったインターナショナリズムを再び創り出さなければなりません。つまり戦闘がおこなわれるはずのレベルに位置しうるような理論的思考の形態と実践的行動の形態を創り出さなければなりません。支配的な経済勢力は世界的な規模で国境を越えて活動しています。ところが空っぽの場があります。国境を越えたたたかいの場です。この場は理論的に空っぽです。考えられていないからです。実践的にも空っぽです。新たな保守革命を少なくともヨーロッパ規模で阻止することができる諸勢力を結集した真の意味での国際的組織が存在しないからです。[四四]

ブルデューはこうして、さし当たり「新しいインターナショナリズム」の力により、「新たな保守革命を少なくともヨーロッパ規模で阻止すること」を呼びかけるのだが、しかし問題は、このような防御的な課題にとどまるべきものではあるまい。

ウォーラーステインに至っては、さらに進んで、グローバルな「虹色の連合」(rainbow coalition)の創出という巨大な課題をも提起しているのである。

　ヒエラルキーを好む陣営は、現在自らが持つ富、権力の利益を享受しており、したがって情報、知識、また言うまでもなく兵器をも手中にしている。……これと対決するのは、数の上では多数に立つもうひとつの陣営ということになろう。しかし、この陣営は、複数の個別主義によって、さらには複数の普遍主義によって分断されてしまっている。このような非一体性を克服する処方は、すでに示されている。

「虹色の連合《レインボーコアリション》」である。しかしこれは、言うは易し、行うは難しである。そのようなやり方に参加するそれぞれの者の利益は中期的なものであるが、きわめて確実に、すべてわれわれには短期的な事情がのしかかってくる。われわれには、短期的な利益を無視するだけの規律もなければ、頼るべき蓄えもないことがほとんどである。……そして、一国的な虹色の連合《レインボーコアリション》ではなく、グローバルな虹色の連合《レインボーコアリション》を創り出すことを考えると、それがいかに巨大な課題であり、そのような連合を創り出すための時間がいかに少ないか、ということに気がつくのである。（四五）

たしかに課題は巨大である。しかも、日本社会と日本人にとっては、一国的な「虹色の連合」を創出することさえ、いまだ果たすべくして果たしえない課題にとどまっているのである。

「集団的知識人」と「ラディカルな精神的貴族主義」

新たな保守革命を少なくともヨーロッパ規模で阻止すべく、「新しいインターナショナリズム」の創出を呼びかけるブルデューは、こうした課題の実現のために「集団的知識人」（l' intellectuel collectif）が担うべき重要な役割について、つぎのように強調する。

いずれの発言においても私は、私がその出現を願い続けてきた学際的かつ国際的な「集団的知識人」l'intellectuel collectif のモデルの具体例を（それに成功しているかどうかはともかくとして）提示しようと試みたつもりです。強大な経済的・政治的勢力——この勢力はいま日本では奇妙なことに「ニッサンを立ち直らせる」使命を帯びたルノーのナンバー2であるフランス人の顔をしているわけですが——に効果的に抵抗することのできる対抗権力として実際に機能し得るためには、この集団的知識人は保守革命に対する新しい武器と新しい闘争形態を発明しなければなりません。ネオ・リベラリズムの衣をまとい、社会保障制度や労働法など、過去の政治闘争と労働運動が獲得した成果を破壊しようとしている保守革命とのたたかいです。また、政治的・経済的権力に対する自律ゆえにこそ得られた文化生産の領域における成果、芸術・文学・科学の分野におけるすべての前衛の所産を破壊しようとしている保守革命とのたたかいです。(四六)

芸術家、作家、研究者は、過去においてよくあったような、進歩的政党の同伴者の役割に甘んずることは許されません。社会のなかで、いまだかつてなかったような新しい位置を築かなければなりません。権力に対する自律（実力者のブレーンとか専門家とかの役割はまさに権力との共犯関係に他なりません）と、社会の変革をめざす政治的たたかいに有効に参加する確固たる意志とを両立的に実行していく必要があります。そのためにこそ、いま残念ながら奪われてしまっている文化的生産と普及の手段を取り戻すために常にたたかわなければなりません。そして、政治的な目標を堂々と掲げた集団的作業によって、批判活動の新しい形態——研究のための最良の武器と研究成果の普及のための最良の武器を備えた新しい形態——を創出しなければなりません。(四七)

あえて長い引用を行なったのは、こうしたブルデューの——彼がこれまで、サルトルのアンガジュマンの形態を「予言者的知識人」（intellectuel prophetique）として批判してきたことを考えれば、唐突ともいうべき——実践的提起が、本書の第二章でも検討した丸山のあの「現代日本の知的世界に切実に不足し、もっとも要求されるのは、ラディカル（根底的）な精神的貴族主義がラディカルな民主主義と内面的にむすびつくことではないか」という提起と―― そして、筆者がそこから敷衍した、ラディカルな精神的貴族主義により自立した知識人の自発的結社の役割への注目と―― 大きく重なり合うように思えるからにほかならない。

丸山は、高度経済成長によってもたらされた「大衆社会」的諸相の急激な蔓延により、「第三の開国」が挫折しようとする過程に直面しつつ、まさにそれに対する切実な課題として、こうした提起をおこなった。しかし、それは、当然のごとく「第四の開国」を迎えつつある今日においても、いまだ果たすべくして果たしえていない課題の一つにとどまっているのである。

もっとも、ブルデューの提起する「集団的知識人」の出現や、丸山の切望したラディカルな精神的貴族主義により自立した知識人の自発的結社の形成は、「政治的・経済的権力に対する自律ゆえにこそ得られた文化生産の領域における成果、芸術・文学・科学の分野におけるすべての前衛の所産を破壊しよう」としている「市場原理主義」に対する単なる「個別主義」的な否定にとどまるものであってはなるまい。かりにこうしたものにすぎないのならば、それは、ウォーラーステインのいう「退廃したスノッブ、すなわち自らの高い文化を鼻にかけ、大衆の卑俗性を論難する人々の個別主義」[四八]と何ら変わるところがないからである。

まさに丸山が論じるように、「もっとも要求されるのは、ラディカル（根底的）な精神的貴族主義がラディカルな民主主義と内面的にむすびつくこと」（傍点は引用者による）なのであり、「自らをも他をも開く作用をいとなむ」ものとしての「開かれている精神」とは、まさにこのようなものでなければならないのであろう。

「集団的知識人」の形成は、他者を他在として理解し、相互に「自らをも他をも開く」ような関係性を個々の「個別主義」の壁を乗り越えて形成することによって、「新しいインターナショナリズム」やグローバルな「虹色の連合」を創出していくための、当面の、そして現実的な端緒となしうる課題なのかもしれない。

この「転移の時代」における社会科学の知的貢献を、「既存の世界システムがわれわれに遺した社会科学の諸範疇を脱思考《アンシンク》することである」とし、それを「われわれの知のシステムの大きな再構築へ向けての課題」なのだとする(四九)ウォーラーステインは、グローバルな「虹色の連合」を創出するという課題の困難性を強調しつつも、最後には、つぎのような確信を表明する。

結局のところ、他者は存在しない。あるいは少なくとも、われわれが全体として知力を結集し、議論を尽くし、創造的に選択肢を考量して選択を行えば、どうしようもないような他者は存在しない。社会的に構成された世界において、世界を構成しているのは、われわれなのだから。(五〇)

しかし、このような「他者は存在しない」という確信に至るまでには、たとえ逆説的に見えようとも、他者を他在として理解する「開かれている精神」による相互対話と「自己内対話」の展開が不可欠である。他者が異質な他者であるということへの理解と認識を欠いたところには、「知力を結集し、議論を尽く」すことを通じて、「結局のところ、他者は存在しない」という結論に行き着く余地はないからである。

「開かれている精神」の創出という丸山の提起した課題は、こうしたグローバルな意義をさえともなって、いまもなお「第四の開国」に直面しつつある私たちの前に提起されつづけているのである。

【註】

（一）P・ブルデュー『市場独裁主義批判』（加藤晴久訳）、藤原書店、二〇〇〇年、六六頁。
（二）金子勝『市場』、岩波書店、一九九九年、九九―一〇〇頁。
（三）本書第一章、参照。なお、「私生活主義」については加藤前掲書、また、「企業社会」に関しては渡辺前掲書を参照されたい。
（四）金子前掲書、一〇二頁。
（五）ブルデュー前掲書、七〇―七一頁。
（六）I・ウォーラースティン「衝突する諸文化」（山下範久訳）、季刊『環【歴史・環境・文明】』第四号、二〇〇一年一月、一一頁。
（七）同前、一一―一三頁。
（八）同前、一三頁。
（九）宮本光晴『変貌する日本資本主義―市場原理を超えて』、ちくま新書、二〇〇〇年、二八―二九頁。
（一〇）同前、二九頁。
（一一）同前、二九―三一頁。
（一二）前掲『現代思想』、一八八頁。
（一三）宮本前掲書、一〇頁。
（一四）前掲『現代思想』、二一四―二一五頁。
（一五）丸山『自己内対話』、八六頁。
（一六）同前。

（一七）丸山「近代的思惟」、『戦中と戦後の間』、一八八頁。『集』③、三頁。
（一八）ブルデュー前掲書、四―六頁。
（一九）ブルデュー前掲書、四頁。
（二〇）竹中・佐藤『経済ってそういうことだったのか会議』、日本経済新聞社、二〇〇〇年。
（二一）同前、三四一―三四二頁。
（二二）同前、三五三―三五四頁。
（二三）丸山『自己内対話』、二四七頁。
（二四）ウォーラーステイン、前掲、一三―一四頁。
（二五）同前、一四頁。
（二六）同前、一四―一七頁。
（二七）宮本前掲書、七頁以下を参照。
（二八）ウォーラーステイン、前掲、一四―一五頁。
（二九）金子前掲書、七五頁。
（三〇）宮本前掲書、二六―二八頁。
（三一）金子前掲書、xiii頁。
（三二）宮本前掲書、二三二頁。
（三三）同前。
（三四）『社会科教育』、明治図書、一九九五年三月号。
（三五）藤岡信勝『教科書が教えない歴史』、扶桑社、一九九六年、一〇頁。
（三六）同、『教科書が教えない歴史②』、扶桑社、一九九六年、一〇―一一頁。

（三七）ブルデュー前掲書、七六―七七頁。
（三八）山下重一『スペンサーと日本近代』、御茶の水書房、一九八三年、参照。
（三九）加藤弘之『弘之自伝』覆刻版、長陵書林、一九七九年、五七頁。
（四〇）石田前掲書、六二頁。
（四一）丸山「歴史意識の『古層』」、『集』⑩、五四―五五頁。
（四二）竹中・佐藤前掲書、一三九―一四〇頁。
（四三）ブルデュー前掲書、一一二頁。
（四四）同前、一〇二―一〇三頁。
（四五）ウォーラーステイン、前掲、一二二頁。
（四六）ブルデュー前掲書、三―四頁。、
（四七）同前、七頁。
（四八）ウォーラーステイン、前掲、一六―一七頁。
（四九）同前、二三頁。
（五〇）同前、二四頁。

あとがき

本書は、ここ数年にわたって書きためてきた丸山眞男に関する論文を一冊にまとめたものである。本書をまとめるにあたって、各論文には一定の加筆・修正を行い、とくに第三章は、二本の論文を結合するという大幅な書き換えを行なったが、それらの初出をしめせば、つぎのようになる。

第一章　「『近代主義』の射程」、田口富久治・中谷義和編、【講座現代の政治学3】『現代政治の理論と思想』のⅧ、青木書店、一九九四年三月。

第二章　「『近代的意識』と自発的結社―丸山真男の政治戦略―（1）・（2）」、関西学院大学法政学会『法と政治』第四五巻第二号・第三号、一九九四年六月・九月。

第三章　「丸山真男―文化接触と文化変容の思想史」田口富久治・中谷義和編『現代の政治理論家たち』の第15章、法律文化社、一九九七年五月、及び「近代日本における『自由』の観念」、関西学院大学人権教育研究室『関西学院大学人権研究』第二号、一九九八年一二月。

第四章　「ポスト・モダニズムと丸山真男」、関西学院大学法政学会『法と政治』第四八巻第四号、一九九七年一二月。

第五章　「『自己内対話』と『近代的主体』―丸山眞男の『主体』像―」、関西学院大学法政学会『法と政治』第五一巻第二号、二〇〇〇年六月。

以上の各論文の本書への転載をこころよくお許しいただけた関係者の方々に、まずはお礼を申し上げたい。

私が本書を構成する諸論文を執筆しているさなかの一九九六年夏に、丸山眞男氏の訃報に接することとなった。とりわけ、それが八月一五日という超国家主義の敗北と「第三の開国」がつげられたまさにその日であったことに、なんともいい知れぬ感慨を覚えたのは私のみではなかったはずである。

私が丸山眞男に関する論文を書き始めるきっかけとなったのは、名古屋大学の学部と大学院における恩師である田口富久治教授の名古屋大学退官記念論文集（【講座 現代の政治学】）に、本書第一章のもととなった拙稿を寄せたことからである。丸山氏から親しく教えをうけた田口教授は、当初、「冨田はなぜ安易に丸山先生を対象にできるのか」と少々ご不興だったと人伝てに聞きおよんでいた。しかし、本書第二章のもととなった拙稿を田口教授に読んでいただいたおりに、「この最後の部分は、あの『田口―不破論争』への君なりの応答だと受け取ったよ」という感想をいただき、いたく恐縮したことを思い出す。

かならずしもストレートに意図したわけではなかったが、ちょうど私が名古屋大学法学部に入学した当時の、田口教授と日本共産党の不破哲三氏との階級的前衛党の組織論をめぐる激しい論争は、私が田口教授の門をたたく重要なきっかけであったし、丸山の教えを受けた後、マルクス主義政治学の確立と発展に尽くされた田口教授の提起された問題に対する私なりの解答を、丸山の研究をつうじて見出していけないかという漠然とした思いがなかったかといえば嘘になる。

こうしたかならずしも自覚的ではなかったバイアスをもった私の丸山研究は、本書で示したとおり、欧米における左翼のプロジェクトの再興をめざすシャンタル・ムフをはじめとする自由主義的社会主義の潮流と丸山との間に共鳴関係を聴き取るという「無謀」な方向へと展開していくこととなったが、これもまた、丸山眞男―田口富久治という系譜の末端につらなる私自身の思想的・学問的アイデンティティーの再確認の作業だったということになるのかもしれない。

同時に、本書は、私の関西学院大学赴任以来、関西の若手研究者によって続けられてきた「政治学基礎文献研究会」の共同研究の成果の一端でもある。この研究会としては、すでに拙い論文集『〈自由―社会〉主義の政治学』（冨田・神谷編、晃洋書房、一九九七年）を刊行しているが、この研究会におけるバクとはしているものの自由な議論が、私に大きな知的刺激を与えつづけてくれていることに心から感謝をしたい。もちろん、共同研究の成果とはいっても、本書が抱える数々の欠陥は、もっぱら私自身の責に帰するものであることはいうまでもない。ただ、自由主義的社会主義あるいは丸山的にいえば個人―社会主義という漠然とした方向性を共有しつつ、自由な議論と共同研究を行なえる場として、この研究会は私にとってかけがえのないものとなっているのである。

最後に、私の拙い研究成果をこのような形で刊行する機会を与えてくれた関西学院大学出版会に心から感謝の意を表したい。とりわけ多くの貴重なアドバイスをいただいた編集長・田村和彦教授と編集委員の宮原浩二郎教授には、かならずしも十分にご教示を活かせなかった点をお詫びするとともに、深くお礼を申し上げ、あとがきに代えたい。

二〇〇一年八月　著者記す

著者略歴

冨田　宏治（とみた　こうじ）
1959年生まれ。
名古屋大学法学部卒業。
同大学院法学研究科博士後期課程単位取得退学。
関西学院大学法学部専任講師、助教授を経て、99年より同教授。
日本政治思想史専攻。

共著『【講座】現代の政治学３ 現代政治の理論と思想』（青木書店、1994年）
編著『〈自由－社会〉主義の政治学』（晃洋書房、1997年）など。

丸山眞男 ―「近代主義」の射程 ―

2001年11月20日　初版発行
2003年 9月10日　オンデマンド版発行

著　者　冨田　宏治
発行者　山本　栄一
発行所　関西学院大学出版会
〒662-0891
兵庫県西宮市上ヶ原1-1-155
電　話　0798-53-5233

印刷・製本　㈱デジタルパブリッシングサービス
http://www.d-pub.co.jp

ISBN:4-907654-54-5